Kreis Pinneberg
Fachdienst Jugend
Außenstelle Uetersen

Kristin ?



# Sozialgesetzbuch VIII auf dem Stand des Bundeskinderschutzgesetzes

## – Gesamttext und Begründungen –

Recht

Arbeitsgemeinschaft für Kinder- und Jugendhilfe – AGJ (Hg.)

-beitsgemeinschaft für
nder- und Jugendhilfe AGJ

Arbeitsgemeinschaft für Kinder- und Jugendhilfe – AGJ (Hg.)

**Sozialgesetzbuch VIII**
**auf dem Stand des Bundeskinderschutzgesetzes**
**– Gesamttext und Begründungen –**


| | |
|---|---|
| Eigenverlag und Vertrieb: | Arbeitsgemeinschaft für Kinder- und Jugendhilfe – AGJ<br>Mühlendamm 3<br>10178 Berlin<br>Telefon: (030) 40 04 02 00<br>Fax: (030) 40 04 02 32<br>E-Mail: agj@agj.de<br>Internet: www.agj.de<br><br>Peter Klausch (verantwortl.) |
| Redaktion: | Iva Wagner, Sabine Kummetat, Norbert Struck |
| Gestaltung: | Sabine Kummetat |
| Druck und Satz: | DCM – Druck Center Meckenheim GmbH & Co. KG, Meckenheim |





18. Auflage, Berlin 2012

ISBN 978-3-922975-78-6

Diese Publikation wird aus Mitteln des Kinder- und Jugendplans des Bundes gefördert.

# Inhalt

# Vorwort

Das Gesetz zur Stärkung eines aktiven Schutzes von Kindern und Jugendlichen (Bundeskinderschutzgesetz – BKiSchG) ist am 1. Januar 2012 in Kraft getreten, nachdem es ein langes Gesetzgebungsverfahren durchlaufen, aber zum Ende hin zu einem überraschend schnellen Abschluss gefunden hat. Das Gesetz zur Kooperation und Information im Kinderschutz (KKG) sowie die Änderungen im SGB VIII – als Kernpunkte des neuen Gesetzes – haben zum Ziel, den Kinderschutz weiterzuentwickeln und zu verbessern.

Vorgesehen sind hierfür vor allem der Auf- und Ausbau von Netzwerkstrukturen im Bereich Frühe Hilfen, die fachliche Beratung von Geheimnisträgern bei Einschätzung der Kinderwohlgefährdung und von Trägern von Einrichtungen bei der Entwicklung von Handlungsleitlinien, die Verpflichtung zur Vorlage erweiterter Führungszeugnisse sowie die Verpflichtung zur Qualitätsentwicklung in der Kinder- und Jugendhilfe. Darüber hinaus ist die Installation von Beteiligungs- und Beschwerdemöglichkeiten für Kinder und Jugendliche in Einrichtungen vorgesehen, insbesondere im Rahmen der Erteilung einer Betriebserlaubnis sowie bei der Entwicklung von fachlichen Handlungsleitlinien für Träger von Einrichtungen. Die Neuregelungen und Änderungen sehen eine Vielzahl von neuen Aufgaben für die Träger der öffentlichen und freien Jugendhilfe vor. Nun gilt es, die Praxis der Kinder- und Jugendhilfe bei der Umsetzung des Bundeskinderschutzgesetzes zu unterstützen.

Die vorliegende Broschüre bietet den Gesamttext des Sozialgesetzbuches Achtes Buch – Kinder- und Jugendhilfe, Stand 1. Januar 2012, sowie gebündelte Informationen zum Gesetzgebungsverfahren. Darüber hinaus werden die Neuregelungen durch das Gesetz zur Kooperation und Information im Kinderschutz (KKG) sowie die zentralen durch das Bundeskinderschutzgesetz geänderten Vorschriften mit den jeweiligen Begründungen aus dem Gesetzentwurf der Bundesregierung und der Beschlussempfehlung und dem Bericht des Ausschusses für Familie, Senioren, Frauen und Jugend des Deutschen Bundestages vorgestellt. Die Informationen zum Gesetz zur Änderung des Vormundschafts- und Betreuungsrechts sind im Hinblick auf die geänderte Vorschrift im SGB VIII zusätzlich mit aufgenommen.

Die Arbeitsgemeinschaft für Kinder- und Jugendhilfe – AGJ will mit dieser seit der 1. Auflage in 2005 sehr nachgefragten Arbeitshilfe kompakt über die in Kraft getretenen Änderungen und die damit verbundenen Absichten des Gesetzgebers informieren und die Mitarbeiterinnen und Mitarbeiter der Kinder- und Jugendhilfe bei der Umsetzung der Neuregelungen unterstützen.

Ein besonderer Dank gilt Herrn Norbert Struck für seine Einleitung, die einen Überblick über den Verlauf des Gesetzgebungsverfahrens, die fachlichen Hintergründe sowie gesetzgeberischen Motive gibt.

Peter Klausch
Geschäftsführer der Arbeitsgemeinschaft für Kinder- und Jugendhilfe – AGJ

# Der Weg zum Bundeskinderschutzgesetz

*Norbert Struck, Vorsitzender der Arbeitsgemeinschaft für Kinder- und Jugendhilfe – AGJ*

Am 1. Januar 2012 ist das Bundeskinderschutzgesetz in Kraft getreten, nachdem es schlussendlich doch noch am 14. Dezember 2011 im Vermittlungsausschuss angenommen wurde.

Am 27. Oktober 2011 hatte der Deutsche Bundestag dem Bundeskinderschutzgesetz in 2. und 3. Lesung zugestimmt. Der Bundesrat hatte diesem Gesetz in seiner Sitzung am 25. November 2011 nicht zugestimmt. So kam es zur Anrufung des Vermittlungsausschusses durch die Bundesregierung.

Bis zum Inkrafttreten hat dieses Gesetzesvorhaben einen langen Weg hinter sich gebracht, der im Folgenden knapp skizziert werden soll.

## 1. Die Vorgeschichte

Der unerträgliche gewaltsame Tod von Kindern in Verantwortung von Erwachsenen bildet den Ausgangspunkt der seit zehn Jahren intensivierten Diskussion um eine Verbesserung der rechtlichen Rahmenbedingungen für den Schutz von Kindern vor Gewalt. Orte und Namen gestorbener Kinder sind Gedenksteine öffentlicher Verantwortung für den Schutz von Kindern: das „Osnabrücker Urteil" (1997), der „Fall Pascal" (2003), das „Saarbrücker Memorandum" (2004), der „Fall Kevin" (2006), „Lea-Sophie" (2007), …

Bereits mit dem Kinder- und Jugendhilfeweiterentwicklungsgesetz (KICK) vom 8. September 2005[1] wurde der Schutzauftrag des Jugendamtes bei Kindeswohlgefährdung durch § 8a SGB VIII konkretisiert, was durchaus folgenreich für die praktische Organisation des Kinderschutzes bei Trägern der öffentlichen wie freien Kinder- und Jugendhilfe war.

1 BGBl I, S. 2729.

Im Dezember 2007 und Juni 2008 wurde der Kinderschutz Thema bei den regelmäßigen Treffen der Bundeskanzlerin mit den Regierungschefs der Länder, den sogenannten „Kinderschutzgipfeln". In der Folge erarbeitete das Bundesministerium für Familie, Senioren, Frauen und Jugend (BMFSFJ) einen Regierungsentwurf für ein Kinderschutzgesetz (2008)[2], dessen Regelungen – insbesondere zum zwingend durchzuführenden Hausbesuch – zum Teil auf heftigen Widerstand der Fachwelt trafen, ohne dass die Vielfalt von Gegenargumenten im weiteren Verfahren Berücksichtigung fanden[3]. Insofern wurde das letztendliche Scheitern des Entwurfs der 16. Legislaturperiode im Deutschen Bundestag von den meisten Fachorganisationen begrüßt.

In einer Reihe von Bundesländern wurden unterdessen landesspezifische Kinderschutzgesetze auf den Weg gebracht, bei denen es insbesondere um ein verbindliches Einladungswesen für Gesundheitsuntersuchungen und landesrechtliche Verpflichtungen zum Aufbau von Kinderschutz-Netzwerken ging.

## 2. Der Gesetzgebungsprozess in der 17. Legislaturperiode

Am 27. Oktober 2009 konstituierte sich der 17. Deutsche Bundestag. Das Vorhaben, ein neues Bundeskinderschutzgesetz zu schaffen, wurde von der neuen Bundesregierung wieder aufgegriffen.

### 2.1 Kontext 1: Runder Tisch „Heimerziehung in den 50er und 60er Jahren"

Am 26. November 2008 hatte der Petitionsausschuss des Deutschen Bundestages eine Beschlussempfehlung an den Deutschen Bundestag verabschiedet, „die Situation von Kindern und Jugendlichen in den Jahren 1949 bis 1975 in der Bundesrepublik Deutschland in verschiedenen öffentlichen Erziehungsheimen betreffend". Dieser Empfehlung folgte der Bundestag einstimmig und beschloss, „der Bundesregierung – dem Bundesministerium für Familie, Senioren, Frauen und Jugend, dem Bundesministerium für Arbeit und Soziales und dem Bundesministerium der Jus-

2 Gesetz zur Verbesserung des Kinderschutzes – Kinderschutzgesetz; BT-Drs. 16/12429 vom 25. März 2009.

3 Siehe BR-Drs. 59/09.

tiz – (die Petition, N.St.) zur Erwägung zu überweisen, soweit die Einrichtung eines Runden Tisches gefordert ist, mit der Bitte, den Runden Tisch entsprechend dem Vorschlag des Petitionsausschusses zu gestalten"[4]. Zugrundegelegen hatten Petitionen aus dem Jahr 2006.

Der Petitionsausschuss anerkannte und bedauerte zutiefst das erlittene „Unrecht und Leid, das Kindern und Jugendlichen in verschiedenen Kinder- und Erziehungsheimen in der alten Bundesrepublik in der Zeit zwischen 1945 und 1970 widerfahren ist". Unrecht und Leid beziehen sich dabei auf die in vielfältiger Weise erfahrene körperliche, psychische und sexuelle Gewalt sowie auf Freiheitsentzug und erzwungene Arbeitsleistungen, denen die jungen Menschen in der Regel ohnmächtig gegenüber standen und schutzlos ausgeliefert waren. Damit wurde auch die Frage aufgeworfen, wie junge Menschen besser und zuverlässiger vor Gewalt und Unrecht in Einrichtungen geschützt werden können.

Der Runde Tisch „Heimerziehung in den 50er und 60er Jahren" konstituierte sich am 17. Februar 2009. Im Dezember 2010 legte er seinen Abschlussbericht vor. Im Kapitel IV. „Prävention und Zukunftsgestaltung"[5] werden auch Forderungen zum Thema „Heimaufsicht und Schutz von Kindern und Jugendlichen in Einrichtungen" formuliert, die sich insbesondere auf § 45 SGB VIII beziehen.

## 2.2 Kontext 2: Runder Tisch sexueller Kindesmissbrauch, Arbeit der Unabhängigen Beauftragten zur Aufarbeitung des sexuellen Kindesmissbrauchs

Die Frage nach einem besseren Schutz von Kindern und Jugendlichen vor Übergriffen und Gewalt stellte sich dann nochmals nachdrücklich, als Anfang 2010 eine Reihe von Berichten über sexualisierte Gewalt durch Verantwortliche in Schulen und Internaten die Öffentlichkeit erschütterten. Das Canisius-Kolleg und die Odenwald-Schule waren Institutionen, die dabei insbesondere ins Blickfeld gelangten. Am 24. März 2010 beschloss das Bundeskabinett daraufhin die Einrichtung des Runden Tisches „Sexueller Missbrauch in Abhängigkeits- und Machtverhältnissen in privaten und öffentlichen Einrichtungen und im familiären Bereich", kurz zumeist „Runder Tisch sexueller Kindesmissbrauch" genannt. Er arbeitete in drei

4 Siehe lfd. Nr. 1 der Sammelübersicht 495 zu Petitionen (BT-Drs. 16/11102).
5 Runder Tisch Heimerziehung (Hg.): Abschlussbericht, Berlin 2010, S. 39 f.

Arbeitsgruppen, die unterschiedlichen Ministerien zugeordnet waren: AG I: „Prävention – Intervention – Information“ (Bundesministerium für Familie, Senioren, Frauen und Jugend), AG II: „Durchsetzung des staatlichen Strafanspruchs – Rechtspolitische Folgerungen – Anerkennung des Leidens der Opfer in jeglicher Hinsicht“ (Bundesministerium der Justiz) und AG III: „Forschung, Lehre und Ausbildung“ (Bundesministerium für Bildung und Forschung).

Parallel wurde die Stelle der Unabhängigen Beauftragten zur Aufarbeitung des sexuellen Kindesmissbrauchs eingerichtet, die von Dr. Christine Bergmann geleitet wurde. Sie legte am 24. Mai 2011 ihren Abschlussbericht mit Empfehlungen für die Beratungen des Runden Tisches vor.

Am 30. November 2011 beendete der Runde Tisch seine Arbeit und legte ebenfalls seinen Abschlussbericht vor.

Teile dieser Diskussionen sind im Verlauf in die Entwürfe zum Bundeskinderschutzgesetz eingeflossen.

Der Runde Tisch hat sich dafür ausgesprochen, dass „nur noch solche Institutionen öffentliche Zuschüsse erhalten, die die verabredeten Leitlinien einführen und umsetzen“[6] und verweist darauf, dass diese Forderung im Bundeskinderschutzgesetz aufgegriffen worden sei. Dabei bezieht er sich offenbar auf die bis ins Vermittlungsverfahren hinein hoch umstrittenen Regelungen der §§ 74, 79 und 79a SGB VIII. Er hat ebenfalls unterstrichen: „Formen der Beteiligung, der Selbstbestimmung und Beschwerdemöglichkeiten in einer Institution tragen zur Schaffung von sicheren Orten für Kinder und Jugendliche bei“[7]. Damit wurden Anstöße für die Neufassung von § 8 und § 45 SGB VIII gegeben. Darüber hinaus werden auch „qualifizierte, unabhängige Ansprechpartnerinnen und Ansprechpartner außerhalb der Einrichtung und ihres Trägers“ gefordert. Die Umsetzung dieser Forderung in das Bundeskinderschutzgesetz ist noch nicht versucht worden. Auch die Präzisierungen der Regelungen zum erweiterten Führungszeugnis – auch im Hinblick auf ehrenamtlich tätige Personen – im § 72a SGB VIII waren Gegenstand der Erörterungen des Runden Tisches. Seine Forderung an den Gesetzgeber, „gesetzliche Regelungen für den

---

6 Runder Tisch sexueller Kindesmissbrauch (2011): Abschlussbericht, Kap. 4 „Handeln in der Gegenwart“. Berlin.

7 Siehe ebd.; Kap. 4a „Prävention“.

Bildungs-, Gesundheits- und Eingliederungshilfesektor dort zu prüfen, wo es zum Schutz der Kinder und Jugendlichen in vergleichbarer Weise geboten ist", ist der Gesetzgeber mit dem Bundeskinderschutzgesetz jedoch nicht nachgekommen. Hierfür gibt es bisher jedoch keine Begründung.

## 2.3 Der Referatsentwurf[8]

Im Anschluss an verschiedene Anhörungen und Diskussionsrunden mit Fachorganisationen wurde am 23. Dezember 2010 ein Referatsentwurf seitens des BMFSFJ zur Diskussion gestellt. Der Entwurf enthielt in Artikel 1 das „Gesetz zur Kooperation und Information im Kinderschutz (KKG)", im Artikel 2 „Änderungen des Achten Buches Sozialgesetzbuch" und in Artikel 3 „Änderungen anderer Gesetze". Die Inhalte werden einleitend im Entwurf so skizziert:

„• die Einrichtung von Netzwerken Früher Hilfen auf der örtlichen Ebene,

- den Ausbau von Hilfen zur Stärkung der elterlichen Erziehungskompetenz während der Schwangerschaft und in den ersten Lebensjahren des Kindes (Frühe Hilfen), der durch eine zeitlich befristete Bundesinitiative zum Aus- und Aufbau des Einsatzes von Familienhebammen flankiert wird,

- eine weitere Qualifizierung des Schutzauftrags des Jugendamts bei Kindeswohlgefährdung,

- die Verbesserung der Zusammenarbeit der Jugendämter zum Schutz von Kindern, deren Eltern sich durch Wohnungswechsel der Kontaktaufnahme entziehen wollen (sogenanntes „Jugendamtshopping"),

- eine bundeseinheitliche Regelung der Befugnis kinder- und jugendnaher sogenannte Berufsgeheimnisträger zur Weitergabe von Informationen an das Jugendamt,

8 Der Entwurf bezeichnet sich zwar als Referentenentwurf, was aber lediglich ein Indiz der leider wieder verblassenden Sensibilität gegenüber Genderstereotypen in der Sprache zu sein scheint. Wir benutzen daher weiter den Begriff Referatsentwurf.

- die Verpflichtung der Träger der öffentlichen Jugendhilfe zur Entwicklung, Anwendung und Evaluation fachlicher Standards sowie zum Abschluss von entsprechender Vereinbarungen mit der freien Jugendhilfe als Grundlage für die Finanzierung,
- die Sicherung des Kindeswohls bei Ferienaufenthalten,
- die Verpflichtung zur Vorlage erweiterter Führungszeugnisse für alle in der Jugendhilfe beschäftigten Personen sowie das Personal in den erlaubnispflichtigen Einrichtungen,
- die Verpflichtung der Träger der öffentlichen Jugendhilfe, mit den Trägern der freien Jugendhilfe Instrumente zur Feststellung der aufgabenspezifischen Eignung ehrenamtlicher Personen zu vereinbaren.

Darüber hinaus werden die Ergebnisse des Projekts zur Entwicklung von Vorschlägen zur Neuordnung der Regelungen zur Örtlichen Zuständigkeit und zur Kostenerstattung in der Kinder- und Jugendhilfe aufgegriffen und umgesetzt."

Der Entwurf eröffnete eine intensive Fachdiskussion, deren Argumente teilweise im Regierungsentwurf vom 16. März 2011 aufgegriffen wurden.

## 2.4 Der Regierungsentwurf

Der Regierungsentwurf[9] hielt an der Grundstruktur des Artikelgesetzes fest.

Der Artikel 1 enthält das Gesetz zur Kooperation und Information im Kinderschutz (KKG). Es umfasst Rahmennormen für „Frühe Hilfen", Informationsgespräche mit werdenden Müttern und Vätern sowie Eltern junger Kinder, lokale Netzwerke für Frühe Hilfen, die Ankündigung einer Bundesinitiative Familienhebammen des BMFSFJ und Bestimmungen zur „Beratung und Übermittlung von Informationen durch Geheimnisträger bei Kindeswohlgefährdung".

---

9 Siehe BT-Drs. 17/6256 vom 22. Juni 2011.

Der Artikel 2 enthält Änderungen des SGB VIII. Im Vergleich zum Referatsentwurf wurde auf die Neukonzipierung des § 42 (Inobhutnahme) auf den § 43a (Betreuung von Kindern und Jugendlichen bei Ferienaufenthalten) verzichtet. Ebenso entfiel die Umsetzung der Ergebnisse des Projekts zur Entwicklung von Vorschlägen zur Neuordnung der Regelungen zur örtlichen Zuständigkeit und zur Kostenerstattung in der Kinder- und Jugendhilfe (§§ 86 ff. SGB VIII). Lediglich die Aufhebung der Sonderregelungen zur örtlichen Zuständigkeit bei Langzeitpflegeverhältnissen (§ 86 Abs. 6) und § 86c (Fortdauernde Leistungsverpflichtung und Fallübergabe bei Zuständigkeitswechsel) wurden aus diesem Komplex im Regierungsentwurf beibehalten.

Der Artikel 3 bezieht sich auf die Änderungen anderer Gesetze. Die im Referatsentwurf vorgesehene Regelung zum „Schutzauftrag bei Kindeswohlgefährdung“ in § 20a SGB IX wurde wieder fallengelassen, statt dessen wurde lediglich in § 21 SGB IX die Inanspruchnahme von Beratung durch die Träger der öffentlichen Jugendhilfe in Fällen von Kindeswohlgefährdung in die Liste der Punkte, die in Verträgen mit Leistungserbringern (§ 21 Abs. 1 SGB IX) zu regeln sind, aufgenommen. Die Änderungen im Schwangerschaftskonfliktgesetz wurden redaktionell überarbeitet.

Artikel 4 enthält die Bekanntmachungserlaubnis für das SGB VIII.

Artikel 5 legt das Inkrafttreten für den 1. Januar 2012 fest.

## 2.5 Die Äußerung des Bundesrates und die Gegenäußerung der Bundesregierung

Zum Regierungsentwurf nahm der Bundesrat am 27. Mai 2011 Stellung. Die Gegenäußerung der Bundesregierung erfolgte am 22. Juni 2011[10].

Die wesentlichen strittig gebliebenen Punkte waren:

- Die Bundesländer fordern eine Verbesserung der Rahmenbedingungen des Gesundheitswesens im SGB V im Hinblick auf den Kinderschutz. Sie beziehen sich in ihren Forderungen auf den Bericht aus 2009 einer von der Jugend- und Familienministerkonfe-

10 Der Regierungsentwurf, die Stellungnahme des Bundesrates und die Gegenäußerung der Bundesregierung sind in der BT-Drs.17/6256 vom 22. Juni 2011 enthalten.

renz der Länder (JFMK) und der Gesundheitsministerkonferenz (GMK) eingerichteten Arbeitsgruppe und die dort formulierten Änderungsvorschläge. Diesbezüglich weist die Bundesregierung darauf hin, dass die Aufgabenstellung der GKV „primär morbiditätsorientiert" sei. Weiterhin fordern die Länder eine Ausweitung der Kostenerstattung für Hebammenleistungen auf einen Zeitraum von sechs Monaten nach der Geburt (statt wie bisher zwei). Die Bundesregierung unterscheidet systematisch zwischen Hebammenleistungen und Leistungen von Familienhebammen. Letztere zählen nach ihrer Auffassung nicht zu den Aufgaben der GKV. Explizit äußert sie sich zum konkreten Vorschlag der Länder nicht.

- Die Bundesländer wollen, dass im Artikel 1 neben dem Thema Kindeswohl das Thema Kindergesundheit mit verankert wird. Die Bundesregierung lehnt dies ab, da die zentrale Zielsetzung des Entwurfs der Kinderschutz sei. Eine thematische Ausweitung würde zu einer hohen Erwartungshaltung führen, die das Gesetz nicht einlösen könne. Nach Auffassung der Bundesländer soll § 3 Abs. 4 KKG (Ankündigung der befristeten Bundesinitiative Familienhebammen) gestrichen werden. Die Bundesregierung lehnt dies ab, weil: wenn „Familienhebammen Familien in belastenden Lebenslagen bis (maximal) zum 1. Lebensjahr des Kindes begleiten, sind sie eine sinnvolle Ergänzung zu einer Hebamme." Im Rahmen der Bundesinitiative sollen verschiedene Modelle erprobt werden, durch die eine Basis für den bundesweiten Einsatz von Familienhebammen durch Länder und Kommunen gelegt werden soll.

- Die Bundesländer möchten, dass in die Personengruppen, die zur Weitergabe von Informationen in Kindesschutzsituationen auf der Basis von § 4 Abs. 1 KKG befugt sind, auch Lehrerinnen und Lehrer an privaten Schulen aufgenommen werden, sowie „sozialpädagogische und therapeutische Fachkräfte in Einrichtungen der Jugendhilfe und der Eingliederungshilfe". Die Bundesregierung will Lehrerinnen und Lehrer an privaten Schulen in die Norm einbeziehen, weil diese als Amtsträger nach § 11 Abs. 1 Nr. 2 StGB anzusehen sind. Eine Ausweitung auf sozialpädagogische und therapeutische Fachkräfte sei nicht erforderlich, da diese entweder als staatlich anerkannte – ohnehin von der Norm erfasst seien oder aber keine Berufsgeheimnisträger im Sinne des § 203 StGB sind.

- Die Länder lehnen die neuen Vorschriften zur „Qualitätsentwicklung in der Kinder- und Jugendhilfe" (§ 79a SGB VIII-E) ab. Ihnen erscheint es nicht sachgerecht, dass die Bundesregierung auf eine flächendeckende staatliche Definition fachlicher Standards und deren Vereinbarung mit freien Trägern setzt. Solche Vorgaben seien „überkomplex" und wenig praxisnah. Die Bundesregierung hält an „verbindlichen Vorgaben zu einer kontinuierlichen Qualitätsentwicklung in der Kinder- und Jugendhilfe" fest. Vereinbarungen seien keine „staatliche Definition". Der Vielgestaltigkeit der Aufgabenfelder könne durch die Landesrahmenvereinbarungen entsprochen werden.

- In der Statistik der Kindertageseinrichtungen ist bisher die „tägliche Betreuungszeit" (§ 99 Abs. 7 Nr. 3c SGB VIII) Erhebungsmerkmal. Der Bund wollte die Erfassung der Betreuungszeit flexibler handhabbar machen und hat im Regierungsentwurf die Streichung des Adjektivs „tägliche" vorgesehen. Die Länder schlagen vor, beim Erhebungsmerkmal Betreuungszeit den Zusatz „tägliche" durch „wöchentliche" zu ersetzen – auch ihnen geht es dabei darum, „einen umfassenden Überblick über den Betreuungsumfang der einzelnen Kinder zu erhalten". Die Bundesregierung ist der Auffassung, dass die von ihr vorgesehene Lösung dem Anliegen der Länder besser Rechnung trägt, weil sie umfangreichere Erhebungsmöglichkeiten zulässt.

- Der Bundesrat hat Änderungen im SGB V und im Krankenhausentgeltgesetz vorgesehen, u. a. mit dem Ziel, die Krankenkassen an der Finanzierung von Gesundheitsleistungen für den Kinderschutz zu beteiligen. Die Vorschläge werden von der Bundesregierung zurückgewiesen, vor allem mit den Argumenten, sie stellen eine systemwidrige Ausweitung der Kassenleistungen dar bzw. sie seien untergesetzlich regelbar.

- Der Bundesrat will, dass künftig Kinderschutzgründe die Mitteilungspflichten aus § 294a SGB V (Mitteilung von Krankheitsursachen und drittverursachten Gesundheitsschäden) in Bezug auf den Schadensverursacher hemmen können. Seitens der Bundesregierung bestehen gegen diesen Vorschlag in dieser Form Bedenken. Das Anliegen könne nur konsequent umgesetzt werden, wenn die Mitteilungspflichten in Kinderschutzfällen gänzlich entfallen – und nicht nur im Hinblick auf die Angaben zum Schadensverursacher.

- Die Länder schlagen vor, durch eine Erweiterung von § 41 Abs. 1 Bundeszentralregistergesetz (BZRG) die Jugendämter in den Kreis derjenigen aufzunehmen, die befugt sind, über das Führungszeugnis hinausgehende Eintragungen und Suchvermerke Kenntnis zu erhalten, wenn sie diese im Rahmen einer Abschätzung des Gefährdungsrisikos eines Kindes benötigen. Die Bundesregierung lehnt dies aus grundsätzlichen rechtspolitischen Erwägungen heraus ab. Sie verweist auf die bestehenden Informationsmöglichkeiten im BZRG und im Rahmen der Mitteilungen in Strafsachen (MiStra).

- Die Länder halten es für erforderlich, konkret festzulegen, dass Adoptionen, die im Ausland unter Umgehung von deutschen Gesetzen und Standards erfolgt sind, nicht anerkannt werden. Sie schlägt eine Ergänzung von § 2 Abs. 1 des Adoptionswirkungsgesetzes vor. Die Bundesregierung lehnt diesen Vorschlag ab, da er als isolierter Angang des Problems nicht intendierte Nebenfolgen haben kann. Sie verweist u. a. auf die Arbeiten der interministeriellen Arbeitsgruppe Adoption, die an einer umfassenden Lösung der aufgelaufenen Probleme arbeite.

- Der Bundesrat bittet um die Aufnahme von Bestimmungen zum Schutz behinderter Kinder und Jugendlicher ins SGB IX – analog zu den entsprechenden Regelungen im SGB VIII. Die Bundesregierung lehnt den Vorschlag ab. Sie erachtet die von ihr vorgesehene neue Regelung des § 21 Abs. 1 Nr. 7 SGB IX für ausreichend.

- Die Bundesländer fordern die Bundesregierung auf, „die Kostenfolgen des Gesetzes in nachvollziehbaren Rechenschritten transparent und vollständig darzulegen" und erwarten, dass der Bund die finanziellen Mehrbelastungen „dauerhaft und vollständig ausgleicht". Die Bundesregierung hält die Kosteneinschätzung des Entwurfs für hinreichend begründet und insgesamt ausreichend. Sie hält die im Entwurf vorgesehenen Regelungen für erforderlich und die sich daraus ergebenden Kosten für hinreichend begründet. Der Gesetzesentwurf richte sich insgesamt nach den finanzverfassungsrechtlichen Bestimmungen des Grundgesetzes.

## 2.6 Die erste Lesung im Deutschen Bundestag

Am 1. Juli 2011 fand dann die erste Lesung des Gesetzes im Deutschen Bundestag statt.

Für die Bundesregierung sprach einleitend Dr. Hermann Kues (Parlamentarischer Staatssekretär im BMFSFJ). Er stellte die Frage einer Lösung der Zuordnung und Finanzierung von Leistungen von (Familien-) Hebammen als „diskutierbar“ dar. Der Bundesregierung sei bewusst, dass die Umsetzung Geld kosten werde. Er erläuterte, warum es keine allgemeine, flächendeckende Vorlagepflicht von Führungszeugnissen bei ehrenamtlichen Mitarbeiterinnen und Mitarbeitern geben soll, sondern differenzierte Regelungen. Er unterstrich, dass der Entwurf ein Mehr an Rechtssicherheit bei Interventionen bedeute und den fallbezogenen Datenaustausch von beteiligten Jugendämtern in Kindesschutzfällen ermögliche. Er wies darauf hin, dass Hausbesuche im Prinzip erfolgen sollen, aber im Konkreten an das fachliche Ermessen gebunden sind.

Anschließend wurde eine 1,5-stündige Aussprache geführt, die durchweg sehr sachbezogen und sehr konsensbezogen gehalten war. Die letzte Rednerin, Michaela Noll (CDU) bezeichnete sie als eine „Sternstunde ihrer parlamentarischen Arbeit“. Es sprachen zehn (weibliche) Bundestagsabgeordnete zum Thema. Einhellig wurde hervorgehoben, dass der Entwurf wesentlich besser sei als der, der in der letzten Legislaturperiode gescheitert war, was vor allem auch auf die breitere und ernsthaftere Beteiligung der Verbände zurückgeführt wurde. Alle Fraktionen signalisierten im Kern ihre Bereitschaft auf der Basis des Entwurfs zu einer gemeinsamen Lösung zu kommen. Folgende Kernpunkte für die weiteren Diskussionen zeichneten sich dabei ab:

- Die Frage der Zuordnung, konkreten Ausgestaltung und Finanzierung der Leistungen für Familienhebammen und Hebammen (Leistungsbereiche des SGB V; Modellprogramm der Bundesregierung; Finanzierung nach dem Modellprogramm etc.)

- Die Frage der flächendeckenden Qualitätsentwicklung (§ 79a SGB VIII). Hier fiel auf, dass einige Rednerinnen diese offenbar nur auf Fragen des Kinderschutzes bezogen und nicht ganz realisiert hatten, dass diese Norm ja viel umfassender ausgestaltet ist.

- Allen war klar, dass Fragen der Finanzierung weiterhin offen sind und diskutiert werden müssen. Das war aber auch den Rednerinnen der Regierungskoalition klar. Mehrfach wurde diesbezüglich auch angesprochen, dass hier grundsätzliche Probleme der Finanzierung der kommunalen sozialen Infrastruktur liegen.

- Mehrfach wurde kritisiert, dass das Gesundheitswesen zu sehr aus den Diskussionen herausgehalten werde. Wie denn Kooperationen vor Ort gelingen sollen, wenn sie zwischen den Ministerien so sichtbar unzureichend seien, wurde mehrfach gefragt.

- Die Regelungen zu den polizeilichen Führungszeugnissen für Ehrenamtliche wurden mehrfach angesprochen. In der Tendenz wurde die Lösung des Entwurfs begrüßt und vor einer unpraktischen Überreglementierung gewarnt.

- Dass der Entwurf Prävention und Intervention verbinde, wurde von allen lobend hervorgehoben. Allerdings kamen in der Debatte auch Vorstellungen (nicht nur der Opposition, auch Sibylle Laurischk wurde hier deutlich) einer gesicherten und hinreichend finanzierten Infrastruktur zur Beratung von Kindern, Jugendlichen und Eltern und der Personaldecke in Jugendämtern zum Tragen, die vom Entwurf noch bei weitem nicht abgedeckt sind.

- Mehrfach wurden die Aufnahme von Kinderrechten ins Grundgesetz und unabhängige Beratungs- und Ombudsstellen für Kinder- und Jugendliche gefordert.

## 2.7 Die Anhörung des Bundestagsausschusses für Familie, Senioren, Frauen und Jugend

Am 26. September 2011 fand eine Anhörung zum Bundeskinderschutzgesetz im Ausschuss für Familie, Senioren, Frauen und Jugend mit elf Expertinnen und Experten statt. Die zentralen Themenfelder der Anhörung waren:

- die Kosteneinschätzungen und Fragen der Finanzierung,
- die Einbeziehung des Gesundheitswesens in den Kinderschutz und dessen Finanzierung,
- die Rolle von (Familien-)Hebammen,
- Verpflichtung anderer Sozialleistungsträger im Hinblick auf Schutznormen und Kooperationsnormen,
- die genaue Formulierung der Befugnisnorm für Berufsgeheimnisträgerinnen und -träger (§ 4 KKG-E),
- die Qualitätsentwicklung in der Kinder- und Jugendhilfe (§ 79a SGB VIII-E),
- die Rechtsqualität des Anspruchs auf frühe Hilfen (§ 16 SGB VIII-E),
- die Meldedaten für Hausbesuche: Die Frage, ob eine Befugnis hierfür reicht oder ob es hierzu nicht einer explizit verankerten Aufgabe bedarf (§ 2 Abs. 2 KKG-E),
- die örtliche Zuständigkeit bei Dauerpflegeverhältnissen (§ 86 VI SGB VIII-E),
- die Beratung von Kindern und Jugendlichen (§ 8 SGB VIII-E),
- die Infrastruktur von träger- bzw. einrichtungsinternen Beschwerdestellen externen Ombudsstellen,
- die Frage des Einbezugs gewerblicher Anbieter in den Kinderschutz.

## 2.8 Die abschließenden Beratungen im Bundestagsausschuss und die 2. und 3. Lesung im Deutschen Bundestag

Am 26. Oktober 2011 fanden die abschließenden Beratungen des Ausschusses für Familie, Senioren, Frauen und Jugend zum Gesetzesentwurf statt. Hier bestand de facto die letzte Möglichkeit für die Regierungsfraktionen und die Bundesregierung, Kompromisse einzubringen, durch die das Gesetzesvorhaben im Bundesrat zustimmungsfähig hätte werden können.

Die von den Regierungsfraktionen eingebrachten Änderungen enthielten eine Reihe von Formulierungspräzisierungen, aber nur wenige substanzielle Änderungen, die den Anliegen des Bundesrates entgegengekommen wären.

Im Artikel 1 (KKG) wurden die Lehrerinnen und Lehrer an staatlich anerkannten privaten Schulen (§ 4 Abs. 1 Nr. 7) in den Kreis der angesprochenen Geheimnisträger übernommen.

Im Artikel 2 (Änderungen im SGB VIII) ist neben einer Reihe sachlicher und redaktioneller Präzisierungen eine weiterreichende Änderung vorgenommen worden: Die beabsichtigte Streichung der Sonderzuständigkeitsregelung bei Dauerpflegeverhältnissen (§ 86 Abs. 6 SGB VIII) wurde wieder rückgängig gemacht. Sie soll nun doch zunächst im Kontext einer Bund-Länder Arbeitsgruppe zur örtlichen Zuständigkeit und zur Kostenerstattung weiterberaten werden. Die Problematik des § 79a SGB VIII-E wurde nur im Hinblick auf mögliche Konnexitätserwartungen der Kommunen an die Länder aufgegriffen, indem zum Ausdruck gebracht wird, dass die Regelungen zur Qualitätsentwicklung an bereits entwickelte und angewandte Standards anknüpfen sollen – und somit keine wirklich neue Aufgabe seien.

Neu aufgenommen wurde der Artikel 4: Evaluation. Bis zum 31. Dezember 2015 muss der Deutsche Bundestag über die Ergebnisse einer von der Bundesregierung durchzuführenden Evaluation der Wirkungen des Gesetzes informiert werden.

In 2. und 3. Lesung beschloss der Deutsche Bundestag am 28. Oktober 2011 das Bundeskinderschutzgesetz in der vom Ausschuss verabschiedeten Fassung mit den Stimmen der Regierungsfraktionen. Die Oppositionsfraktionen enthielten sich der Stimme. Die Gründe für die Enthaltung sind in den von ihnen eingebrachten Entschließungsanträgen und den Reden im Einzelnen dargelegt. Sie beziehen sich insbesondere auf zwei Kernpunkte: die mangelnde Einbeziehung des Gesundheitswesens und die zugrunde gelegten Kostenschätzungen.

## 2.9 Beratungen und Entscheidung im Bundesrat

Im Bundesrat sprach sich der Federführende Ausschuss für Familie und Jugend am 9. November 2011 mehrheitlich gegen das Bundeskinderschutzgesetz in der vorgelegten Fassung aus und empfahl die Anrufung des Vermittlungsausschusses. Fünf Gründe führt er hierzu an: „Zum einen soll die Erstattungsfähigkeit der Kosten für Hebammenleistungen durch die gesetzlichen Krankenversicherungen auch ohne das Vorliegen einer ärztlichen Anordnung im Interesse der Prävention vor Gesundheitsschäden auf sechs Monate ausgeweitet werden. Zum anderen wird eine dauerhafte (und nicht lediglich befristete) Finanzierung des Projekts ‚Bundesinitiative Familienhebammen' gefordert. Darüber hinaus sollen die Krankenkassen im SGB V verpflichtet werden, die primärpräventiven Leistungen der regionalen Netzwerke ‚Frühe Hilfen' mit einem angemessenen Zuschuss zu unterstützen. Außerdem sollen die in dem neuen § 79a SBG VIII getroffenen Regelungen zur Qualitätsentwicklung und -sicherung in der öffentlichen Jugendhilfe auf das Notwendige beschränkt werden und die den Ländern infolge der Umsetzung des Bundeskinderschutzgesetzes direkt oder indirekt entstehenden finanziellen Mehrbelastungen durch den Bund ausgeglichen werden." Der mitberatende Gesundheitsausschuss sprach sich für die Annahme des Gesetzes aus, begleitet von einer Entschließung.

Am 25. November 2011 schließlich beschloss der Bundesrat in seiner 890. Sitzung „dem vom Deutschen Bundestag am 27. Oktober 2011 verabschiedeten Gesetz gemäß Artikel 84 Absatz 1 und 6 i. V. m. Artikel 104a Absatz 4 des Grundgesetzes nicht zuzustimmen". Nicht beschlossen wurde die Anrufung des Vermittlungsausschusses durch den Bundesrat.

## 2.10 Das Gesetz im Vermittlungsausschuss

Nachdem sich am 12. Dezember 2011 Vertreterinnen und Vertreter von Bund und Ländern aus verschiedenen Fraktionen zu einem konsensfähigen Kompromiss durchgerungen hatten, wurde das Gesetz am 14. Dezember 2011 im Vermittlungsausschuss beraten und beschlossen. Der Bund erklärte sich bereit, die „Bundesinitiative Familienhebammen" auf die Unterstützung von Netzwerken Früher Hilfen hin zu erweitern, ihre Finanzierung auf Dauer zu stellen und die Mittel für die Initiative aufzustocken auf 30 Millionen Euro in 2012, 45 Millionen Euro in 2013 und 51 Millionen Euro in den Jahren danach. Darüber hinaus erklärte sich der Bund bereit, nicht länger an den hochumstrittenen Regelungen des § 79 a SGB VIII-E festzuhalten.

# Sozialgesetzbuch VIII
# – Kinder- und Jugendhilfe –
# mit eingearbeiteten Änderungen auf der Basis des Bundeskinderschutzgesetzes vom 22.12.2011 (BGBl. I S. 2975; Bundesrats-Drucks. 826/11)

# Sozialgesetzbuch (SGB)

# Achtes Buch (VIII)

# Kinder- und Jugendhilfe

## Inhaltsübersicht

# Erstes Kapitel

# Allgemeine Vorschriften

## § 1 Recht auf Erziehung, Elternverantwortung, Jugendhilfe

(1) Jeder junge Mensch hat ein Recht auf Förderung seiner Entwicklung und auf Erziehung zu einer eigenverantwortlichen und gemeinschaftsfähigen Persönlichkeit.

(2) Pflege und Erziehung der Kinder sind das natürliche Recht der Eltern und die zuvörderst ihnen obliegende Pflicht. Über ihre Betätigung wacht die staatliche Gemeinschaft.

(3) Jugendhilfe soll zur Verwirklichung des Rechts nach Absatz 1 insbesondere

1. junge Menschen in ihrer individuellen und sozialen Entwicklung fördern und dazu beitragen, Benachteiligungen zu vermeiden oder abzubauen,
2. Eltern und andere Erziehungsberechtigte bei der Erziehung beraten und unterstützen,
3. Kinder und Jugendliche vor Gefahren für ihr Wohl schützen,
4. dazu beitragen, positive Lebensbedingungen für junge Menschen und ihre Familien sowie eine kinder- und familienfreundliche Umwelt zu erhalten oder zu schaffen.

## § 2 Aufgaben der Jugendhilfe

(1) Die Jugendhilfe umfasst Leistungen und andere Aufgaben zugunsten junger Menschen und Familien.

(2) Leistungen der Jugendhilfe sind:

1. Angebote der Jugendarbeit, der Jugendsozialarbeit und des erzieherischen Kinder- und Jugendschutzes (§§ 11 bis 14),
2. Angebote zur Förderung der Erziehung in der Familie (§§ 16 bis 21),
3. Angebote zur Förderung von Kindern in Tageseinrichtungen und in Tagespflege (§§ 22 bis 25),
4. Hilfe zur Erziehung und ergänzende Leistungen (§§ 27 bis 35, 36, 37, 39, 40),

5. Hilfe für seelisch behinderte Kinder und Jugendliche und ergänzende Leistungen (§§ 35a bis 37, 39, 40),
6. Hilfe für junge Volljährige und Nachbetreuung (§ 41).

(3) Andere Aufgaben der Jugendhilfe sind
1. die Inobhutnahme von Kindern und Jugendlichen (§ 42),
2. (weggefallen)
3. die Erteilung, der Widerruf und die Zurücknahme der Pflegeerlaubnis (§§ 43, 44),
4. die Erteilung, der Widerruf und die Zurücknahme der Erlaubnis für den Betrieb einer Einrichtung sowie die Erteilung nachträglicher Auflagen und die damit verbundenen Aufgaben (§§ 45 bis 47, 48a),
5. die Tätigkeitsuntersagung (§§ 48, 48a),
6. die Mitwirkung in Verfahren vor den Familiengerichten (§ 50),
7. die Beratung und Belehrung in Verfahren zur Annahme als Kind (§ 51),
8. die Mitwirkung in Verfahren nach dem Jugendgerichtsgesetz (§ 52),
9. die Beratung und Unterstützung von Müttern bei Vaterschaftsfeststellung und Geltendmachung von Unterhaltsansprüchen sowie von Pflegern und Vormündern (§§ 52a, 53),
10. die Erteilung, der Widerruf und die Zurücknahme der Erlaubnis zur Übernahme von Vereinsvormundschaften (§ 54),
11. Beistandschaft, Amtspflegschaft, Amtsvormundschaft und Gegenvormundschaft des Jugendamts (§§ 55 bis 58),
12. Beurkundung (§ 59),
13. die Aufnahme von vollstreckbaren Urkunden (§ 60).

## § 3 Freie und öffentliche Jugendhilfe

(1) Die Jugendhilfe ist gekennzeichnet durch die Vielfalt von Trägern unterschiedlicher Wertorientierungen und die Vielfalt von Inhalten, Methoden und Arbeitsformen.

(2) Leistungen der Jugendhilfe werden von Trägern der freien Jugendhilfe und von Trägern der öffentlichen Jugendhilfe erbracht. Leistungsverpflichtungen, die durch dieses Buch begründet werden, richten sich an die Träger der öffentlichen Jugendhilfe.

(3) Andere Aufgaben der Jugendhilfe werden von Trägern der öffentlichen Jugendhilfe wahrgenommen. Soweit dies ausdrücklich bestimmt ist, können

Träger der freien Jugendhilfe diese Aufgaben wahrnehmen oder mit ihrer Ausführung betraut werden.

## § 4 Zusammenarbeit der öffentlichen Jugendhilfe mit der freien Jugendhilfe

(1) Die öffentliche Jugendhilfe soll mit der freien Jugendhilfe zum Wohl junger Menschen und ihrer Familien partnerschaftlich zusammenarbeiten. Sie hat dabei die Selbständigkeit der freien Jugendhilfe in Zielsetzung und Durchführung ihrer Aufgaben sowie in der Gestaltung ihrer Organisationsstruktur zu achten.

(2) Soweit geeignete Einrichtungen, Dienste und Veranstaltungen von anerkannten Trägern der freien Jugendhilfe betrieben werden oder rechtzeitig geschaffen werden können, soll die öffentliche Jugendhilfe von eigenen Maßnahmen absehen.

(3) Die öffentliche Jugendhilfe soll die freie Jugendhilfe nach Maßgabe dieses Buches fördern und dabei die verschiedenen Formen der Selbsthilfe stärken.

## § 5 Wunsch- und Wahlrecht

(1) Die Leistungsberechtigten haben das Recht, zwischen Einrichtungen und Diensten verschiedener Träger zu wählen und Wünsche hinsichtlich der Gestaltung der Hilfe zu äußern. Sie sind auf dieses Recht hinzuweisen.

(2) Der Wahl und den Wünschen soll entsprochen werden, sofern dies nicht mit unverhältnismäßigen Mehrkosten verbunden ist. Wünscht der Leistungsberechtigte die Erbringung einer in § 78a genannten Leistung in einer Einrichtung, mit deren Träger keine Vereinbarungen nach § 78b bestehen, so soll der Wahl nur entsprochen werden, wenn die Erbringung der Leistung in dieser Einrichtung im Einzelfall oder nach Maßgabe des Hilfeplanes (§ 36) geboten ist.

## § 6 Geltungsbereich

(1) Leistungen nach diesem Buch werden jungen Menschen, Müttern, Vätern und Personensorgeberechtigten von Kindern und Jugendlichen gewährt, die ihren tatsächlichen Aufenthalt im Inland haben. Für die Erfüllung anderer Aufgaben gilt Satz 1 entsprechend. Umgangsberechtigte haben unabhängig von ihrem tatsächlichen Aufenthalt Anspruch auf Beratung und Unterstützung bei der Ausübung des Umgangsrechts, wenn das Kind oder der Jugendliche seinen gewöhnlichen Aufenthalt im Inland hat.

(2) Ausländer können Leistungen nach diesem Buch nur beanspruchen, wenn sie rechtmäßig oder aufgrund einer ausländerrechtlichen Duldung ihren gewöhnlichen Aufenthalt im Inland haben. Absatz 1 Satz 2 bleibt unberührt.

(3) Deutschen können Leistungen nach diesem Buch auch gewährt werden, wenn sie ihren Aufenthalt im Ausland haben und soweit sie nicht Hilfe vom Aufenthaltsland erhalten.

(4) Regelungen des über- und zwischenstaatlichen Rechts bleiben unberührt.

## § 7 Begriffsbestimmungen

(1) Im Sinne dieses Buches ist

1. Kind, wer noch nicht 14 Jahre alt ist, soweit nicht die Absätze 2 bis 4 etwas anderes bestimmen,
2. Jugendlicher, wer 14, aber noch nicht 18 Jahre alt ist,
3. junger Volljähriger, wer 18, aber noch nicht 27 Jahre alt ist,
4. junger Mensch, wer noch nicht 27 Jahre alt ist,
5. Personensorgeberechtigter, wem allein oder gemeinsam mit einer anderen Person nach den Vorschriften des Bürgerlichen Gesetzbuchs die Personensorge zusteht,
6. Erziehungsberechtigter, der Personensorgeberechtigte und jede sonstige Person über 18 Jahre, soweit sie aufgrund einer Vereinbarung mit dem Personensorgeberechtigten nicht nur vorübergehend und nicht nur für einzelne Verrichtungen Aufgaben der Personensorge wahrnimmt.

(2) Kind im Sinne des § 1 Abs. 2 ist, wer noch nicht 18 Jahre alt ist.

(3) (weggefallen)

(4) Die Bestimmungen dieses Buches, die sich auf die Annahme als Kind beziehen, gelten nur für Personen, die das 18. Lebensjahr noch nicht vollendet haben.

## § 8 Beteiligung von Kindern und Jugendlichen

(1) Kinder und Jugendliche sind entsprechend ihrem Entwicklungsstand an allen sie betreffenden Entscheidungen der öffentlichen Jugendhilfe zu beteiligen. Sie sind in geeigneter Weise auf ihre Rechte im Verwaltungsverfahren sowie im Verfahren vor dem Familiengericht und dem Verwaltungsgericht hinzuweisen.

(2) Kinder und Jugendliche haben das Recht, sich in allen Angelegenheiten der Erziehung und Entwicklung an das Jugendamt zu wenden.

(3) Kinder und Jugendliche haben Anspruch auf Beratung ohne Kenntnis des Personensorgeberechtigten, wenn die Beratung auf Grund einer Not- und Konfliktlage erforderlich ist und solange durch die Mitteilung an den Personensorgeberechtigten der Beratungszweck vereitelt würde. § 36 des Ersten Buches bleibt unberührt.

## § 8a Schutzauftrag bei Kindeswohlgefährdung

(1) Werden dem Jugendamt gewichtige Anhaltspunkte für die Gefährdung des Wohls eines Kindes oder Jugendlichen bekannt, so hat es das Gefährdungsrisiko im Zusammenwirken mehrerer Fachkräfte einzuschätzen. Soweit der wirksame Schutz dieses Kindes oder dieses Jugendlichen nicht in Frage gestellt wird, hat das Jugendamt die Erziehungsberechtigten sowie das Kind oder den Jugendlichen in die Gefährdungseinschätzung einzubeziehen und, sofern dies nach fachlicher Einschätzung erforderlich ist, sich dabei einen unmittelbaren Eindruck von dem Kind und von seiner persönlichen Umgebung zu verschaffen. Hält das Jugendamt zur Abwendung der Gefährdung die Gewährung von Hilfen für geeignet und notwendig, so hat es diese den Erziehungsberechtigten anzubieten.

(2) Hält das Jugendamt das Tätigwerden des Familiengerichts für erforderlich, so hat es das Gericht anzurufen; dies gilt auch, wenn die Erzie-

hungsberechtigten nicht bereit oder in der Lage sind, bei der Abschätzung des Gefährdungsrisikos mitzuwirken. Besteht eine dringende Gefahr und kann die Entscheidung des Gerichts nicht abgewartet werden, so ist das Jugendamt verpflichtet, das Kind oder den Jugendlichen in Obhut zu nehmen.

(3) Soweit zur Abwendung der Gefährdung das Tätigwerden anderer Leistungsträger, der Einrichtungen der Gesundheitshilfe oder der Polizei notwendig ist, hat das Jugendamt auf die Inanspruchnahme durch die Erziehungsberechtigten hinzuwirken. Ist ein sofortiges Tätigwerden erforderlich und wirken die Personensorgeberechtigten oder die Erziehungsberechtigten nicht mit, so schaltet das Jugendamt die anderen zur Abwendung der Gefährdung zuständigen Stellen selbst ein.

(4) In Vereinbarungen mit den Trägern von Einrichtungen und Diensten, die Leistungen nach diesem Buch erbringen, ist sicherzustellen, dass

1. deren Fachkräfte bei Bekanntwerden gewichtiger Anhaltspunkte für die Gefährdung eines von ihnen betreuten Kindes oder Jugendlichen eine Gefährdungseinschätzung vornehmen,
2. bei der Gefährdungseinschätzung eine insoweit erfahrene Fachkraft beratend hinzugezogen wird sowie
3. die Erziehungsberechtigten sowie das Kind oder der Jugendliche in die Gefährdungseinschätzung einbezogen werden, soweit hierdurch der wirksame Schutz des Kindes oder Jugendlichen nicht in Frage gestellt wird.

In die Vereinbarungen ist neben den Kriterien für die Qualifikation der beratend hinzuziehenden insoweit erfahrenen Fachkraft insbesondere die Verpflichtung aufzunehmen, dass die Fachkräfte der Träger bei den Erziehungsberechtigten auf die Inanspruchnahme von Hilfen hinwirken, wenn sie diese für erforderlich halten, und das Jugendamt informieren, falls die Gefährdung nicht anders abgewendet werden kann.

(5) Werden einem örtlichen Träger gewichtige Anhaltspunkte für die Gefährdung des Wohls eines Kindes oder eines Jugendlichen bekannt, so sind dem für die Gewährung von Leistungen zuständigen örtlichen Träger die Daten mitzuteilen, deren Kenntnis zur Wahrnehmung des Schutzauftrags bei Kindeswohlgefährdung nach § 8a erforderlich ist. Die Mitteilung soll im Rahmen eines Gespräches zwischen den Fachkräften der beiden örtlichen Träger erfolgen, an dem die Personensorgeberechtigten sowie das Kind oder der Jugendliche beteiligt werden sollen, soweit hierdurch

der wirksame Schutz des Kindes oder des Jugendlichen nicht in Frage gestellt wird.

## § 8b Fachliche Beratung und Begleitung zum Schutz von Kindern und Jugendlichen

(1) Personen, die beruflich in Kontakt mit Kindern oder Jugendlichen stehen, haben bei der Einschätzung einer Kindeswohlgefährdung im Einzelfall gegenüber dem örtlichen Träger der Jugendhilfe Anspruch auf Beratung durch eine insoweit erfahrene Fachkraft.

(2) Träger von Einrichtungen, in denen sich Kinder oder Jugendliche ganztägig oder für einen Teil des Tages aufhalten oder in denen sie Unterkunft erhalten, und die zuständigen Leistungsträger, haben gegenüber dem überörtlichen Träger der Jugendhilfe Anspruch auf Beratung bei der Entwicklung und Anwendung fachlicher Handlungsleitlinien

1. zur Sicherung des Kindeswohls und zum Schutz vor Gewalt sowie
2. zu Verfahren der Beteiligung von Kindern und Jugendlichen an strukturellen Entscheidungen in der Einrichtung sowie zu Beschwerdeverfahren in persönlichen Angelegenheiten.

## § 9 Grundrichtung der Erziehung, Gleichberechtigung von Mädchen und Jungen

Bei der Ausgestaltung der Leistungen und der Erfüllung der Aufgaben sind

1. die von den Personensorgeberechtigten bestimmte Grundrichtung der Erziehung sowie die Rechte der Personensorgeberechtigten und des Kindes oder des Jugendlichen bei der Bestimmung der religiösen Erziehung zu beachten,
2. die wachsende Fähigkeit und das wachsende Bedürfnis des Kindes oder des Jugendlichen zu selbständigem, verantwortungsbewusstem Handeln sowie die jeweiligen besonderen sozialen und kulturellen Bedürfnisse und Eigenarten junger Menschen und ihrer Familien zu berücksichtigen,
3. die unterschiedlichen Lebenslagen von Mädchen und Jungen zu berücksichtigen, Benachteiligungen abzubauen und die Gleichberechtigung von Mädchen und Jungen zu fördern.

## § 10 Verhältnis zu anderen Leistungen und Verpflichtungen

(1) Verpflichtungen anderer, insbesondere der Träger anderer Sozialleistungen und der Schulen, werden durch dieses Buch nicht berührt. Auf Rechtsvorschriften beruhende Leistungen anderer dürfen nicht deshalb versagt werden, weil nach diesem Buch entsprechende Leistungen vorgesehen sind.

(2) Unterhaltspflichtige Personen werden nach Maßgabe der §§ 90 bis 97b an den Kosten für Leistungen und vorläufige Maßnahmen nach diesem Buch beteiligt. Soweit die Zahlung des Kostenbeitrags die Leistungsfähigkeit der Unterhaltspflichtigen mindert oder der Bedarf des jungen Menschen durch Leistungen und vorläufige Maßnahmen nach diesem Buch gedeckt ist, ist dies bei der Berechnung des Unterhalts zu berücksichtigen.

(3) Die Leistungen nach diesem Buch gehen Leistungen nach dem Zweiten Buch vor. Abweichend von Satz 1 gehen Leistungen nach § 3 Abs. 2, den §§ 14 bis 16g, § 19 Absatz 2 in Verbindung mit § 28 Absatz 6 des Zweiten Buches sowie Leistungen nach § 6b Absatz 2 des Bundeskindergeldgesetzes in Verbindung mit § 28 Absatz 6 des Zweiten Buches den Leistungen nach diesem Buch vor.

(4) Die Leistungen nach diesem Buch gehen Leistungen nach dem Zwölften Buch vor. Abweichend von Satz 1 gehen Leistungen nach § 27a Absatz 1 in Verbindung mit § 34 Absatz 6 des Zwölften Buches und Leistungen der Eingliederungshilfe nach dem Zwölften Buch für junge Menschen, die körperlich oder geistig behindert oder von einer solchen Behinderung bedroht sind, den Leistungen nach diesem Buch vor. Landesrecht kann regeln, dass Leistungen der Frühförderung für Kinder unabhängig von der Art der Behinderung vorrangig von anderen Leistungsträgern gewährt werden.

# Zweites Kapitel

# Leistungen der Jugendhilfe

## Erster Abschnitt

## Jugendarbeit, Jugendsozialarbeit, erzieherischer Kinder- und Jugendschutz

### § 11 Jugendarbeit

(1) Jungen Menschen sind die zur Förderung ihrer Entwicklung erforderlichen Angebote der Jugendarbeit zur Verfügung zu stellen. Sie sollen an den Interessen junger Menschen anknüpfen und von ihnen mitbestimmt und mitgestaltet werden, sie zur Selbstbestimmung befähigen und zu gesellschaftlicher Mitverantwortung und zu sozialem Engagement anregen und hinführen.

(2) Jugendarbeit wird angeboten von Verbänden, Gruppen und Initiativen der Jugend, von anderen Trägern der Jugendarbeit und den Trägern der öffentlichen Jugendhilfe. Sie umfasst für Mitglieder bestimmte Angebote, die offene Jugendarbeit und gemeinwesenorientierte Angebote.

(3) Zu den Schwerpunkten der Jugendarbeit gehören:
1. außerschulische Jugendbildung mit allgemeiner, politischer, sozialer, gesundheitlicher, kultureller, naturkundlicher und technischer Bildung,
2. Jugendarbeit in Sport, Spiel und Geselligkeit,
3. arbeitswelt-, schul- und familienbezogene Jugendarbeit,
4. internationale Jugendarbeit,
5. Kinder- und Jugenderholung,
6. Jugendberatung.

(4) Angebote der Jugendarbeit können auch Personen, die das 27. Lebensjahr vollendet haben, in angemessenem Umfang einbeziehen.

## § 12 Förderung der Jugendverbände

(1) Die eigenverantwortliche Tätigkeit der Jugendverbände und Jugendgruppen ist unter Wahrung ihres satzungsgemäßen Eigenlebens nach Maßgabe des § 74 zu fördern.

(2) In Jugendverbänden und Jugendgruppen wird Jugendarbeit von jungen Menschen selbst organisiert, gemeinschaftlich gestaltet und mitverantwortet. Ihre Arbeit ist auf Dauer angelegt und in der Regel auf die eigenen Mitglieder ausgerichtet, sie kann sich aber auch an junge Menschen wenden, die nicht Mitglieder sind. Durch Jugendverbände und ihre Zusammenschlüsse werden Anliegen und Interessen junger Menschen zum Ausdruck gebracht und vertreten.

## § 13 Jugendsozialarbeit

(1) Jungen Menschen, die zum Ausgleich sozialer Benachteiligungen oder zur Überwindung individueller Beeinträchtigungen in erhöhtem Maße auf Unterstützung angewiesen sind, sollen im Rahmen der Jugendhilfe sozialpädagogische Hilfen angeboten werden, die ihre schulische und berufliche Ausbildung, Eingliederung in die Arbeitswelt und ihre soziale Integration fördern.

(2) Soweit die Ausbildung dieser jungen Menschen nicht durch Maßnahmen und Programme anderer Träger und Organisationen sichergestellt wird, können geeignete sozialpädagogisch begleitete Ausbildungs- und Beschäftigungsmaßnahmen angeboten werden, die den Fähigkeiten und dem Entwicklungsstand dieser jungen Menschen Rechnung tragen.

(3) Jungen Menschen kann während der Teilnahme an schulischen oder beruflichen Bildungsmaßnahmen oder bei der beruflichen Eingliederung Unterkunft in sozialpädagogisch begleiteten Wohnformen angeboten werden. In diesen Fällen sollen auch der notwendige Unterhalt des jungen Menschen sichergestellt und Krankenhilfe nach Maßgabe des § 40 geleistet werden.

(4) Die Angebote sollen mit den Maßnahmen der Schulverwaltung, der Bundesagentur für Arbeit, der Träger betrieblicher und außerbetrieblicher Ausbildung sowie der Träger von Beschäftigungsangeboten abgestimmt werden.

## § 14 Erzieherischer Kinder- und Jugendschutz

(1) Jungen Menschen und Erziehungsberechtigten sollen Angebote des erzieherischen Kinder- und Jugendschutzes gemacht werden.

(2) Die Maßnahmen sollen
1. junge Menschen befähigen, sich vor gefährdenden Einflüssen zu schützen und sie zu Kritikfähigkeit, Entscheidungsfähigkeit und Eigenverantwortlichkeit sowie zur Verantwortung gegenüber ihren Mitmenschen führen,
2. Eltern und andere Erziehungsberechtigte besser befähigen, Kinder und Jugendliche vor gefährdenden Einflüssen zu schützen.

## § 15 Landesrechtsvorbehalt

Das Nähere über Inhalt und Umfang der in diesem Abschnitt geregelten Aufgaben und Leistungen regelt das Landesrecht.

# Zweiter Abschnitt

# Förderung der Erziehung in der Familie

## § 16 Allgemeine Förderung der Erziehung in der Familie

(1) Müttern, Vätern, anderen Erziehungsberechtigten und jungen Menschen sollen Leistungen der allgemeinen Förderung der Erziehung in der Familie angeboten werden. Sie sollen dazu beitragen, dass Mütter, Väter und andere Erziehungsberechtigte ihre Erziehungsverantwortung besser wahrnehmen können. Sie sollen auch Wege aufzeigen, wie Konfliktsituationen in der Familie gewaltfrei gelöst werden können.

(2) Leistungen zur Förderung der Erziehung in der Familie sind insbesondere
1. Angebote der Familienbildung, die auf Bedürfnisse und Interessen sowie auf Erfahrungen von Familien in unterschiedlichen Lebenslagen und Erziehungssituationen eingehen, die Familie zur Mitarbeit in Erziehungseinrichtungen und in Formen der Selbst- und Nachbarschaftshilfe besser befähigen sowie junge Menschen auf Ehe, Partnerschaft und das Zusammenleben mit Kindern vorbereiten,

2. Angebote der Beratung in allgemeinen Fragen der Erziehung und Entwicklung junger Menschen,
3. Angebote der Familienfreizeit und der Familienerholung, insbesondere in belastenden Familiensituationen, die bei Bedarf die erzieherische Betreuung der Kinder einschließen.

(3) Müttern und Vätern sowie schwangeren Frauen und werdenden Vätern sollen Beratung und Hilfe in Fragen der Partnerschaft und des Aufbaus elterlicher Erziehungs- und Beziehungskompetenzen angeboten werden.

(4) Das Nähere über Inhalt und Umfang der Aufgaben regelt das Landesrecht.

(5) Ab 2013 soll für diejenigen Eltern, die ihre Kinder von ein bis drei Jahren nicht in Einrichtungen betreuen lassen wollen oder können, eine monatliche Zahlung (zum Beispiel Betreuungsgeld) eingeführt werden.

## § 17 Beratung in Fragen der Partnerschaft, Trennung und Scheidung

(1) Mütter und Väter haben im Rahmen der Jugendhilfe Anspruch auf Beratung in Fragen der Partnerschaft, wenn sie für ein Kind oder einen Jugendlichen zu sorgen haben oder tatsächlich sorgen. Die Beratung soll helfen,

1. ein partnerschaftliches Zusammenleben in der Familie aufzubauen,
2. Konflikte und Krisen in der Familie zu bewältigen,
3. im Fall der Trennung oder Scheidung die Bedingungen für eine dem Wohl des Kindes oder des Jugendlichen förderliche Wahrnehmung der Elternverantwortung zu schaffen.

(2) Im Fall der Trennung und Scheidung sind Eltern unter angemessener Beteiligung des betroffenen Kindes oder Jugendlichen bei der Entwicklung eines einvernehmlichen Konzepts für die Wahrnehmung der elterlichen Sorge und der elterlichen Verantwortung zu unterstützen; dieses Konzept kann auch als Grundlage für einen Vergleich oder eine gerichtliche Entscheidung im familiengerichtlichen Verfahren dienen.

(3) Die Gerichte teilen die Rechtshängigkeit von Scheidungssachen, wenn gemeinschaftliche minderjährige Kinder vorhanden sind, sowie Namen und Anschriften der beteiligten Eheleute und Kinder dem Jugend-

amt mit, damit dieses die Eltern über das Leistungsangebot der Jugendhilfe nach Absatz 2 unterrichtet.

## § 18 Beratung und Unterstützung bei der Ausübung der Personensorge und des Umgangsrechts

(1) Mütter und Väter, die allein für ein Kind oder einen Jugendlichen zu sorgen haben oder tatsächlich sorgen, haben Anspruch auf Beratung und Unterstützung

1. bei der Ausübung der Personensorge einschließlich der Geltendmachung von Unterhalts- oder Unterhaltsersatzansprüchen des Kindes oder Jugendlichen,
2. bei der Geltendmachung ihrer Unterhaltsansprüche nach § 1615l des Bürgerlichen Gesetzbuchs.

(2) Mütter und Väter, die mit dem anderen Elternteil nicht verheiratet sind, haben Anspruch auf Beratung über die Abgabe einer Sorgeerklärung.

(3) Kinder und Jugendliche haben Anspruch auf Beratung und Unterstützung bei der Ausübung des Umgangsrechts nach § 1684 Abs. 1 des Bürgerlichen Gesetzbuchs. Sie sollen darin unterstützt werden, dass die Personen, die nach Maßgabe der §§ 1684 und 1685 des Bürgerlichen Gesetzbuchs zum Umgang mit ihnen berechtigt sind, von diesem Recht zu ihrem Wohl Gebrauch machen. Eltern, andere Umgangsberechtigte sowie Personen, in deren Obhut sich das Kind befindet, haben Anspruch auf Beratung und Unterstützung bei der Ausübung des Umgangsrechts. Bei der Befugnis, Auskunft über die persönlichen Verhältnisse des Kindes zu verlangen, bei der Herstellung von Umgangskontakten und bei der Ausführung gerichtlicher oder vereinbarter Umgangsregelungen soll vermittelt und in geeigneten Fällen Hilfestellung geleistet werden.

(4) Ein junger Volljähriger hat bis zur Vollendung des 21. Lebensjahres Anspruch auf Beratung und Unterstützung bei der Geltendmachung von Unterhalts- oder Unterhaltsersatzansprüchen.

## § 19 Gemeinsame Wohnformen für Mütter/Väter und Kinder

(1) Mütter oder Väter, die allein für ein Kind unter sechs Jahren zu sorgen haben oder tatsächlich sorgen, sollen gemeinsam mit dem Kind in einer

geeigneten Wohnform betreut werden, wenn und solange sie aufgrund ihrer Persönlichkeitsentwicklung dieser Form der Unterstützung bei der Pflege und Erziehung des Kindes bedürfen. Die Betreuung schließt auch ältere Geschwister ein, sofern die Mutter oder der Vater für sie allein zu sorgen hat. Eine schwangere Frau kann auch vor der Geburt des Kindes in der Wohnform betreut werden.

(2) Während dieser Zeit soll darauf hingewirkt werden, dass die Mutter oder der Vater eine schulische oder berufliche Ausbildung beginnt oder fortführt oder eine Berufstätigkeit aufnimmt.

(3) Die Leistung soll auch den notwendigen Unterhalt der betreuten Personen sowie die Krankenhilfe nach Maßgabe des § 40 umfassen.

## § 20 Betreuung und Versorgung des Kindes in Notsituationen

(1) Fällt der Elternteil, der die überwiegende Betreuung des Kindes übernommen hat, für die Wahrnehmung dieser Aufgabe aus gesundheitlichen oder anderen zwingenden Gründen aus, so soll der andere Elternteil bei der Betreuung und Versorgung des im Haushalt lebenden Kindes unterstützt werden, wenn

1. er wegen berufsbedingter Abwesenheit nicht in der Lage ist, die Aufgabe wahrzunehmen,
2. die Hilfe erforderlich ist, um das Wohl des Kindes zu gewährleisten,
3. Angebote der Förderung des Kindes in Tageseinrichtungen oder in Kindertagespflege nicht ausreichen.

(2) Fällt ein allein erziehender Elternteil oder fallen beide Elternteile aus gesundheitlichen oder anderen zwingenden Gründen aus, so soll unter der Voraussetzung des Absatzes 1 Nr. 3 das Kind im elterlichen Haushalt versorgt und betreut werden, wenn und solange es für sein Wohl erforderlich ist.

## § 21 Unterstützung bei notwendiger Unterbringung zur Erfüllung der Schulpflicht

Können Personensorgeberechtigte wegen des mit ihrer beruflichen Tätigkeit verbundenen ständigen Ortswechsels die Erfüllung der Schulpflicht ihres Kindes oder Jugendlichen nicht sicherstellen und ist deshalb eine anderweitige Unterbringung des Kindes oder des Jugendlichen notwendig, so haben sie Anspruch auf Beratung und Unterstützung. In geeigneten Fällen können die Kosten der Unterbringung in einer für das Kind oder den Jugendlichen geeigneten Wohnform einschließlich des notwendigen Unterhalts sowie die Krankenhilfe übernommen werden. Die Leistung kann über das schulpflichtige Alter hinaus gewährt werden, sofern eine begonnene Schulausbildung noch nicht abgeschlossen ist, längstens aber bis zur Vollendung des 21. Lebensjahres.

## Dritter Abschnitt

## Förderung von Kindern in Tageseinrichtungen und in Kindertagespflege

### § 22 Grundsätze der Förderung

(1) Tageseinrichtungen sind Einrichtungen, in denen sich Kinder für einen Teil des Tages oder ganztägig aufhalten und in Gruppen gefördert werden. Kindertagespflege wird von einer geeigneten Tagespflegeperson in ihrem Haushalt oder im Haushalt des Personensorgeberechtigten geleistet. Das Nähere über die Abgrenzung von Tageseinrichtungen und Kindertagespflege regelt das Landesrecht. Es kann auch regeln, dass Kindertagespflege in anderen geeigneten Räumen geleistet wird.

(2) Tageseinrichtungen für Kinder und Kindertagespflege sollen

1. die Entwicklung des Kindes zu einer eigenverantwortlichen und gemeinschaftsfähigen Persönlichkeit fördern,
2. die Erziehung und Bildung in der Familie unterstützen und ergänzen,
3. den Eltern dabei helfen, Erwerbstätigkeit und Kindererziehung besser miteinander vereinbaren zu können.

(3) Der Förderungsauftrag umfasst Erziehung, Bildung und Betreuung des Kindes und bezieht sich auf die soziale, emotionale, körperliche und geistige Entwicklung des Kindes. Er schließt die Vermittlung orientierender Werte und Regeln ein. Die Förderung soll sich am Alter und Entwicklungsstand, den sprachlichen und sonstigen Fähigkeiten, der Lebenssituation sowie den Interessen und Bedürfnissen des einzelnen Kindes orientieren und seine ethnische Herkunft berücksichtigen.

## § 22a Förderung in Tageseinrichtungen

(1) Die Träger der öffentlichen Jugendhilfe sollen die Qualität der Förderung in ihren Einrichtungen durch geeignete Maßnahmen sicherstellen und weiterentwickeln. Dazu gehören die Entwicklung und der Einsatz einer pädagogischen Konzeption als Grundlage für die Erfüllung des Förderungsauftrags sowie der Einsatz von Instrumenten und Verfahren zur Evaluation der Arbeit in den Einrichtungen.

(2) Die Träger der öffentlichen Jugendhilfe sollen sicherstellen, dass die Fachkräfte in ihren Einrichtungen zusammenarbeiten

1. mit den Erziehungsberechtigten und Tagespflegepersonen zum Wohl der Kinder und zur Sicherung der Kontinuität des Erziehungsprozesses,
2. mit anderen kinder- und familienbezogenen Institutionen und Initiativen im Gemeinwesen, insbesondere solchen der Familienbildung und -beratung,
3. mit den Schulen, um den Kindern einen guten Übergang in die Schule zu sichern und um die Arbeit mit Schulkindern in Horten und altersgemischten Gruppen zu unterstützen.

Die Erziehungsberechtigten sind an den Entscheidungen in wesentlichen Angelegenheiten der Erziehung, Bildung und Betreuung zu beteiligen.

(3) Das Angebot soll sich pädagogisch und organisatorisch an den Bedürfnissen der Kinder und ihrer Familien orientieren. Werden Einrichtungen in den Ferienzeiten geschlossen, so hat der Träger der öffentlichen Jugendhilfe für die Kinder, die nicht von den Erziehungsberechtigten betreut werden können, eine anderweitige Betreuungsmöglichkeit sicherzustellen.

(4) Kinder mit und ohne Behinderung sollen, sofern der Hilfebedarf dies zulässt, in Gruppen gemeinsam gefördert werden. Zu diesem Zweck sollen die Träger der öffentlichen Jugendhilfe mit den Trägern der Sozialhilfe bei der Planung, konzeptionellen Ausgestaltung und Finanzierung des Angebots zusammenarbeiten.

(5) Die Träger der öffentlichen Jugendhilfe sollen die Realisierung des Förderungsauftrages nach Maßgabe der Absätze 1 bis 4 in den Einrichtungen anderer Träger durch geeignete Maßnahmen sicherstellen.

## § 23 Förderung in Kindertagespflege

(1) Die Förderung in Kindertagespflege nach Maßgabe von § 24 umfasst die Vermittlung des Kindes zu einer geeigneten Tagespflegeperson, soweit diese nicht von der erziehungsberechtigten Person nachgewiesen wird, deren fachliche Beratung, Begleitung und weitere Qualifizierung sowie die Gewährung einer laufenden Geldleistung an die Tagespflegeperson.

(2) Die laufende Geldleistung nach Absatz 1 umfasst

1. die Erstattung angemessener Kosten, die der Tagespflegeperson für den Sachaufwand entstehen,
2. einen Betrag zur Anerkennung ihrer Förderungsleistung nach Maßgabe von Absatz 2a,
3. die Erstattung nachgewiesener Aufwendungen für Beiträge zu einer Unfallversicherung sowie die hälftige Erstattung nachgewiesener Aufwendungen zu einer angemessenen Alterssicherung der Tagespflegeperson und
4. die hälftige Erstattung nachgewiesener Aufwendungen zu einer angemessenen Krankenversicherung und Pflegeversicherung.

(2a) Die Höhe der laufenden Geldleistung wird von den Trägern der öffentlichen Jugendhilfe festgelegt, soweit Landesrecht nicht etwas anderes bestimmt. Der Betrag zur Anerkennung der Förderungsleistung der Tagespflegeperson ist leistungsgerecht auszugestalten. Dabei sind der zeitliche Umfang der Leistung und die Anzahl sowie der Förderbedarf der betreuten Kinder zu berücksichtigen.

(3) Geeignet im Sinne von Absatz 1 sind Personen, die sich durch ihre Persönlichkeit, Sachkompetenz und Kooperationsbereitschaft mit Erziehungsberechtigten und anderen Tagespflegepersonen auszeichnen und über kindgerechte Räumlichkeiten verfügen. Sie sollen über vertiefte Kenntnisse hinsichtlich der Anforderungen der Kindertagespflege verfügen, die sie in qualifizierten Lehrgängen erworben oder in anderer Weise nachgewiesen haben.

(4) Erziehungsberechtigte und Tagespflegepersonen haben Anspruch auf Beratung in allen Fragen der Kindertagespflege. Für Ausfallzeiten einer Tagespflegeperson ist rechtzeitig eine andere Betreuungsmöglichkeit für das Kind sicherzustellen. Zusammenschlüsse von Tagespflegepersonen sollen beraten, unterstützt und gefördert werden.

## § 24 Anspruch auf Förderung in Tageseinrichtungen und in Kindertagespflege

– Fassung bis 31. Juli 2013:

(1) Ein Kind hat vom vollendeten dritten Lebensjahr bis zum Schuleintritt Anspruch auf den Besuch einer Tageseinrichtung. Die Träger der öffentlichen Jugendhilfe haben darauf hinzuwirken, dass für diese Altersgruppe ein bedarfsgerechtes Angebot an Ganztagsplätzen oder ergänzend Förderung in Kindertagespflege zur Verfügung steht.

(2) Für Kinder im Alter unter drei Jahren und im schulpflichtigen Alter ist ein bedarfsgerechtes Angebot an Plätzen in Tageseinrichtungen und in Kindertagespflege vorzuhalten.

(3) Ein Kind, das das dritte Lebensjahr noch nicht vollendet hat, ist in einer Tageseinrichtung oder in Kindertagespflege zu fördern, wenn

1. diese Leistung für seine Entwicklung zu einer eigenverantwortlichen und gemeinschaftsfähigen Persönlichkeit geboten ist oder
2. die Erziehungsberechtigten
   a) einer Erwerbstätigkeit nachgehen, eine Erwerbstätigkeit aufnehmen oder Arbeit suchend sind,
   b) sich in einer beruflichen Bildungsmaßnahme, in der Schulausbildung oder Hochschulausbildung befinden oder
   c) Leistungen zur Eingliederung in Arbeit im Sinne des Zweiten Buches erhalten.

Lebt das Kind nur mit einem Erziehungsberechtigten zusammen, so tritt diese Person an die Stelle der Erziehungsberechtigten. Der Umfang der täglichen Förderung richtet sich nach dem individuellen Bedarf.

(4) Die Träger der öffentlichen Jugendhilfe oder die von ihnen beauftragten Stellen sind verpflichtet, Eltern oder Elternteile, die Leistungen nach Absatz 1 oder 2 in Anspruch nehmen wollen, über das Platzangebot im örtlichen Einzugsbereich und die pädagogische Konzeption der Einrichtungen zu informieren und sie bei der Auswahl zu beraten. Landesrecht kann bestimmen, dass Eltern den Träger der öffentlichen Jugendhilfe oder die beauftragte Stelle innerhalb einer bestimmten Frist vor der beabsichtigten Inanspruchnahme der Leistung in Kenntnis setzen.

(5) Geeignete Tagespflegepersonen im Sinne von § 23 Abs. 3 können auch vermittelt werden, wenn die Voraussetzungen nach Absatz 3 nicht

vorliegen. In diesem Fall besteht die Pflicht zur Gewährung einer laufenden Geldleistung nach § 23 Abs. 1 nicht; Aufwendungen nach § 23 Abs. 2 Satz 1 Nr. 3 können erstattet werden.

(6) Weitergehendes Landesrecht bleibt unberührt.

## § 24 Anspruch auf Förderung in Tageseinrichtungen und in Kindertagespflege

– Fassung ab 1. August 2013:

(1) Ein Kind, das das erste Lebensjahr noch nicht vollendet hat, ist in einer Einrichtung oder in Kindertagespflege zu fördern, wenn

1. diese Leistung für seine Entwicklung zu einer eigenverantwortlichen und gemeinschaftsfähigen Persönlichkeit geboten ist oder
2. die Erziehungsberechtigten
   a) einer Erwerbstätigkeit nachgehen, eine Erwerbstätigkeit aufnehmen oder Arbeit suchend sind,
   b) sich in einer beruflichen Bildungsmaßnahme, in der Schulausbildung oder Hochschulausbildung befinden oder
   c) Leistungen zur Eingliederung in Arbeit im Sinne des Zweiten Buches erhalten.

Lebt das Kind nur mit einem Erziehungsberechtigten zusammen, so tritt diese Person an die Stelle der Erziehungsberechtigten. Der Umfang der täglichen Förderung richtet sich nach dem individuellen Bedarf.

(2) Ein Kind, das das erste Lebensjahr vollendet hat, hat bis zur Vollendung des dritten Lebensjahres Anspruch auf frühkindliche Förderung in einer Tageseinrichtung oder in Kindertagespflege. Absatz 1 Satz 3 gilt entsprechend.

(3) Ein Kind, das das dritte Lebensjahr vollendet hat, hat bis zum Schuleintritt Anspruch auf Förderung in einer Tageseinrichtung. Die Träger der öffentlichen Jugendhilfe haben darauf hinzuwirken, dass für diese Altersgruppe ein bedarfsgerechtes Angebot an Ganztagsplätzen zur Verfügung steht. Das Kind kann bei besonderem Bedarf oder ergänzend auch in Kindertagespflege gefördert werden.

(4) Für Kinder im schulpflichtigen Alter ist ein bedarfsgerechtes Angebot in Tageseinrichtungen vorzuhalten. Absatz 1 Satz 3 und Absatz 3 Satz 3 gelten entsprechend.

(5) Die Träger der öffentlichen Jugendhilfe oder die von ihnen beauftragten Stellen sind verpflichtet, Eltern oder Elternteile, die Leistungen nach den Absätzen 1 bis 4 in Anspruch nehmen wollen, über das Platzangebot im örtlichen Einzugsbereich und die pädagogische Konzeption der Einrichtungen zu informieren und sie bei der Auswahl zu beraten. Landesrecht kann bestimmen, dass die erziehungsberechtigten Personen den zuständigen Träger der öffentlichen Jugendhilfe oder die beauftragte Stelle innerhalb einer bestimmten Frist vor der beabsichtigten Inanspruchnahme der Leistung in Kenntnis setzen.

(6) Weitergehendes Landesrecht bleibt unberührt.

## § 24a Übergangsregelung und stufenweiser Ausbau des Förderangebots für Kinder unter drei Jahren

– Fassung des bis 31.7.2013 geltenden § 24a:

(1) Kann ein Träger der öffentlichen Jugendhilfe das zur Erfüllung der Verpflichtung nach § 24 Abs. 3 erforderliche Angebot noch nicht vorhalten, so ist er zum stufenweisen Ausbau des Förderangebots für Kinder unter drei Jahren nach Maßgabe der Absätze 2 und 3 verpflichtet.

(2) Die Befugnis zum stufenweisen Ausbau umfasst die Verpflichtung,
1. jährliche Ausbaustufen zur Verbesserung des Versorgungsniveaus zu beschließen und
2. jährlich zum 31. Dezember jeweils den erreichten Ausbaustand festzustellen und den Bedarf zur Erfüllung der Kriterien nach § 24 Abs. 3 zu ermitteln.

(3) Ab dem 1. Oktober 2010 sind die Träger der öffentlichen Jugendhilfe verpflichtet, mindestens ein Angebot vorzuhalten, das eine Förderung aller Kinder ermöglicht,
1. deren Erziehungsberechtigte
   a) einer Erwerbstätigkeit nachgehen oder eine Erwerbstätigkeit aufnehmen,

b) sich in einer beruflichen Bildungsmaßnahme, in der Schulausbildung oder Hochschulausbildung befinden oder
c) Leistungen zur Eingliederung in Arbeit im Sinne des Zweiten Buches erhalten;

lebt das Kind nur mit einem Erziehungsberechtigten zusammen, so tritt diese Person an die Stelle der Erziehungsberechtigten;

2. deren Wohl ohne eine entsprechende Förderung nicht gewährleistet ist.

(4) Solange das zur Erfüllung der Verpflichtung nach § 24 Abs. 3 erforderliche Angebot noch nicht zur Verfügung steht, sind bei der Vergabe der frei werdenden und der neu geschaffenen Plätze Kinder, die die in § 24 Abs. 3 geregelten Förderungsvoraussetzungen erfüllen, besonders zu berücksichtigen.

(5) Die Bundesregierung hat dem Deutschen Bundestag jährlich einen Bericht über den Stand des Ausbaus nach Absatz 2 vorzulegen.

### § 25 Unterstützung selbstorganisierter Förderung von Kindern

Mütter, Väter und andere Erziehungsberechtigte, die die Förderung von Kindern selbst organisieren wollen, sollen beraten und unterstützt werden.

### § 26 Landesrechtsvorbehalt

Das Nähere über Inhalt und Umfang der in diesem Abschnitt geregelten Aufgaben und Leistungen regelt das Landesrecht. Am 31. Dezember 1990 geltende landesrechtliche Regelungen, die das Kindergartenwesen dem Bildungsbereich zuweisen, bleiben unberührt.

## Vierter Abschnitt
## Hilfe zur Erziehung, Eingliederungshilfe für seelisch behinderte Kinder und Jugendliche, Hilfe für junge Volljährige

### Erster Unterabschnitt
### Hilfe zur Erziehung

#### § 27 Hilfe zur Erziehung

(1) Ein Personensorgeberechtigter hat bei der Erziehung eines Kindes oder eines Jugendlichen Anspruch auf Hilfe (Hilfe zur Erziehung), wenn eine dem Wohl des Kindes oder des Jugendlichen entsprechende Erziehung nicht gewährleistet ist und die Hilfe für seine Entwicklung geeignet und notwendig ist.

(2) Hilfe zur Erziehung wird insbesondere nach Maßgabe der §§ 28 bis 35 gewährt. Art und Umfang der Hilfe richten sich nach dem erzieherischen Bedarf im Einzelfall; dabei soll das engere soziale Umfeld des Kindes oder des Jugendlichen einbezogen werden. Die Hilfe ist in der Regel im Inland zu erbringen; sie darf nur dann im Ausland erbracht werden, wenn dies nach Maßgabe der Hilfeplanung zur Erreichung des Hilfezieles im Einzelfall erforderlich ist.

(2a) Ist eine Erziehung des Kindes oder Jugendlichen außerhalb des Elternhauses erforderlich, so entfällt der Anspruch auf Hilfe zur Erziehung nicht dadurch, dass eine andere unterhaltspflichtige Person bereit ist, diese Aufgabe zu übernehmen; die Gewährung von Hilfe zur Erziehung setzt in diesem Fall voraus, dass diese Person bereit und geeignet ist, den Hilfebedarf in Zusammenarbeit mit dem Träger der öffentlichen Jugendhilfe nach Maßgabe der §§ 36 und 37 zu decken.

(3) Hilfe zur Erziehung umfasst insbesondere die Gewährung pädagogischer und damit verbundener therapeutischer Leistungen. Sie soll bei Bedarf Ausbildungs- und Beschäftigungsmaßnahmen im Sinne des § 13 Abs. 2 einschließen.

(4) Wird ein Kind oder eine Jugendliche während ihres Aufenthaltes in einer Einrichtung oder einer Pflegefamilie selbst Mutter eines Kindes, so umfasst die Hilfe zur Erziehung auch die Unterstützung bei der Pflege und Erziehung dieses Kindes.

## § 28 Erziehungsberatung

Erziehungsberatungsstellen und andere Beratungsdienste und -einrichtungen sollen Kinder, Jugendliche, Eltern und andere Erziehungsberechtigte bei der Klärung und Bewältigung individueller und familienbezogener Probleme und der zugrunde liegenden Faktoren, bei der Lösung von Erziehungsfragen sowie bei Trennung und Scheidung unterstützen. Dabei sollen Fachkräfte verschiedener Fachrichtungen zusammenwirken, die mit unterschiedlichen methodischen Ansätzen vertraut sind.

## § 29 Soziale Gruppenarbeit

Die Teilnahme an sozialer Gruppenarbeit soll älteren Kindern und Jugendlichen bei der Überwindung von Entwicklungsschwierigkeiten und Verhaltensproblemen helfen. Soziale Gruppenarbeit soll auf der Grundlage eines gruppenpädagogischen Konzepts die Entwicklung älterer Kinder und Jugendlicher durch soziales Lernen in der Gruppe fördern.

## § 30 Erziehungsbeistand, Betreuungshelfer

Der Erziehungsbeistand und der Betreuungshelfer sollen das Kind oder den Jugendlichen bei der Bewältigung von Entwicklungsproblemen möglichst unter Einbeziehung des sozialen Umfelds unterstützen und unter Erhaltung des Lebensbezugs zur Familie seine Verselbständigung fördern.

## § 31 Sozialpädagogische Familienhilfe

Sozialpädagogische Familienhilfe soll durch intensive Betreuung und Begleitung Familien in ihren Erziehungsaufgaben, bei der Bewältigung von Alltagsproblemen, der Lösung von Konflikten und Krisen sowie im Kontakt mit Ämtern und Institutionen unterstützen und Hilfe zur Selbsthilfe geben.

Sie ist in der Regel auf längere Dauer angelegt und erfordert die Mitarbeit der Familie.

### § 32 Erziehung in einer Tagesgruppe

Hilfe zur Erziehung in einer Tagesgruppe soll die Entwicklung des Kindes oder des Jugendlichen durch soziales Lernen in der Gruppe, Begleitung der schulischen Förderung und Elternarbeit unterstützen und dadurch den Verbleib des Kindes oder des Jugendlichen in seiner Familie sichern. Die Hilfe kann auch in geeigneten Formen der Familienpflege geleistet werden.

### § 33 Vollzeitpflege

Hilfe zur Erziehung in Vollzeitpflege soll entsprechend dem Alter und Entwicklungsstand des Kindes oder des Jugendlichen und seinen persönlichen Bindungen sowie den Möglichkeiten der Verbesserung der Erziehungsbedingungen in der Herkunftsfamilie Kindern und Jugendlichen in einer anderen Familie eine zeitlich befristete Erziehungshilfe oder eine auf Dauer angelegte Lebensform bieten. Für besonders entwicklungsbeeinträchtigte Kinder und Jugendliche sind geeignete Formen der Familienpflege zu schaffen und auszubauen.

### § 34 Heimerziehung, sonstige betreute Wohnform

Hilfe zur Erziehung in einer Einrichtung über Tag und Nacht (Heimerziehung) oder in einer sonstigen betreuten Wohnform soll Kinder und Jugendliche durch eine Verbindung von Alltagserleben mit pädagogischen und therapeutischen Angeboten in ihrer Entwicklung fördern. Sie soll entsprechend dem Alter und Entwicklungsstand des Kindes oder des Jugendlichen sowie den Möglichkeiten der Verbesserung der Erziehungsbedingungen in der Herkunftsfamilie

1. eine Rückkehr in die Familie zu erreichen versuchen oder
2. die Erziehung in einer anderen Familie vorbereiten oder
3. eine auf längere Zeit angelegte Lebensform bieten und auf ein selbständiges Leben vorbereiten.

Jugendliche sollen in Fragen der Ausbildung und Beschäftigung sowie der allgemeinen Lebensführung beraten und unterstützt werden.

## § 35 Intensive sozialpädagogische Einzelbetreuung

Intensive sozialpädagogische Einzelbetreuung soll Jugendlichen gewährt werden, die einer intensiven Unterstützung zur sozialen Integration und zu einer eigenverantwortlichen Lebensführung bedürfen. Die Hilfe ist in der Regel auf längere Zeit angelegt und soll den individuellen Bedürfnissen des Jugendlichen Rechnung tragen.

### Zweiter Unterabschnitt

### Eingliederungshilfe für seelisch behinderte Kinder und Jugendliche

## § 35a Eingliederungshilfe für seelisch behinderte Kinder und Jugendliche

(1) Kinder oder Jugendliche haben Anspruch auf Eingliederungshilfe, wenn

1. ihre seelische Gesundheit mit hoher Wahrscheinlichkeit länger als sechs Monate von dem für ihr Lebensalter typischen Zustand abweicht, und
2. daher ihre Teilhabe am Leben in der Gesellschaft beeinträchtigt ist oder eine solche Beeinträchtigung zu erwarten ist.

Von einer seelischen Behinderung bedroht im Sinne dieses Buches sind Kinder oder Jugendliche, bei denen eine Beeinträchtigung ihrer Teilhabe am Leben in der Gesellschaft nach fachlicher Erkenntnis mit hoher Wahrscheinlichkeit zu erwarten ist. § 27 Abs. 4 gilt entsprechend.

(1a) Hinsichtlich der Abweichung der seelischen Gesundheit nach Absatz 1 Satz 1 Nr. 1 hat der Träger der öffentlichen Jugendhilfe die Stellungnahme

1. eines Arztes für Kinder- und Jugendpsychiatrie und -psychotherapie,
2. eines Kinder- und Jugendpsychotherapeuten oder
3. eines Arztes oder eines psychologischen Psychotherapeuten, der über besondere Erfahrungen auf dem Gebiet seelischer Störungen bei Kindern und Jugendlichen verfügt,

einzuholen. Die Stellungnahme ist auf der Grundlage der Internationalen Klassifikation der Krankheiten in der vom Deutschen Institut für medizinische Dokumentation und Information herausgegebenen deutschen Fassung zu erstellen. Dabei ist auch darzulegen, ob die Abweichung Krankheitswert hat oder auf einer Krankheit beruht. Die Hilfe soll nicht von der Person oder dem Dienst oder der Einrichtung, der die Person angehört, die die Stellungnahme abgibt, erbracht werden.

(2) Die Hilfe wird nach dem Bedarf im Einzelfall
1. in ambulanter Form,
2. in Tageseinrichtungen für Kinder oder in anderen teilstationären Einrichtungen,
3. durch geeignete Pflegepersonen und
4. in Einrichtungen über Tag und Nacht sowie sonstigen Wohnformen geleistet.

(3) Aufgabe und Ziel der Hilfe, die Bestimmung des Personenkreises sowie die Art der Leistungen richten sich nach § 53 Abs. 3 und 4 Satz 1, den §§ 54, 56 und 57 des Zwölften Buches, soweit diese Bestimmungen auch auf seelisch behinderte oder von einer solchen Behinderung bedrohte Personen Anwendung finden.

(4) Ist gleichzeitig Hilfe zur Erziehung zu leisten, so sollen Einrichtungen, Dienste und Personen in Anspruch genommen werden, die geeignet sind, sowohl die Aufgaben der Eingliederungshilfe zu erfüllen als auch den erzieherischen Bedarf zu decken. Sind heilpädagogische Maßnahmen für Kinder, die noch nicht im schulpflichtigen Alter sind, in Tageseinrichtungen für Kinder zu gewähren und lässt der Hilfebedarf es zu, so sollen Einrichtungen in Anspruch genommen werden, in denen behinderte und nicht behinderte Kinder gemeinsam betreut werden.

## Dritter Unterabschnitt

## Gemeinsame Vorschriften für die Hilfe zur Erziehung und die Eingliederungshilfe für seelisch behinderte Kinder und Jugendliche

### § 36 Mitwirkung, Hilfeplan

(1) Der Personensorgeberechtigte und das Kind oder der Jugendliche sind vor der Entscheidung über die Inanspruchnahme einer Hilfe und vor einer notwendigen Änderung von Art und Umfang der Hilfe zu beraten und auf die möglichen Folgen für die Entwicklung des Kindes oder des Jugendlichen hinzuweisen. Vor und während einer langfristig zu leistenden Hilfe außerhalb der eigenen Familie ist zu prüfen, ob die Annahme als Kind in Betracht kommt. Ist Hilfe außerhalb der eigenen Familie erforderlich, so sind die in Satz 1 genannten Personen bei der Auswahl der Einrichtung oder der Pflegestelle zu beteiligen. Der Wahl und den Wünschen ist zu entsprechen, sofern sie nicht mit unverhältnismäßigen Mehrkosten

verbunden sind. Wünschen die in Satz 1 genannten Personen die Erbringung einer in § 78a genannten Leistung in einer Einrichtung, mit deren Träger keine Vereinbarungen nach § 78b bestehen, so soll der Wahl nur entsprochen werden, wenn die Erbringung der Leistung in dieser Einrichtung nach Maßgabe des Hilfeplans nach Absatz 2 geboten ist.

(2) Die Entscheidung über die im Einzelfall angezeigte Hilfeart soll, wenn Hilfe voraussichtlich für längere Zeit zu leisten ist, im Zusammenwirken mehrerer Fachkräfte getroffen werden. Als Grundlage für die Ausgestaltung der Hilfe sollen sie zusammen mit dem Personensorgeberechtigten und dem Kind oder dem Jugendlichen einen Hilfeplan aufstellen, der Feststellungen über den Bedarf, die zu gewährende Art der Hilfe sowie die notwendigen Leistungen enthält; sie sollen regelmäßig prüfen, ob die gewählte Hilfeart weiterhin geeignet und notwendig ist. Werden bei der Durchführung der Hilfe andere Personen, Dienste oder Einrichtungen tätig, so sind sie oder deren Mitarbeiter an der Aufstellung des Hilfeplans und seiner Überprüfung zu beteiligen. Erscheinen Maßnahmen der beruflichen Eingliederung erforderlich, so sollen auch die für die Eingliederung zuständigen Stellen beteiligt werden.

(3) Erscheinen Hilfen nach § 35a erforderlich, so soll bei der Aufstellung und Änderung des Hilfeplans sowie bei der Durchführung der Hilfe die Person, die eine Stellungnahme nach § 35a Abs. 1a abgegeben hat, beteiligt werden.

(4) Vor einer Entscheidung über die Gewährung einer Hilfe, die ganz oder teilweise im Ausland erbracht wird, soll zur Feststellung einer seelischen Störung mit Krankheitswert die Stellungnahme einer in § 35a Abs. 1a Satz 1 genannten Person eingeholt werden.

### § 36a Steuerungsverantwortung, Selbstbeschaffung

(1) Der Träger der öffentlichen Jugendhilfe trägt die Kosten der Hilfe grundsätzlich nur dann, wenn sie auf der Grundlage seiner Entscheidung nach Maßgabe des Hilfeplans unter Beachtung des Wunsch- und Wahlrechts erbracht wird; dies gilt auch in den Fällen, in denen Eltern durch das Familiengericht oder Jugendliche und junge Volljährige durch den Jugendrichter zur Inanspruchnahme von Hilfen verpflichtet werden. Die Vorschriften über die Heranziehung zu den Kosten der Hilfe bleiben unberührt.

(2) Abweichend von Absatz 1 soll der Träger der öffentlichen Jugendhilfe die niedrigschwellige unmittelbare Inanspruchnahme von ambulanten Hilfen, insbesondere der Erziehungsberatung, zulassen. Dazu soll er mit den Leistungserbringern Vereinbarungen schließen, in denen die Voraussetzungen und die Ausgestaltung der Leistungserbringung sowie die Übernahme der Kosten geregelt werden.

(3) Werden Hilfen abweichend von den Absätzen 1 und 2 vom Leistungsberechtigten selbst beschafft, so ist der Träger der öffentlichen Jugendhilfe zur Übernahme der erforderlichen Aufwendungen nur verpflichtet, wenn

1. der Leistungsberechtigte den Träger der öffentlichen Jugendhilfe vor der Selbstbeschaffung über den Hilfebedarf in Kenntnis gesetzt hat,
2. die Voraussetzungen für die Gewährung der Hilfe vorlagen und
3. die Deckung des Bedarfs
   a) bis zu einer Entscheidung des Trägers der öffentlichen Jugendhilfe über die Gewährung der Leistung oder
   b) bis zu einer Entscheidung über ein Rechtsmittel nach einer zu Unrecht abgelehnten Leistung

   keinen zeitlichen Aufschub geduldet hat.

War es dem Leistungsberechtigten unmöglich, den Träger der öffentlichen Jugendhilfe rechtzeitig über den Hilfebedarf in Kenntnis zu setzen, so hat er dies unverzüglich nach Wegfall des Hinderungsgrundes nachzuholen.

## § 37 Zusammenarbeit bei Hilfen außerhalb der eigenen Familie

(1) Bei Hilfen nach §§ 32 bis 34 und § 35a Abs. 2 Nr. 3 und 4 soll darauf hingewirkt werden, dass die Pflegeperson oder die in der Einrichtung für die Erziehung verantwortlichen Personen und die Eltern zum Wohl des Kindes oder des Jugendlichen zusammenarbeiten. Durch Beratung und Unterstützung sollen die Erziehungsbedingungen in der Herkunftsfamilie innerhalb eines im Hinblick auf die Entwicklung des Kindes oder Jugendlichen vertretbaren Zeitraums so weit verbessert werden, dass sie das Kind oder den Jugendlichen wieder selbst erziehen kann. Während dieser Zeit soll durch begleitende Beratung und Unterstützung der Familien darauf hingewirkt werden, dass die Beziehung des Kindes oder Jugendlichen zur Herkunftsfamilie gefördert wird. Ist eine nachhaltige Verbesserung der Erziehungsbedingungen in der Herkunftsfamilie innerhalb dieses Zeitraums nicht erreichbar, so soll mit den beteiligten Personen eine andere, dem

Wohl des Kindes oder des Jugendlichen förderliche und auf Dauer angelegte Lebensperspektive erarbeitet werden.

(2) Die Pflegeperson hat vor der Aufnahme des Kindes oder Jugendlichen und während der Dauer des Pflegeverhältnisses Anspruch auf Beratung und Unterstützung; dies gilt auch in den Fällen, in denen für das Kind oder den Jugendlichen weder Hilfe zur Erziehung noch Eingliederungshilfe gewährt wird oder die Pflegeperson nicht der Erlaubnis zur Vollzeitpflege nach § 44 bedarf. Lebt das Kind oder der Jugendliche bei einer Pflegeperson außerhalb des Bereichs des zuständigen Trägers der öffentlichen Jugendhilfe, so sind ortsnahe Beratung und Unterstützung sicherzustellen. Der zuständige Träger der öffentlichen Jugendhilfe hat die aufgewendeten Kosten einschließlich der Verwaltungskosten auch in den Fällen zu erstatten, in denen die Beratung und Unterstützung im Wege der Amtshilfe geleistet wird. § 23 Absatz 4 Satz 3 gilt entsprechend.

(2a) Die Art und Weise der Zusammenarbeit sowie die damit im Einzelfall verbundenen Ziele sind im Hilfeplan zu dokumentieren. Bei Hilfen nach den §§ 33, 35a Absatz 2 Nummer 3 und § 41 zählen dazu auch der vereinbarte Umfang der Beratung der Pflegeperson sowie die Höhe der laufenden Leistungen zum Unterhalt des Kindes oder Jugendlichen. Eine Abweichung von den dort getroffenen Feststellungen ist nur bei einer Änderung des Hilfebedarfs und entsprechender Änderung des Hilfeplans zulässig.

(3) Das Jugendamt soll den Erfordernissen des Einzelfalls entsprechend an Ort und Stelle überprüfen, ob die Pflegeperson eine dem Wohl des Kindes oder des Jugendlichen förderliche Erziehung gewährleistet. Die Pflegeperson hat das Jugendamt über wichtige Ereignisse zu unterrichten, die das Wohl des Kindes oder des Jugendlichen betreffen.

## § 38 Vermittlung bei der Ausübung der Personensorge

Sofern der Inhaber der Personensorge durch eine Erklärung nach § 1688 Abs. 3 Satz 1 des Bürgerlichen Gesetzbuchs die Vertretungsmacht der Pflegeperson soweit einschränkt, dass dies eine dem Wohl des Kindes oder des Jugendlichen förderliche Erziehung nicht mehr ermöglicht, sowie bei sonstigen Meinungsverschiedenheiten sollen die Beteiligten das Jugendamt einschalten.

## § 39 Leistungen zum Unterhalt des Kindes oder des Jugendlichen

(1) Wird Hilfe nach den §§ 32 bis 35 oder nach § 35a Abs. 2 Nr. 2 bis 4 gewährt, so ist auch der notwendige Unterhalt des Kindes oder Jugendlichen außerhalb des Elternhauses sicherzustellen. Er umfasst die Kosten für den Sachaufwand sowie für die Pflege und Erziehung des Kindes oder Jugendlichen.

(2) Der gesamte regelmäßig wiederkehrende Bedarf soll durch laufende Leistungen gedeckt werden. Sie umfassen außer im Fall des § 32 und des § 35a Abs. 2 Nr. 2 auch einen angemessenen Barbetrag zur persönlichen Verfügung des Kindes oder des Jugendlichen. Die Höhe des Betrages wird in den Fällen der §§ 34, 35, 35a Abs. 2 Nr. 4 von der nach Landesrecht zuständigen Behörde festgesetzt; die Beträge sollen nach Altersgruppen gestaffelt sein. Die laufenden Leistungen im Rahmen der Hilfe in Vollzeitpflege (§ 33) oder bei einer geeigneten Pflegeperson (§ 35a Abs. 2 Satz 2 Nr. 3) sind nach den Absätzen 4 bis 6 zu bemessen.

(3) Einmalige Beihilfen oder Zuschüsse können insbesondere zur Erstausstattung einer Pflegestelle, bei wichtigen persönlichen Anlässen sowie für Urlaubs- und Ferienreisen des Kindes oder des Jugendlichen gewährt werden.

(4) Die laufenden Leistungen sollen auf der Grundlage der tatsächlichen Kosten gewährt werden, sofern sie einen angemessenen Umfang nicht übersteigen. Die laufenden Leistungen umfassen auch die Erstattung nachgewiesener Aufwendungen für Beiträge zu einer Unfallversicherung sowie die hälftige Erstattung nachgewiesener Aufwendungen zu einer angemessenen Alterssicherung der Pflegeperson. Sie sollen in einem monatlichen Pauschalbetrag gewährt werden, soweit nicht nach der Besonderheit des Einzelfalls abweichende Leistungen geboten sind. Ist die Pflegeperson in gerader Linie mit dem Kind oder Jugendlichen verwandt und kann sie diesem unter Berücksichtigung ihrer sonstigen Verpflichtungen und ohne Gefährdung ihres angemessenen Unterhalts Unterhalt gewähren, so kann der Teil des monatlichen Pauschalbetrags, der die Kosten für den Sachaufwand des Kindes oder Jugendlichen betrifft, angemessen gekürzt werden. Wird ein Kind oder ein Jugendlicher im Bereich eines anderen Jugendamts untergebracht, so soll sich die Höhe des zu gewährenden Pauschalbetrages nach den Verhältnissen richten, die am Ort der Pflegestelle gelten.

(5) Die Pauschalbeträge für laufende Leistungen zum Unterhalt sollen von den nach Landesrecht zuständigen Behörden festgesetzt werden. Dabei ist dem altersbedingt unterschiedlichen Unterhaltsbedarf von Kindern und Jugendlichen durch eine Staffelung der Beträge nach Altersgruppen Rechnung zu tragen. Das Nähere regelt Landesrecht.

(6) Wird das Kind oder der Jugendliche im Rahmen des Familienleistungsausgleichs nach § 31 des Einkommensteuergesetzes bei der Pflegeperson berücksichtigt, so ist ein Betrag in Höhe der Hälfte des Betrages, der nach § 66 des Einkommensteuergesetzes für ein erstes Kind zu zahlen ist, auf die laufenden Leistungen anzurechnen. Ist das Kind oder der Jugendliche nicht das älteste Kind in der Pflegefamilie, so ermäßigt sich der Anrechnungsbetrag für dieses Kind oder diesen Jugendlichen auf ein Viertel des Betrages, der für ein erstes Kind zu zahlen ist.

(7) Wird ein Kind oder eine Jugendliche während ihres Aufenthaltes in einer Einrichtung oder einer Pflegefamilie selbst Mutter eines Kindes, so ist auch der notwendige Unterhalt dieses Kindes sicherzustellen.

### § 40 Krankenhilfe

Wird Hilfe nach den §§ 33 bis 35 oder nach § 35a Abs. 2 Nr. 3 oder 4 gewährt, so ist auch Krankenhilfe zu leisten; für den Umfang der Hilfe gelten die §§ 47 bis 52 des Zwölften Buches entsprechend. Krankenhilfe muss den im Einzelfall notwendigen Bedarf in voller Höhe befriedigen. Zuzahlungen und Eigenbeteiligungen sind zu übernehmen. Das Jugendamt kann in geeigneten Fällen die Beiträge für eine freiwillige Krankenversicherung übernehmen, soweit sie angemessen sind.

## Vierter Unterabschnitt
## Hilfe für junge Volljährige

### § 41 Hilfe für junge Volljährige, Nachbetreuung

(1) Einem jungen Volljährigen soll Hilfe für die Persönlichkeitsentwicklung und zu einer eigenverantwortlichen Lebensführung gewährt werden, wenn und solange die Hilfe aufgrund der individuellen Situation des jungen Menschen notwendig ist. Die Hilfe wird in der Regel nur bis zur Voll-

endung des 21. Lebensjahres gewährt; in begründeten Einzelfällen soll sie für einen begrenzten Zeitraum darüber hinaus fortgesetzt werden.

(2) Für die Ausgestaltung der Hilfe gelten § 27 Abs. 3 und 4 sowie die §§ 28 bis 30, 33 bis 36, 39 und 40 entsprechend mit der Maßgabe, dass an die Stelle des Personensorgeberechtigten oder des Kindes oder des Jugendlichen der junge Volljährige tritt.

(3) Der junge Volljährige soll auch nach Beendigung der Hilfe bei der Verselbständigung im notwendigen Umfang beraten und unterstützt werden.

# Drittes Kapitel

# Andere Aufgaben der Jugendhilfe

## Erster Abschnitt

## Vorläufige Maßnahmen zum Schutz von Kindern und Jugendlichen

### § 42 Inobhutnahme von Kindern und Jugendlichen

(1) Das Jugendamt ist berechtigt und verpflichtet, ein Kind oder einen Jugendlichen in seine Obhut zu nehmen, wenn

1. das Kind oder der Jugendliche um Obhut bittet oder
2. eine dringende Gefahr für das Wohl des Kindes oder des Jugendlichen die Inobhutnahme erfordert und
   a) die Personensorgeberechtigten nicht widersprechen oder
   b) eine familiengerichtliche Entscheidung nicht rechtzeitig eingeholt werden kann oder
3. ein ausländisches Kind oder ein ausländischer Jugendlicher unbegleitet nach Deutschland kommt und sich weder Personensorge- noch Erziehungsberechtigte im Inland aufhalten.

Die Inobhutnahme umfasst die Befugnis, ein Kind oder einen Jugendlichen bei einer geeigneten Person, in einer geeigneten Einrichtung oder in einer sonstigen Wohnform vorläufig unterzubringen; im Fall von Satz 1

Nr. 2 auch ein Kind oder einen Jugendlichen von einer anderen Person wegzunehmen.

(2) Das Jugendamt hat während der Inobhutnahme die Situation, die zur Inobhutnahme geführt hat, zusammen mit dem Kind oder dem Jugendlichen zu klären und Möglichkeiten der Hilfe und Unterstützung aufzuzeigen. Dem Kind oder dem Jugendlichen ist unverzüglich Gelegenheit zu geben, eine Person seines Vertrauens zu benachrichtigen. Das Jugendamt hat während der Inobhutnahme für das Wohl des Kindes oder des Jugendlichen zu sorgen und dabei den notwendigen Unterhalt und die Krankenhilfe sicherzustellen; § 39 Absatz 4 Satz 2 gilt entsprechend. Das Jugendamt ist während der Inobhutnahme berechtigt, alle Rechtshandlungen vorzunehmen, die zum Wohl des Kindes oder Jugendlichen notwendig sind; der mutmaßliche Wille der Personensorge- oder der Erziehungsberechtigten ist dabei angemessen zu berücksichtigen.

(3) Das Jugendamt hat im Fall des Absatzes 1 Satz 1 Nr. 1 und 2 die Personensorge- oder Erziehungsberechtigten unverzüglich von der Inobhutnahme zu unterrichten und mit ihnen das Gefährdungsrisiko abzuschätzen. Widersprechen die Personensorge- oder Erziehungsberechtigten der Inobhutnahme, so hat das Jugendamt unverzüglich

1. das Kind oder den Jugendlichen den Personensorge- oder Erziehungsberechtigten zu übergeben, sofern nach der Einschätzung des Jugendamts eine Gefährdung des Kindeswohls nicht besteht oder die Personensorge- oder Erziehungsberechtigten bereit und in der Lage sind, die Gefährdung abzuwenden oder
2. eine Entscheidung des Familiengerichts über die erforderlichen Maßnahmen zum Wohl des Kindes oder des Jugendlichen herbeizuführen.

Sind die Personensorge- oder Erziehungsberechtigten nicht erreichbar, so gilt Satz 2 Nr. 2 entsprechend. Im Fall des Absatzes 1 Satz 1 Nr. 3 ist unverzüglich die Bestellung eines Vormunds oder Pflegers zu veranlassen. Widersprechen die Personensorgeberechtigten der Inobhutnahme nicht, so ist unverzüglich ein Hilfeplanverfahren zur Gewährung einer Hilfe einzuleiten.

(4) Die Inobhutnahme endet mit

1. der Übergabe des Kindes oder Jugendlichen an die Personensorge- oder Erziehungsberechtigten,
2. der Entscheidung über die Gewährung von Hilfen nach dem Sozialgesetzbuch.

(5) Freiheitsentziehende Maßnahmen im Rahmen der Inobhutnahme sind nur zulässig, wenn und soweit sie erforderlich sind, um eine Gefahr für Leib oder Leben des Kindes oder des Jugendlichen oder eine Gefahr für Leib oder Leben Dritter abzuwenden. Die Freiheitsentziehung ist ohne gerichtliche Entscheidung spätestens mit Ablauf des Tages nach ihrem Beginn zu beenden.

(6) Ist bei der Inobhutnahme die Anwendung unmittelbaren Zwangs erforderlich, so sind die dazu befugten Stellen hinzuzuziehen.

## Zweiter Abschnitt

## Schutz von Kindern und Jugendlichen in Familienpflege und in Einrichtungen

### § 43 Erlaubnis zur Kindertagespflege

(1) Eine Person, die ein Kind oder mehrere Kinder außerhalb des Haushalts des Erziehungsberechtigten während eines Teils des Tages und mehr als 15 Stunden wöchentlich gegen Entgelt länger als drei Monate betreuen will, bedarf der Erlaubnis.

(2) Die Erlaubnis ist zu erteilen, wenn die Person für die Kindertagespflege geeignet ist. Geeignet im Sinne des Satzes 1 sind Personen, die

1. sich durch ihre Persönlichkeit, Sachkompetenz und Kooperationsbereitschaft mit Erziehungsberechtigten und anderen Tagespflegepersonen auszeichnen und
2. über kindgerechte Räumlichkeiten verfügen.

Sie sollen über vertiefte Kenntnisse hinsichtlich der Anforderungen der Kindertagespflege verfügen, die sie in qualifizierten Lehrgängen erworben oder in anderer Weise nachgewiesen haben. § 72a Absatz 1 und 5 gilt entsprechend.

(3) Die Erlaubnis befugt zur Betreuung von bis zu fünf gleichzeitig anwesenden, fremden Kindern. Im Einzelfall kann die Erlaubnis für eine geringere Zahl von Kindern erteilt werden. Landesrecht kann bestimmen, dass die Erlaubnis zur Betreuung von mehr als fünf gleichzeitig anwesenden, fremden Kindern erteilt werden kann, wenn die Person über eine pädago-

gische Ausbildung verfügt; in der Pflegestelle dürfen nicht mehr Kinder betreut werden als in einer vergleichbaren Gruppe einer Tageseinrichtung. Die Erlaubnis ist auf fünf Jahre befristet. Sie kann mit einer Nebenbestimmung versehen werden. Die Tagespflegeperson hat den Träger der öffentlichen Jugendhilfe über wichtige Ereignisse zu unterrichten, die für die Betreuung des oder der Kinder bedeutsam sind.

(4) Erziehungsberechtigte und Tagespflegepersonen haben Anspruch auf Beratung in allen Fragen der Kindertagespflege.

(5) Das Nähere regelt das Landesrecht.

## § 44 Erlaubnis zur Vollzeitpflege

(1) Wer ein Kind oder einen Jugendlichen über Tag und Nacht in seinem Haushalt aufnehmen will (Pflegeperson), bedarf der Erlaubnis. Einer Erlaubnis bedarf nicht, wer ein Kind oder einen Jugendlichen

1. im Rahmen von Hilfe zur Erziehung oder von Eingliederungshilfe für seelisch behinderte Kinder und Jugendliche aufgrund einer Vermittlung durch das Jugendamt,
2. als Vormund oder Pfleger im Rahmen seines Wirkungskreises,
3. als Verwandter oder Verschwägerter bis zum dritten Grad,
4. bis zur Dauer von acht Wochen,
5. im Rahmen eines Schüler- oder Jugendaustausches,
6. in Adoptionspflege (§ 1744 des Bürgerlichen Gesetzbuchs)

über Tag und Nacht aufnimmt.

(2) Die Erlaubnis ist zu versagen, wenn das Wohl des Kindes oder des Jugendlichen in der Pflegestelle nicht gewährleistet ist. § 72a Absatz 1 und 5 gilt entsprechend.

(3) Das Jugendamt soll den Erfordernissen des Einzelfalls entsprechend an Ort und Stelle überprüfen, ob die Voraussetzungen für die Erteilung der Erlaubnis weiter bestehen. Ist das Wohl des Kindes oder des Jugendlichen in der Pflegestelle gefährdet und ist die Pflegeperson nicht bereit oder in der Lage, die Gefährdung abzuwenden, so ist die Erlaubnis zurückzunehmen oder zu widerrufen.

(4) Wer ein Kind oder einen Jugendlichen in erlaubnispflichtige Familienpflege aufgenommen hat, hat das Jugendamt über wichtige Ereignisse zu unterrichten, die das Wohl des Kindes oder des Jugendlichen betreffen.

## § 45 Erlaubnis für den Betrieb einer Einrichtung

(1) Der Träger einer Einrichtung, in der Kinder oder Jugendliche ganztägig oder für einen Teil des Tages betreut werden oder Unterkunft erhalten, bedarf für den Betrieb der Einrichtung der Erlaubnis. Einer Erlaubnis bedarf nicht, wer

1. eine Jugendfreizeiteinrichtung, eine Jugendbildungseinrichtung, eine Jugendherberge oder ein Schullandheim betreibt,
2. ein Schülerheim betreibt, das landesgesetzlich der Schulaufsicht untersteht,
3. eine Einrichtung betreibt, die außerhalb der Jugendhilfe liegende Aufgaben für Kinder oder Jugendliche wahrnimmt, wenn für sie eine entsprechende gesetzliche Aufsicht besteht oder im Rahmen des Hotel- und Gaststättengewerbes der Aufnahme von Kindern oder Jugendlichen dient.

(2) Die Erlaubnis ist zu erteilen, wenn das Wohl der Kinder und Jugendlichen in der Einrichtung gewährleistet ist. Dies ist in der Regel anzunehmen, wenn

1. die dem Zweck und der Konzeption der Einrichtung entsprechenden räumlichen, fachlichen, wirtschaftlichen und personellen Voraussetzungen für den Betrieb erfüllt sind,
2. die gesellschaftliche und sprachliche Integration in der Einrichtung unterstützt wird sowie die gesundheitliche Vorsorge und die medizinische Betreuung der Kinder und Jugendlichen nicht erschwert werden sowie
3. zur Sicherung der Rechte von Kindern und Jugendlichen in der Einrichtung geeignete Verfahren der Beteiligung sowie der Möglichkeit der Beschwerde in persönlichen Angelegenheiten Anwendung finden.

(3) Zur Prüfung der Voraussetzungen hat der Träger der Einrichtung mit dem Antrag

1. die Konzeption der Einrichtung vorzulegen, die auch Auskunft über Maßnahmen zur Qualitätsentwicklung und -sicherung gibt, sowie

2. im Hinblick auf die Eignung des Personals nachzuweisen, dass die Vorlage und Prüfung von aufgabenspezifischen Ausbildungsnachweisen sowie von Führungszeugnissen nach § 30 Absatz 5 und § 30a Absatz 1 des Bundeszentralregistergesetzes sichergestellt sind; Führungszeugnisse sind von dem Träger der Einrichtung in regelmäßigen Abständen erneut anzufordern und zu prüfen.

(4) Die Erlaubnis kann mit Nebenbestimmungen versehen werden. Zur Sicherung des Wohls der Kinder und der Jugendlichen können auch nachträgliche Auflagen erteilt werden.

(5) Besteht für eine erlaubnispflichtige Einrichtung eine Aufsicht nach anderen Rechtsvorschriften, so hat die zuständige Behörde ihr Tätigwerden zuvor mit der anderen Behörde abzustimmen. Sie hat den Träger der Einrichtung rechtzeitig auf weitergehende Anforderungen nach anderen Rechtsvorschriften hinzuweisen.

(6) Sind in einer Einrichtung Mängel festgestellt worden, so soll die zuständige Behörde zunächst den Träger der Einrichtung über die Möglichkeiten zur Beseitigung der Mängel beraten. Wenn sich die Beseitigung der Mängel auf Entgelte oder Vergütungen nach § 75 des Zwölften Buches auswirken kann, so ist der Träger der Sozialhilfe an der Beratung zu beteiligen, mit dem Vereinbarungen nach dieser Vorschrift bestehen. Werden festgestellte Mängel nicht behoben, so können dem Träger der Einrichtung Auflagen erteilt werden, die zur Beseitigung einer eingetretenen oder Abwendung einer drohenden Beeinträchtigung oder Gefährdung des Wohls der Kinder oder Jugendlichen erforderlich sind. Wenn sich eine Auflage auf Entgelte oder Vergütungen nach § 75 des Zwölften Buches auswirkt, so entscheidet die zuständige Behörde nach Anhörung des Trägers der Sozialhilfe, mit dem Vereinbarungen nach dieser Vorschrift bestehen, über die Erteilung der Auflage. Die Auflage ist nach Möglichkeit in Übereinstimmung mit Vereinbarungen nach den §§ 75 bis 80 des Zwölften Buches auszugestalten.

(7) Die Erlaubnis ist zurückzunehmen oder zu widerrufen, wenn das Wohl der Kinder oder der Jugendlichen in der Einrichtung gefährdet und der Träger der Einrichtung nicht bereit oder nicht in der Lage ist, die Gefährdung abzuwenden. Widerspruch und Anfechtungsklage gegen die Rücknahme oder den Widerruf der Erlaubnis haben keine aufschiebende Wirkung.

## § 46 Örtliche Prüfung

(1) Die zuständige Behörde soll nach den Erfordernissen des Einzelfalls an Ort und Stelle überprüfen, ob die Voraussetzungen für die Erteilung der Erlaubnis weiter bestehen. Der Träger der Einrichtung soll bei der örtlichen Prüfung mitwirken. Sie soll das Jugendamt und einen zentralen Träger der freien Jugendhilfe, wenn diesem der Träger der Einrichtung angehört, an der Überprüfung beteiligen.

(2) Die von der zuständigen Behörde mit der Überprüfung der Einrichtung beauftragten Personen sind berechtigt, die für die Einrichtung benutzten Grundstücke und Räume, soweit diese nicht einem Hausrecht der Bewohner unterliegen, während der Tageszeit zu betreten, dort Prüfungen und Besichtigungen vorzunehmen, sich mit den Kindern und Jugendlichen in Verbindung zu setzen und die Beschäftigten zu befragen. Zur Abwehr von Gefahren für das Wohl der Kinder und der Jugendlichen können die Grundstücke und Räume auch außerhalb der in Satz 1 genannten Zeit und auch, wenn sie zugleich einem Hausrecht der Bewohner unterliegen, betreten werden. Der Träger der Einrichtung hat die Maßnahmen nach den Sätzen 1 und 2 zu dulden.

## § 47 Meldepflichten

(1) Der Träger einer erlaubnispflichtigen Einrichtung hat der zuständigen Behörde unverzüglich

1. die Betriebsaufnahme unter Angabe von Name und Anschrift des Trägers, Art und Standort der Einrichtung, der Zahl der verfügbaren Plätze sowie der Namen und der beruflichen Ausbildung des Leiters und der Betreuungskräfte,
2. Ereignisse oder Entwicklungen, die geeignet sind, das Wohl der Kinder und Jugendlichen zu beeinträchtigen, sowie
3. die bevorstehende Schließung der Einrichtung

anzuzeigen. Änderungen der in Nummer 1 bezeichneten Angaben sowie der Konzeption sind der zuständigen Behörde unverzüglich, die Zahl der belegten Plätze ist jährlich einmal zu melden.

## § 48 Tätigkeitsuntersagung

Die zuständige Behörde kann dem Träger einer erlaubnispflichtigen Einrichtung die weitere Beschäftigung des Leiters, eines Beschäftigten oder sonstigen Mitarbeiters ganz oder für bestimmte Funktionen oder Tätigkeiten untersagen, wenn Tatsachen die Annahme rechtfertigen, dass er die für seine Tätigkeit erforderliche Eignung nicht besitzt.

## § 48a Sonstige betreute Wohnform

(1) Für den Betrieb einer sonstigen Wohnform, in der Kinder oder Jugendliche betreut werden oder Unterkunft erhalten, gelten die §§ 45 bis 48 entsprechend.

(2) Ist die sonstige Wohnform organisatorisch mit einer Einrichtung verbunden, so gilt sie als Teil der Einrichtung.

## § 49 Landesrechtsvorbehalt

Das Nähere über die in diesem Abschnitt geregelten Aufgaben regelt das Landesrecht.

# Dritter Abschnitt

# Mitwirkung in gerichtlichen Verfahren

## § 50 Mitwirkung in Verfahren vor den Familiengerichten

(1) Das Jugendamt unterstützt das Familiengericht bei allen Maßnahmen, die die Sorge für die Person von Kindern und Jugendlichen betreffen. Es hat in folgenden Verfahren nach dem Gesetz über das Verfahren in Familiensachen und in den Angelegenheiten der freiwilligen Gerichtsbarkeit mitzuwirken:

1. Kindschaftssachen (§ 162 des Gesetzes über das Verfahren in Familiensachen und in den Angelegenheiten der freiwilligen Gerichtsbarkeit),

2. Abstammungssachen (§ 176 des Gesetzes über das Verfahren in Familiensachen und in den Angelegenheiten der freiwilligen Gerichtsbarkeit),
3. Adoptionssachen (§ 188 Abs. 2, §§ 189, 194, 195 des Gesetzes über das Verfahren in Familiensachen und in den Angelegenheiten der freiwilligen Gerichtsbarkeit),
4. Ehewohnungssachen (§ 204 Abs. 2, § 205 des Gesetzes über das Verfahren in Familiensachen und in den Angelegenheiten der freiwilligen Gerichtsbarkeit) und
5. Gewaltschutzsachen (§§ 212, 213 des Gesetzes über das Verfahren in Familiensachen und in den Angelegenheiten der freiwilligen Gerichtsbarkeit).

(2) Das Jugendamt unterrichtet insbesondere über angebotene und erbrachte Leistungen, bringt erzieherische und soziale Gesichtspunkte zur Entwicklung des Kindes oder des Jugendlichen ein und weist auf weitere Möglichkeiten der Hilfe hin. In Kindschaftssachen informiert das Jugendamt das Familiengericht in dem Termin nach § 155 Abs. 2 des Gesetzes über das Verfahren in Familiensachen und in den Angelegenheiten der freiwilligen Gerichtsbarkeit über den Stand des Beratungsprozesses.

## § 51 Beratung und Belehrung in Verfahren zur Annahme als Kind

(1) Das Jugendamt hat im Verfahren zur Ersetzung der Einwilligung eines Elternteils in die Annahme nach § 1748 Abs. 2 Satz 1 des Bürgerlichen Gesetzbuchs den Elternteil über die Möglichkeit der Ersetzung der Einwilligung zu belehren. Es hat ihn darauf hinzuweisen, dass das Familiengericht die Einwilligung erst nach Ablauf von drei Monaten nach der Belehrung ersetzen darf. Der Belehrung bedarf es nicht, wenn der Elternteil seinen Aufenthaltsort ohne Hinterlassung seiner neuen Anschrift gewechselt hat und der Aufenthaltsort vom Jugendamt während eines Zeitraums von drei Monaten trotz angemessener Nachforschungen nicht ermittelt werden konnte; in diesem Fall beginnt die Frist mit der ersten auf die Belehrung oder auf die Ermittlung des Aufenthaltsorts gerichteten Handlung des Jugendamts. Die Fristen laufen frühestens fünf Monate nach der Geburt des Kindes ab.

(2) Das Jugendamt soll den Elternteil mit der Belehrung nach Absatz 1 über Hilfen beraten, die die Erziehung des Kindes in der eigenen Familie ermöglichen könnten. Einer Beratung bedarf es insbesondere nicht, wenn

das Kind seit längerer Zeit bei den Annehmenden in Familienpflege lebt und bei seiner Herausgabe an den Elternteil eine schwere und nachhaltige Schädigung des körperlichen und seelischen Wohlbefindens des Kindes zu erwarten ist. Das Jugendamt hat dem Familiengericht im Verfahren mitzuteilen, welche Leistungen erbracht oder angeboten worden sind oder aus welchem Grund davon abgesehen wurde.

(3) Sind die Eltern nicht miteinander verheiratet und haben sie keine Sorgeerklärungen abgegeben, so hat das Jugendamt den Vater bei der Wahrnehmung seiner Rechte nach § 1747 Abs. 1 und 3 des Bürgerlichen Gesetzbuchs zu beraten.

## § 52 Mitwirkung in Verfahren nach dem Jugendgerichtsgesetz

(1) Das Jugendamt hat nach Maßgabe der §§ 38 und 50 Abs. 3 Satz 2 des Jugendgerichtsgesetzes im Verfahren nach dem Jugendgerichtsgesetz mitzuwirken.

(2) Das Jugendamt hat frühzeitig zu prüfen, ob für den Jugendlichen oder den jungen Volljährigen Leistungen der Jugendhilfe in Betracht kommen. Ist dies der Fall oder ist eine geeignete Leistung bereits eingeleitet oder gewährt worden, so hat das Jugendamt den Staatsanwalt oder den Richter umgehend davon zu unterrichten, damit geprüft werden kann, ob diese Leistung ein Absehen von der Verfolgung (§ 45 JGG) oder eine Einstellung des Verfahrens (§ 47 JGG) ermöglicht.

(3) Der Mitarbeiter des Jugendamts oder des anerkannten Trägers der freien Jugendhilfe, der nach § 38 Abs. 2 Satz 2 des Jugendgerichtsgesetzes tätig wird, soll den Jugendlichen oder den jungen Volljährigen während des gesamten Verfahrens betreuen.

## Vierter Abschnitt

## Beistandschaft, Pflegschaft und Vormundschaft für Kinder und Jugendliche, Auskunft über Nichtabgabe von Sorgeerklärungen

### § 52a Beratung und Unterstützung bei Vaterschaftsfeststellung und Geltendmachung von Unterhaltsansprüchen

(1) Das Jugendamt hat unverzüglich nach der Geburt eines Kindes, dessen Eltern nicht miteinander verheiratet sind, der Mutter Beratung und Unterstützung insbesondere bei der Vaterschaftsfeststellung und der Geltendmachung von Unterhaltsansprüchen des Kindes anzubieten. Hierbei hat es hinzuweisen auf

1. die Bedeutung der Vaterschaftsfeststellung,
2. die Möglichkeiten, wie die Vaterschaft festgestellt werden kann, insbesondere bei welchen Stellen die Vaterschaft anerkannt werden kann,
3. die Möglichkeit, die Verpflichtung zur Erfüllung von Unterhaltsansprüchen nach § 59 Abs. 1 Satz 1 Nr. 3 beurkunden zu lassen,
4. die Möglichkeit, eine Beistandschaft zu beantragen, sowie auf die Rechtsfolgen einer solchen Beistandschaft,
5. die Möglichkeit der gemeinsamen elterlichen Sorge.

Das Jugendamt hat der Mutter ein persönliches Gespräch anzubieten. Das Gespräch soll in der Regel in der persönlichen Umgebung der Mutter stattfinden, wenn diese es wünscht.

(2) Das Angebot nach Absatz 1 kann vor der Geburt des Kindes erfolgen, wenn anzunehmen ist, dass seine Eltern bei der Geburt nicht miteinander verheiratet sein werden.

(3) Wurde eine nach § 1592 Nr. 1 oder 2 des Bürgerlichen Gesetzbuchs bestehende Vaterschaft zu einem Kind oder Jugendlichen durch eine gerichtliche Entscheidung beseitigt, so hat das Gericht dem Jugendamt Mitteilung zu machen. Absatz 1 gilt entsprechend.

(4) Das Standesamt hat die Geburt eines Kindes, dessen Eltern nicht miteinander verheiratet sind, unverzüglich dem Jugendamt anzuzeigen.

## § 53 Beratung und Unterstützung von Pflegern und Vormündern

(1) Das Jugendamt hat dem Familiengericht Personen und Vereine vorzuschlagen, die sich im Einzelfall zum Pfleger oder Vormund eignen.

(2) Pfleger und Vormünder haben Anspruch auf regelmäßige und dem jeweiligen erzieherischen Bedarf des Mündels entsprechende Beratung und Unterstützung.

(3) Das Jugendamt hat darauf zu achten, dass die Vormünder und Pfleger für die Person der Mündel, insbesondere ihre Erziehung und Pflege, Sorge tragen. Es hat beratend darauf hinzuwirken, dass festgestellte Mängel im Einvernehmen mit dem Vormund oder dem Pfleger behoben werden. Soweit eine Behebung der Mängel nicht erfolgt, hat es dies dem Familiengericht mitzuteilen. Es hat dem Familiengericht über das persönliche Ergehen und die Entwicklung eines Mündels Auskunft zu erteilen. Erlangt das Jugendamt Kenntnis von der Gefährdung des Vermögens eines Mündels, so hat es dies dem Familiengericht anzuzeigen.

(4) Für die Gegenvormundschaft gelten die Absätze 1 und 2 entsprechend. Ist ein Verein Vormund, so findet Absatz 3 keine Anwendung.

## § 54 Erlaubnis zur Übernahme von Vereinsvormundschaften

(1) Ein rechtsfähiger Verein kann Pflegschaften oder Vormundschaften übernehmen, wenn ihm das Landesjugendamt dazu eine Erlaubnis erteilt hat. Er kann eine Beistandschaft übernehmen, soweit Landesrecht dies vorsieht.

(2) Die Erlaubnis ist zu erteilen, wenn der Verein gewährleistet, dass er

1. eine ausreichende Zahl geeigneter Mitarbeiter hat und diese beaufsichtigen, weiterbilden und gegen Schäden, die diese anderen im Rahmen ihrer Tätigkeit zufügen können, angemessen versichern wird,
2. sich planmäßig um die Gewinnung von Einzelvormündern und Einzelpflegern bemüht und sie in ihre Aufgaben einführt, fortbildet und berät,
3. einen Erfahrungsaustausch zwischen den Mitarbeitern ermöglicht.

(3) Die Erlaubnis gilt für das jeweilige Bundesland, in dem der Verein seinen Sitz hat. Sie kann auf den Bereich eines Landesjugendamts beschränkt werden.

(4) Das Nähere regelt das Landesrecht. Es kann auch weitere Voraussetzungen für die Erteilung der Erlaubnis vorsehen.

## § 55 Beistandschaft, Amtspflegschaft und Amtsvormundschaft

(1) Das Jugendamt wird Beistand, Pfleger oder Vormund in den durch das Bürgerliche Gesetzbuch vorgesehenen Fällen (Beistandschaft, Amtspflegschaft, Amtsvormundschaft).

(2) Das Jugendamt überträgt die Ausübung der Aufgaben des Beistands, des Amtspflegers oder des Amtsvormunds einzelnen seiner Beamten oder Angestellten. Die Übertragung gehört zu den Angelegenheiten der laufenden Verwaltung. In dem durch die Übertragung umschriebenen Rahmen ist der Beamte oder Angestellte gesetzlicher Vertreter des Kindes oder des Jugendlichen.

## § 55 Beistandschaft, Amtspflegschaft und Amtsvormundschaft
– Fassung ab 5. Juli 2012:

(1) Das Jugendamt wird Beistand, Pfleger oder Vormund in den durch das Bürgerliche Gesetzbuch vorgesehenen Fällen (Beistandschaft, Amtspflegschaft, Amtsvormundschaft).

(2) Das Jugendamt überträgt die Ausübung der Aufgaben des Beistands, des Amtspflegers oder des Amtsvormunds einzelnen seiner Beamten oder Angestellten. Vor der Übertragung der Aufgaben des Amtspflegers oder des Amtsvormunds soll das Jugendamt das Kind oder den Jugendlichen zur Auswahl des Beamten oder Angestellten mündlich anhören, soweit dies nach Alter und Entwicklungsstand des Kindes oder Jugendlichen möglich ist. Eine ausnahmsweise vor der Übertragung unterbliebene Anhörung ist unverzüglich nachzuholen. Ein vollzeitbeschäftigter Beamter oder Angestellter, der nur mit der Führung von Vormundschaften oder Pflegschaften betraut ist, soll höchstens 50 und bei gleichzeitiger Wahrnehmung anderer Aufgaben entsprechend weniger Vormundschaften oder Pflegschaften führen.

(3) Die Übertragung gehört zu den Angelegenheiten der laufenden Verwaltung. In dem durch die Übertragung umschriebenen Rahmen ist der Beamte oder Angestellte gesetzlicher Vertreter des Kindes oder Jugendlichen. Amtspfleger und Amtsvormund haben den persönlichen Kontakt zu diesem zu halten sowie dessen Pflege und Erziehung nach Maßgabe des § 1793 Absatz 1a und § 1800 des Bürgerlichen Gesetzbuchs persönlich zu fördern und zu gewährleisten.

## § 56 Führung der Beistandschaft, der Amtspflegschaft und der Amtsvormundschaft

(1) Auf die Führung der Beistandschaft, der Amtspflegschaft und der Amtsvormundschaft sind die Bestimmungen des Bürgerlichen Gesetzbuchs anzuwenden, soweit dieses Gesetz nicht etwas anderes bestimmt.

(2) Gegenüber dem Jugendamt als Amtsvormund und Amtspfleger werden die Vorschriften des § 1802 Abs. 3 und des § 1818 des Bürgerlichen Gesetzbuchs nicht angewandt. In den Fällen des § 1803 Abs. 2, des § 1811 und des § 1822 Nr. 6 und 7 des Bürgerlichen Gesetzbuchs ist eine

Genehmigung des Familiengerichts nicht erforderlich. Landesrecht kann für das Jugendamt als Amtspfleger oder als Amtsvormund weitergehende Ausnahmen von der Anwendung der Bestimmungen des Bürgerlichen Gesetzbuchs über die Vormundschaft über Minderjährige (§§ 1773 bis 1895) vorsehen, die die Aufsicht des Familiengerichts in vermögensrechtlicher Hinsicht sowie beim Abschluss von Lehr- und Arbeitsverträgen betreffen.

(3) Mündelgeld kann mit Genehmigung des Familiengerichts auf Sammelkonten des Jugendamts bereitgehalten und angelegt werden, wenn es den Interessen des Mündels dient und sofern die sichere Verwaltung, Trennbarkeit und Rechnungslegung des Geldes einschließlich der Zinsen jederzeit gewährleistet ist; Landesrecht kann bestimmen, dass eine Genehmigung des Familiengerichts nicht erforderlich ist. Die Anlegung von Mündelgeld gemäß § 1807 des Bürgerlichen Gesetzbuchs ist auch bei der Körperschaft zulässig, die das Jugendamt errichtet hat.

(4) Das Jugendamt hat in der Regel jährlich zu prüfen, ob im Interesse des Kindes oder des Jugendlichen seine Entlassung als Amtspfleger oder Amtsvormund und die Bestellung einer Einzelperson oder eines Vereins angezeigt ist, und dies dem Familiengericht mitzuteilen.

## § 57 Mitteilungspflicht des Jugendamts

Das Jugendamt hat dem Familiengericht unverzüglich den Eintritt einer Vormundschaft mitzuteilen.

## § 58 Gegenvormundschaft des Jugendamts

Für die Tätigkeit des Jugendamts als Gegenvormund gelten die §§ 55 und 56 entsprechend.

## § 58a Auskunft über Nichtabgabe und Nichtersetzung von Sorgeerklärungen

(1) Sind keine Sorgeerklärungen nach § 1626a Abs. 1 Nr. 1 des Bürgerlichen Gesetzbuchs abgegeben worden und ist keine Sorgeerklärung nach Artikel 224 § 2 Abs. 3 des Einführungsgesetzes zum Bürgerlichen Gesetzbuche ersetzt worden, kann die Mutter von dem nach § 87c Abs. 6 Satz 1

zuständigen Jugendamt unter Angabe des Geburtsdatums und des Geburtsortes des Kindes oder des Jugendlichen sowie des Namens, den das Kind oder der Jugendliche zur Zeit der Beurkundung seiner Geburt geführt hat, darüber eine schriftliche Auskunft verlangen.

(2) Zum Zwecke der Auskunftserteilung nach Absatz 1 wird bei dem nach § 87c Abs. 6 Satz 2 zuständigen Jugendamt ein Register über abgegebene und ersetzte Sorgeerklärungen geführt.

## Fünfter Abschnitt

## Beurkundung, vollstreckbare Urkunden

### § 59 Beurkundung

(1) Die Urkundsperson beim Jugendamt ist befugt,

1. die Erklärung, durch die die Vaterschaft anerkannt oder die Anerkennung widerrufen wird, die Zustimmungserklärung der Mutter sowie die etwa erforderliche Zustimmung des Mannes, der im Zeitpunkt der Geburt mit der Mutter verheiratet ist, des Kindes, des Jugendlichen oder eines gesetzlichen Vertreters zu einer solchen Erklärung (Erklärungen über die Anerkennung der Vaterschaft) zu beurkunden,
2. die Erklärung, durch die die Mutterschaft anerkannt wird, sowie die etwa erforderliche Zustimmung des gesetzlichen Vertreters der Mutter zu beurkunden (§ 44 Abs. 2 des Personenstandsgesetzes),
3. die Verpflichtung zur Erfüllung von Unterhaltsansprüchen eines Abkömmlings zu beurkunden, sofern die unterhaltsberechtigte Person zum Zeitpunkt der Beurkundung das 21. Lebensjahr noch nicht vollendet hat,
4. die Verpflichtung zur Erfüllung von Ansprüchen auf Unterhalt (§ 1615l des Bürgerlichen Gesetzbuchs) zu beurkunden,
5. die Bereiterklärung der Adoptionsbewerber zur Annahme eines ihnen zur internationalen Adoption vorgeschlagenen Kindes (§ 7 Abs. 1 des Adoptionsübereinkommens-Ausführungsgesetzes) zu beurkunden,
6. den Widerruf der Einwilligung des Kindes in die Annahme als Kind (§ 1746 Abs. 2 des Bürgerlichen Gesetzbuchs) zu beurkunden,

7. die Erklärung, durch die der Vater auf die Übertragung der Sorge verzichtet (§ 1747 Abs. 3 Nr. 3 des Bürgerlichen Gesetzbuchs), zu beurkunden,
8. die Sorgeerklärungen (§ 1626a Abs. 1 Nr. 1 des Bürgerlichen Gesetzbuchs) sowie die etwa erforderliche Zustimmung des gesetzlichen Vertreters eines beschränkt geschäftsfähigen Elternteils (§ 1626c Abs. 2 des Bürgerlichen Gesetzbuchs) zu beurkunden,
9. eine Erklärung des auf Unterhalt in Anspruch genommenen Elternteils nach § 252 des Gesetzes über das Verfahren in Familiensachen und in den Angelegenheiten der freiwilligen Gerichtsbarkeit aufzunehmen; § 129a der Zivilprozessordnung gilt entsprechend.

Die Zuständigkeit der Notare, anderer Urkundspersonen oder sonstiger Stellen für öffentliche Beurkundungen bleibt unberührt.

(2) Die Urkundsperson soll eine Beurkundung nicht vornehmen, wenn ihr in der betreffenden Angelegenheit die Vertretung eines Beteiligten obliegt.

(3) Das Jugendamt hat geeignete Beamte und Angestellte zur Wahrnehmung der Aufgaben nach Absatz 1 zu ermächtigen. Die Länder können Näheres hinsichtlich der fachlichen Anforderungen an diese Personen regeln.

## § 60 Vollstreckbare Urkunden

Aus Urkunden, die eine Verpflichtung nach § 59 Abs. 1 Satz 1 Nr. 3 oder 4 zum Gegenstand haben und die von einem Beamten oder Angestellten des Jugendamts innerhalb der Grenzen seiner Amtsbefugnisse in der vorgeschriebenen Form aufgenommen worden sind, findet die Zwangsvollstreckung statt, wenn die Erklärung die Zahlung einer bestimmten Geldsumme betrifft und der Schuldner sich in der Urkunde der sofortigen Zwangsvollstreckung unterworfen hat. Die Zustellung kann auch dadurch vollzogen werden, dass der Beamte oder Angestellte dem Schuldner eine beglaubigte Abschrift der Urkunde aushändigt; § 173 Satz 2 und 3 der Zivilprozessordnung gilt entsprechend. Auf die Zwangsvollstreckung sind die Vorschriften, die für die Zwangsvollstreckung aus gerichtlichen Urkunden nach § 794 Abs. 1 Nr. 5 der Zivilprozessordnung gelten, mit folgenden Maßgaben entsprechend anzuwenden:

1. Die vollstreckbare Ausfertigung sowie die Bestätigungen nach § 1079 der Zivilprozessordnung werden von den Beamten oder Angestellten des Jugendamts erteilt, denen die Beurkundung der Verpflichtungserklärung übertragen ist. Das Gleiche gilt für die

Bezifferung einer Verpflichtungserklärung nach § 790 der Zivilprozessordnung.

2. Über Einwendungen, die die Zulässigkeit der Vollstreckungsklausel oder die Zulässigkeit der Bezifferung nach § 790 der Zivilprozessordnung betreffen, über die Erteilung einer weiteren vollstreckbaren Ausfertigung sowie über Anträge nach § 1081 der Zivilprozessordnung entscheidet das für das Jugendamt zuständige Amtsgericht.

# Viertes Kapitel

# Schutz von Sozialdaten

## § 61 Anwendungsbereich

(1) Für den Schutz von Sozialdaten bei ihrer Erhebung und Verwendung in der Jugendhilfe gelten § 35 des Ersten Buches, §§ 67 bis 85a des Zehnten Buches sowie die nachfolgenden Vorschriften. Sie gelten für alle Stellen des Trägers der öffentlichen Jugendhilfe, soweit sie Aufgaben nach diesem Buch wahrnehmen. Für die Wahrnehmung von Aufgaben nach diesem Buch durch kreisangehörige Gemeinden und Gemeindeverbände, die nicht örtliche Träger sind, gelten die Sätze 1 und 2 entsprechend.

(2) Für den Schutz von Sozialdaten bei ihrer Erhebung und Verwendung im Rahmen der Tätigkeit des Jugendamts als Amtspfleger, Amtsvormund, Beistand und Gegenvormund gilt nur § 68.

(3) Werden Einrichtungen und Dienste der Träger der freien Jugendhilfe in Anspruch genommen, so ist sicherzustellen, dass der Schutz der personenbezogenen Daten bei der Erhebung und Verwendung in entsprechender Weise gewährleistet ist.

## § 62 Datenerhebung

(1) Sozialdaten dürfen nur erhoben werden, soweit ihre Kenntnis zur Erfüllung der jeweiligen Aufgabe erforderlich ist.

(2) Sozialdaten sind beim Betroffenen zu erheben. Er ist über die Rechtsgrundlage der Erhebung sowie die Zweckbestimmungen der Erhebung und Verwendung aufzuklären, soweit diese nicht offenkundig sind.

(3) Ohne Mitwirkung des Betroffenen dürfen Sozialdaten nur erhoben werden, wenn

1. eine gesetzliche Bestimmung dies vorschreibt oder erlaubt oder
2. ihre Erhebung beim Betroffenen nicht möglich ist oder die jeweilige Aufgabe ihrer Art nach eine Erhebung bei anderen erfordert, die Kenntnis der Daten aber erforderlich ist für
   a) die Feststellung der Voraussetzungen oder für die Erfüllung einer Leistung nach diesem Buch oder
   b) die Feststellung der Voraussetzungen für die Erstattung einer Leistung nach § 50 des Zehnten Buches oder
   c) die Wahrnehmung einer Aufgabe nach den §§ 42 bis 48a und nach § 52 oder
   d) die Erfüllung des Schutzauftrages bei Kindeswohlgefährdung nach § 8a oder
3. die Erhebung beim Betroffenen einen unverhältnismäßigen Aufwand erfordern würde und keine Anhaltspunkte dafür bestehen, dass schutzwürdige Interessen des Betroffenen beeinträchtigt werden oder
4. die Erhebung bei dem Betroffenen den Zugang zur Hilfe ernsthaft gefährden würde.

(4) Ist der Betroffene nicht zugleich Leistungsberechtigter oder sonst an der Leistung beteiligt, so dürfen die Daten auch beim Leistungsberechtigten oder einer anderen Person, die sonst an der Leistung beteiligt ist, erhoben werden, wenn die Kenntnis der Daten für die Gewährung einer Leistung nach diesem Buch notwendig ist. Satz 1 gilt bei der Erfüllung anderer Aufgaben im Sinne des § 2 Abs. 3 entsprechend.

## § 63 Datenspeicherung

(1) Sozialdaten dürfen gespeichert werden, soweit dies für die Erfüllung der jeweiligen Aufgabe erforderlich ist.

(2) Daten, die zur Erfüllung unterschiedlicher Aufgaben der öffentlichen Jugendhilfe erhoben worden sind, dürfen nur zusammengeführt werden, wenn und solange dies wegen eines unmittelbaren Sachzusammenhangs

erforderlich ist. Daten, die zu Leistungszwecken im Sinne des § 2 Abs. 2 und Daten, die für andere Aufgaben im Sinne des § 2 Abs. 3 erhoben worden sind, dürfen nur zusammengeführt werden, soweit dies zur Erfüllung der jeweiligen Aufgabe erforderlich ist.

## § 64 Datenübermittlung und -nutzung

(1) Sozialdaten dürfen zu dem Zweck übermittelt oder genutzt werden, zu dem sie erhoben worden sind.

(2) Eine Übermittlung für die Erfüllung von Aufgaben nach § 69 des Zehnten Buches ist abweichend von Absatz 1 nur zulässig, soweit dadurch der Erfolg einer zu gewährenden Leistung nicht in Frage gestellt wird.

(2a) Vor einer Übermittlung an eine Fachkraft, die der verantwortlichen Stelle nicht angehört, sind die Sozialdaten zu anonymisieren oder zu pseudonymisieren, soweit die Aufgabenerfüllung dies zulässt.

(3) Sozialdaten dürfen beim Träger der öffentlichen Jugendhilfe zum Zwecke der Planung im Sinne des § 80 gespeichert oder genutzt werden; sie sind unverzüglich zu anonymisieren.

## § 65 Besonderer Vertrauensschutz in der persönlichen und erzieherischen Hilfe

(1) Sozialdaten, die dem Mitarbeiter eines Trägers der öffentlichen Jugendhilfe zum Zweck persönlicher und erzieherischer Hilfe anvertraut worden sind, dürfen von diesem nur weitergegeben werden

1. mit der Einwilligung dessen, der die Daten anvertraut hat, oder
2. dem Familiengericht zur Erfüllung der Aufgaben nach § 8a Abs. 3, wenn angesichts einer Gefährdung des Wohls eines Kindes oder eines Jugendlichen ohne diese Mitteilung eine für die Gewährung von Leistungen notwendige gerichtliche Entscheidung nicht ermöglicht werden könnte, oder
3. dem Mitarbeiter, der aufgrund eines Wechsels der Fallzuständigkeit im Jugendamt oder eines Wechsels der örtlichen Zuständigkeit für die Gewährung oder Erbringung der Leistung verantwortlich ist, wenn Anhaltspunkte für eine Gefährdung des Kindeswohls gegeben

sind und die Daten für eine Abschätzung des Gefährdungsrisikos notwendig sind, oder
4. an die Fachkräfte, die zum Zwecke der Abschätzung des Gefährdungsrisikos nach § 8a hinzugezogen werden; § 64 Abs. 2a bleibt unberührt, oder
5. unter den Voraussetzungen, unter denen eine der in § 203 Abs. 1 oder 3 des Strafgesetzbuches genannten Personen dazu befugt wäre.

Gibt der Mitarbeiter anvertraute Sozialdaten weiter, so dürfen sie vom Empfänger nur zu dem Zweck weitergegeben werden, zu dem er diese befugt erhalten hat.

(2) § 35 Abs. 3 des Ersten Buches gilt auch, soweit ein behördeninternes Weitergabeverbot nach Absatz 1 besteht.

## § 66 (weggefallen)

## § 67 (weggefallen)

## § 68 Sozialdaten im Bereich der Beistandschaft, Amtspflegschaft und der Amtsvormundschaft

(1) Der Beamte oder Angestellte, dem die Ausübung der Beistandschaft, Amtspflegschaft oder Amtsvormundschaft übertragen ist, darf Sozialdaten nur erheben und verwenden, soweit dies zur Erfüllung seiner Aufgaben erforderlich ist. Die Nutzung dieser Sozialdaten zum Zweck der Aufsicht, Kontrolle oder Rechnungsprüfung durch die dafür zuständigen Stellen sowie die Übermittlung an diese ist im Hinblick auf den Einzelfall zulässig.

(2) Für die Löschung und Sperrung der Daten gilt § 84 Abs. 2, 3 und 6 des Zehnten Buches entsprechend.

(3) Wer unter Beistandschaft, Amtspflegschaft oder Amtsvormundschaft gestanden hat, hat nach Vollendung des 18. Lebensjahres ein Recht auf Kenntnis der zu seiner Person gespeicherten Informationen, soweit nicht berechtigte Interessen Dritter entgegenstehen. Vor Vollendung des 18. Lebensjahres können ihm die gespeicherten Informationen bekannt gegeben werden, soweit er die erforderliche Einsichts- und Urteilsfähigkeit besitzt

und keine berechtigten Interessen Dritter entgegenstehen. Nach Beendigung einer Beistandschaft hat darüber hinaus der Elternteil, der die Beistandschaft beantragt hat, einen Anspruch auf Kenntnis der gespeicherten Daten, solange der junge Mensch minderjährig ist und der Elternteil antragsberechtigt ist.

(4) Personen oder Stellen, an die Sozialdaten übermittelt worden sind, dürfen diese nur zu dem Zweck verwenden, zu dem sie ihnen nach Absatz 1 befugt weitergegeben worden sind.

(5) Für die Tätigkeit des Jugendamts als Gegenvormund gelten die Absätze 1 bis 4 entsprechend.

# Fünftes Kapitel

# Träger der Jugendhilfe, Zusammenarbeit, Gesamtverantwortung

## Erster Abschnitt

## Träger der öffentlichen Jugendhilfe

### § 69 Träger der öffentlichen Jugendhilfe, Jugendämter, Landesjugendämter

(1) Die Träger der öffentlichen Jugendhilfe werden durch Landesrecht bestimmt.

(2) (weggefallen)

(3) Für die Wahrnehmung der Aufgaben nach diesem Buch errichtet jeder örtliche Träger ein Jugendamt, jeder überörtliche Träger ein Landesjugendamt.

(4) Mehrere örtliche Träger und mehrere überörtliche Träger können, auch wenn sie verschiedenen Ländern angehören, zur Durchführung einzelner Aufgaben gemeinsame Einrichtungen und Dienste errichten.

(5) (weggefallen)

(6) (weggefallen)

## § 70 Organisation des Jugendamts und des Landesjugendamts

(1) Die Aufgaben des Jugendamts werden durch den Jugendhilfeausschuss und durch die Verwaltung des Jugendamts wahrgenommen.

(2) Die Geschäfte der laufenden Verwaltung im Bereich der öffentlichen Jugendhilfe werden vom Leiter der Verwaltung der Gebietskörperschaft oder in seinem Auftrag vom Leiter der Verwaltung des Jugendamts im Rahmen der Satzung und der Beschlüsse der Vertretungskörperschaft und des Jugendhilfeausschusses geführt.

(3) Die Aufgaben des Landesjugendamts werden durch den Landesjugendhilfeausschuss und durch die Verwaltung des Landesjugendamts im Rahmen der Satzung und der dem Landesjugendamt zur Verfügung gestellten Mittel wahrgenommen. Die Geschäfte der laufenden Verwaltung werden von dem Leiter der Verwaltung des Landesjugendamts im Rahmen der Satzung und der Beschlüsse des Landesjugendhilfeausschusses geführt.

## § 71 Jugendhilfeausschuss, Landesjugendhilfeausschuss

(1) Dem Jugendhilfeausschuss gehören als stimmberechtigte Mitglieder an

1. mit drei Fünfteln des Anteils der Stimmen Mitglieder der Vertretungskörperschaft des Trägers der öffentlichen Jugendhilfe oder von ihr gewählte Frauen und Männer, die in der Jugendhilfe erfahren sind,
2. mit zwei Fünfteln des Anteils der Stimmen Frauen und Männer, die auf Vorschlag der im Bereich des öffentlichen Trägers wirkenden und anerkannten Träger der freien Jugendhilfe von der Vertretungskörperschaft gewählt werden; Vorschläge der Jugendver-

bände und der Wohlfahrtsverbände sind angemessen zu berücksichtigen.

(2) Der Jugendhilfeausschuss befasst sich mit allen Angelegenheiten der Jugendhilfe, insbesondere mit

1. der Erörterung aktueller Problemlagen junger Menschen und ihrer Familien sowie mit Anregungen und Vorschlägen für die Weiterentwicklung der Jugendhilfe,
2. der Jugendhilfeplanung und
3. der Förderung der freien Jugendhilfe.

(3) Er hat Beschlussrecht in Angelegenheiten der Jugendhilfe im Rahmen der von der Vertretungskörperschaft bereitgestellten Mittel, der von ihr erlassenen Satzung und der von ihr gefassten Beschlüsse. Er soll vor jeder Beschlussfassung der Vertretungskörperschaft in Fragen der Jugendhilfe und vor der Berufung eines Leiters des Jugendamts gehört werden und hat das Recht, an die Vertretungskörperschaft Anträge zu stellen. Er tritt nach Bedarf zusammen und ist auf Antrag von mindestens einem Fünftel der Stimmberechtigten einzuberufen. Seine Sitzungen sind öffentlich, soweit nicht das Wohl der Allgemeinheit, berechtigte Interessen einzelner Personen oder schutzbedürftiger Gruppen entgegenstehen.

(4) Dem Landesjugendhilfeausschuss gehören mit zwei Fünfteln des Anteils der Stimmen Frauen und Männer an, die auf Vorschlag der im Bereich des Landesjugendamts wirkenden und anerkannten Träger der freien Jugendhilfe von der obersten Landesjugendbehörde zu berufen sind. Die übrigen Mitglieder werden durch Landesrecht bestimmt. Absatz 2 gilt entsprechend.

(5) Das Nähere regelt das Landesrecht. Es regelt die Zugehörigkeit beratender Mitglieder zum Jugendhilfeausschuss. Es kann bestimmen, dass der Leiter der Verwaltung der Gebietskörperschaft oder der Leiter der Verwaltung des Jugendamts nach Absatz 1 Nr. 1 stimmberechtigt ist.

## § 72 Mitarbeiter, Fortbildung

(1) Die Träger der öffentlichen Jugendhilfe sollen bei den Jugendämtern und Landesjugendämtern hauptberuflich nur Personen beschäftigen, die sich für die jeweilige Aufgabe nach ihrer Persönlichkeit eignen und eine dieser Aufgabe entsprechende Ausbildung erhalten haben (Fachkräfte) oder

aufgrund besonderer Erfahrungen in der sozialen Arbeit in der Lage sind, die Aufgabe zu erfüllen. Soweit die jeweilige Aufgabe dies erfordert, sind mit ihrer Wahrnehmung nur Fachkräfte oder Fachkräfte mit entsprechender Zusatzausbildung zu betrauen. Fachkräfte verschiedener Fachrichtungen sollen zusammenwirken, soweit die jeweilige Aufgabe dies erfordert.

(2) Leitende Funktionen des Jugendamts oder des Landesjugendamts sollen in der Regel nur Fachkräften übertragen werden.

(3) Die Träger der öffentlichen Jugendhilfe haben Fortbildung und Praxisberatung der Mitarbeiter des Jugendamts und des Landesjugendamts sicherzustellen.

## § 72a Tätigkeitsausschluss einschlägig vorbestrafter Personen

(1) Die Träger der öffentlichen Jugendhilfe dürfen für die Wahrnehmung der Aufgaben in der Kinder- und Jugendhilfe keine Person beschäftigen oder vermitteln, die rechtskräftig wegen einer Straftat nach den §§ 171, 174 bis 174c, 176 bis 180a, 181a, 182 bis 184f, 225, 232 bis 233a, 234, 235 oder 236 des Strafgesetzbuchs verurteilt worden ist. Zu diesem Zweck sollen sie sich bei der Einstellung oder Vermittlung und in regelmäßigen Abständen von den betroffenen Personen ein Führungszeugnis nach § 30 Abs. 5 und § 30a Absatz 1 des Bundeszentralregistergesetzes vorlegen lassen.

(2) Die Träger der öffentlichen Jugendhilfe sollen durch Vereinbarungen mit den Trägern der freien Jugendhilfe sicherstellen, dass diese keine Person, die wegen einer Straftat nach Absatz 1 Satz 1 rechtskräftig verurteilt worden ist, beschäftigen.

(3) Die Träger der öffentlichen Jugendhilfe sollen sicherstellen, dass unter ihrer Verantwortung keine neben- oder ehrenamtlich tätige Person, die wegen einer Straftat nach Absatz 1 Satz 1 rechtskräftig verurteilt worden ist, in Wahrnehmung von Aufgaben der Kinder- und Jugendhilfe Kinder oder Jugendliche beaufsichtigt, betreut, erzieht oder ausbildet oder einen vergleichbaren Kontakt hat. Hierzu sollen die Träger der öffentlichen Jugendhilfe über die Tätigkeiten entscheiden, die von den in Satz 1 genannten Personen auf Grund von Art, Intensität und Dauer des Kontakts dieser Personen mit Kindern und Jugendlichen nur nach Einsichtnahme in das Führungszeugnis nach Absatz 1 Satz 2 wahrgenommen werden dürfen.

(4) Die Träger der öffentlichen Jugendhilfe sollen durch Vereinbarungen mit den Trägern der freien Jugendhilfe sowie mit Vereinen im Sinne des § 54 sicherstellen, dass unter deren Verantwortung keine neben- oder ehrenamtlich tätige Person, die wegen einer Straftat nach Absatz 1 Satz 1 rechtskräftig verurteilt worden ist, in Wahrnehmung von Aufgaben der Kinder- und Jugendhilfe Kinder oder Jugendliche beaufsichtigt, betreut, erzieht oder ausbildet oder einen vergleichbaren Kontakt hat. Hierzu sollen die Träger der öffentlichen Jugendhilfe mit den Trägern der freien Jugendhilfe Vereinbarungen über die Tätigkeiten schließen, die von den in Satz 1 genannten Personen auf Grund von Art, Intensität und Dauer des Kontakts dieser Personen mit Kindern und Jugendlichen nur nach Einsichtnahme in das Führungszeugnis nach Absatz 1 Satz 2 wahrgenommen werden dürfen.

(5) Träger der öffentlichen und freien Jugendhilfe dürfen von den nach den Absätzen 3 und 4 eingesehenen Daten nur den Umstand, dass Einsicht in ein Führungszeugnis genommen wurde, das Datum des Führungszeugnisses und die Information erheben, ob die das Führungszeugnis betreffende Person wegen einer Straftat nach Absatz 1 Satz 1 rechtskräftig verurteilt worden ist. Die Träger der öffentlichen und freien Jugendhilfe dürfen diese erhobenen Daten nur speichern, verändern und nutzen, soweit dies zum Ausschluss der Personen von der Tätigkeit, die Anlass zu der Einsichtnahme in das Führungszeugnis gewesen ist, erforderlich ist. Die Daten sind vor dem Zugriff Unbefugter zu schützen. Sie sind unverzüglich zu löschen, wenn im Anschluss an die Einsichtnahme keine Tätigkeit nach Absatz 3 Satz 2 oder Absatz 4 Satz 2 wahrgenommen wird. Andernfalls sind die Daten spätestens drei Monate nach der Beendigung einer solchen Tätigkeit zu löschen.

## Zweiter Abschnitt

## Zusammenarbeit mit der freien Jugendhilfe, ehrenamtliche Tätigkeit

### § 73 Ehrenamtliche Tätigkeit

In der Jugendhilfe ehrenamtlich tätige Personen sollen bei ihrer Tätigkeit angeleitet, beraten und unterstützt werden.

## § 74 Förderung der freien Jugendhilfe

(1) Die Träger der öffentlichen Jugendhilfe sollen die freiwillige Tätigkeit auf dem Gebiet der Jugendhilfe anregen; sie sollen sie fördern, wenn der jeweilige Träger

1. die fachlichen Voraussetzungen für die geplante Maßnahme erfüllt und die Beachtung der Grundsätze und Maßstäbe der Qualitätsentwicklung und Qualitätssicherung nach § 79a gewährleistet,
2. die Gewähr für eine zweckentsprechende und wirtschaftliche Verwendung der Mittel bietet,
3. gemeinnützige Ziele verfolgt,
4. eine angemessene Eigenleistung erbringt und
5. die Gewähr für eine den Zielen des Grundgesetzes förderliche Arbeit bietet.

Eine auf Dauer angelegte Förderung setzt in der Regel die Anerkennung als Träger der freien Jugendhilfe nach § 75 voraus.

(2) Soweit von der freien Jugendhilfe Einrichtungen, Dienste und Veranstaltungen geschaffen werden, um die Gewährung von Leistungen nach diesem Buch zu ermöglichen, kann die Förderung von der Bereitschaft abhängig gemacht werden, diese Einrichtungen, Dienste und Veranstaltungen nach Maßgabe der Jugendhilfeplanung und unter Beachtung der in § 9 genannten Grundsätze anzubieten. § 4 Abs. 1 bleibt unberührt.

(3) Über die Art und Höhe der Förderung entscheidet der Träger der öffentlichen Jugendhilfe im Rahmen der verfügbaren Haushaltsmittel nach pflichtgemäßem Ermessen. Entsprechendes gilt, wenn mehrere Antragsteller die Förderungsvoraussetzungen erfüllen und die von ihnen vorgesehenen Maßnahmen gleich geeignet sind, zur Befriedigung des Bedarfs jedoch nur eine Maßnahme notwendig ist. Bei der Bemessung der Eigenleistung sind die unterschiedliche Finanzkraft und die sonstigen Verhältnisse zu berücksichtigen.

(4) Bei sonst gleich geeigneten Maßnahmen soll solchen der Vorzug gegeben werden, die stärker an den Interessen der Betroffenen orientiert sind und ihre Einflussnahme auf die Ausgestaltung der Maßnahme gewährleisten.

(5) Bei der Förderung gleichartiger Maßnahmen mehrerer Träger sind unter Berücksichtigung ihrer Eigenleistungen gleiche Grundsätze und Maßstäbe anzulegen. Werden gleichartige Maßnahmen von der freien und der öffentlichen Jugendhilfe durchgeführt, so sind bei der Förderung die Grundsätze

und Maßstäbe anzuwenden, die für die Finanzierung der Maßnahmen der öffentlichen Jugendhilfe gelten.

(6) Die Förderung von anerkannten Trägern der Jugendhilfe soll auch Mittel für die Fortbildung der haupt-, neben- und ehrenamtlichen Mitarbeiter sowie im Bereich der Jugendarbeit Mittel für die Errichtung und Unterhaltung von Jugendfreizeit- und Jugendbildungsstätten einschließen.

### § 74a Finanzierung von Tageseinrichtungen für Kinder

Die Finanzierung von Tageseinrichtungen regelt das Landesrecht. Dabei können alle Träger von Einrichtungen, die die rechtlichen und fachlichen Voraussetzungen für den Betrieb der Einrichtung erfüllen, gefördert werden. Die Erhebung von Teilnahmebeiträgen nach § 90 bleibt unberührt.

### § 75 Anerkennung als Träger der freien Jugendhilfe

(1) Als Träger der freien Jugendhilfe können juristische Personen und Personenvereinigungen anerkannt werden, wenn sie

1. auf dem Gebiet der Jugendhilfe im Sinne des § 1 tätig sind,
2. gemeinnützige Ziele verfolgen,
3. aufgrund der fachlichen und personellen Voraussetzungen erwarten lassen, dass sie einen nicht unwesentlichen Beitrag zur Erfüllung der Aufgaben der Jugendhilfe zu leisten imstande sind, und
4. die Gewähr für eine den Zielen des Grundgesetzes förderliche Arbeit bieten.

(2) Einen Anspruch auf Anerkennung als Träger der freien Jugendhilfe hat unter den Voraussetzungen des Absatzes 1, wer auf dem Gebiet der Jugendhilfe mindestens drei Jahre tätig gewesen ist.

(3) Die Kirchen und Religionsgemeinschaften des öffentlichen Rechts sowie die auf Bundesebene zusammengeschlossenen Verbände der freien Wohlfahrtspflege sind anerkannte Träger der freien Jugendhilfe.

### § 76 Beteiligung anerkannter Träger der freien Jugendhilfe an der Wahrnehmung anderer Aufgaben

(1) Die Träger der öffentlichen Jugendhilfe können anerkannte Träger der freien Jugendhilfe an der Durchführung ihrer Aufgaben nach den §§ 42, 43, 50 bis 52a und 53 Abs. 2 bis 4 beteiligen oder ihnen diese Aufgaben zur Ausführung übertragen.

(2) Die Träger der öffentlichen Jugendhilfe bleiben für die Erfüllung der Aufgaben verantwortlich.

### § 77 Vereinbarungen über die Höhe der Kosten

Werden Einrichtungen und Dienste der Träger der freien Jugendhilfe in Anspruch genommen, so sind Vereinbarungen über die Höhe der Kosten der Inanspruchnahme zwischen der öffentlichen und der freien Jugendhilfe anzustreben. Das Nähere regelt das Landesrecht. Die §§ 78a bis 78g bleiben unberührt.

### § 78 Arbeitsgemeinschaften

Die Träger der öffentlichen Jugendhilfe sollen die Bildung von Arbeitsgemeinschaften anstreben, in denen neben ihnen die anerkannten Träger der freien Jugendhilfe sowie die Träger geförderter Maßnahmen vertreten sind. In den Arbeitsgemeinschaften soll darauf hingewirkt werden, dass die geplanten Maßnahmen aufeinander abgestimmt werden und sich gegenseitig ergänzen.

## Dritter Abschnitt

## Vereinbarungen über Leistungsangebote, Entgelte und Qualitätsentwicklung

### § 78a Anwendungsbereich

(1) Die Regelungen der §§ 78b bis 78g gelten für die Erbringung von
1. Leistungen für Betreuung und Unterkunft in einer sozialpädagogisch begleiteten Wohnform (§ 13 Abs. 3),

2. Leistungen in gemeinsamen Wohnformen für Mütter/Väter und Kinder (§ 19),
3. Leistungen zur Unterstützung bei notwendiger Unterbringung des Kindes oder Jugendlichen zur Erfüllung der Schulpflicht (§ 21 Satz 2),
4. Hilfe zur Erziehung
   a) in einer Tagesgruppe (§ 32),
   b) in einem Heim oder einer sonstigen betreuten Wohnform (§ 34) sowie
   c) in intensiver sozialpädagogischer Einzelbetreuung (§ 35), sofern sie außerhalb der eigenen Familie erfolgt,
   d) in sonstiger teilstationärer oder stationärer Form (§ 27),
5. Eingliederungshilfe für seelisch behinderte Kinder und Jugendliche in
   a) anderen teilstationären Einrichtungen (§ 35a Abs. 2 Nr. 2 Alternative 2),
   b) Einrichtungen über Tag und Nacht sowie sonstigen Wohnformen (§ 35a Abs. 2 Nr. 4),
6. Hilfe für junge Volljährige (§ 41), sofern diese den in den Nummern 4 und 5 genannten Leistungen entspricht, sowie
7. Leistungen zum Unterhalt (§ 39), sofern diese im Zusammenhang mit Leistungen nach den Nummern 4 bis 6 gewährt werden; § 39 Abs. 2 Satz 3 bleibt unberührt.

(2) Landesrecht kann bestimmen, dass die §§ 78b bis 78g auch für andere Leistungen nach diesem Buch sowie für vorläufige Maßnahmen zum Schutz von Kindern und Jugendlichen (§ 42) gelten.

## § 78b Voraussetzungen für die Übernahme des Leistungsentgelts

(1) Wird die Leistung ganz oder teilweise in einer Einrichtung erbracht, so ist der Träger der öffentlichen Jugendhilfe zur Übernahme des Entgelts gegenüber dem Leistungsberechtigten verpflichtet, wenn mit dem Träger der Einrichtung oder seinem Verband Vereinbarungen über

1. Inhalt, Umfang und Qualität der Leistungsangebote (Leistungsvereinbarung),
2. differenzierte Entgelte für die Leistungsangebote und die betriebsnotwendigen Investitionen (Entgeltvereinbarung) und
3. Grundsätze und Maßstäbe für die Bewertung der Qualität der Leistungsangebote sowie über geeignete Maßnahmen zu ihrer

Gewährleistung (Qualitätsentwicklungsvereinbarung) abgeschlossen worden sind.

(2) Die Vereinbarungen sind mit den Trägern abzuschließen, die unter Berücksichtigung der Grundsätze der Leistungsfähigkeit, Wirtschaftlichkeit und Sparsamkeit zur Erbringung der Leistung geeignet sind. Vereinbarungen über die Erbringung von Hilfe zur Erziehung im Ausland dürfen nur mit solchen Trägern abgeschlossen werden, die

1. anerkannte Träger der Jugendhilfe oder Träger einer erlaubnispflichtigen Einrichtung im Inland sind, in der Hilfe zur Erziehung erbracht wird,
2. mit der Erbringung solcher Hilfen nur Fachkräfte im Sinne des § 72 Abs. 1 betrauen und
3. die Gewähr dafür bieten, dass sie die Rechtsvorschriften des Aufenthaltslandes einhalten und mit den Behörden des Aufenthaltslandes sowie den deutschen Vertretungen im Ausland zusammenarbeiten.

(3) Ist eine der Vereinbarungen nach Absatz 1 nicht abgeschlossen, so ist der Träger der öffentlichen Jugendhilfe zur Übernahme des Leistungsentgelts nur verpflichtet, wenn dies insbesondere nach Maßgabe der Hilfeplanung (§ 36) im Einzelfall geboten ist.

## § 78c Inhalt der Leistungs- und Entgeltvereinbarungen

(1) Die Leistungsvereinbarung muss die wesentlichen Leistungsmerkmale, insbesondere

1. Art, Ziel und Qualität des Leistungsangebots,
2. den in der Einrichtung zu betreuenden Personenkreis,
3. die erforderliche sächliche und personelle Ausstattung,
4. die Qualifikation des Personals sowie
5. die betriebsnotwendigen Anlagen der Einrichtung

festlegen. In die Vereinbarung ist aufzunehmen, unter welchen Voraussetzungen der Träger der Einrichtung sich zur Erbringung von Leistungen verpflichtet. Der Träger muss gewährleisten, dass die Leistungsangebote zur Erbringung von Leistungen nach § 78a Abs. 1 geeignet sowie ausreichend, zweckmäßig und wirtschaftlich sind.

(2) Die Entgelte müssen leistungsgerecht sein. Grundlage der Entgeltvereinbarung sind die in der Leistungs- und der Qualitätsentwicklungsverein-

barung festgelegten Leistungs- und Qualitätsmerkmale. Eine Erhöhung der Vergütung für Investitionen kann nur dann verlangt werden, wenn der zuständige Träger der öffentlichen Jugendhilfe der Investitionsmaßnahme vorher zugestimmt hat. Förderungen aus öffentlichen Mitteln sind anzurechnen.

## § 78d Vereinbarungszeitraum

(1) Die Vereinbarungen nach § 78b Abs. 1 sind für einen zukünftigen Zeitraum (Vereinbarungszeitraum) abzuschließen. Nachträgliche Ausgleiche sind nicht zulässig.

(2) Die Vereinbarungen treten zu dem darin bestimmten Zeitpunkt in Kraft. Wird ein Zeitpunkt nicht bestimmt, so werden die Vereinbarungen mit dem Tage ihres Abschlusses wirksam. Eine Vereinbarung, die vor diesen Zeitpunkt zurückwirkt, ist nicht zulässig; dies gilt nicht für Vereinbarungen vor der Schiedsstelle für die Zeit ab Eingang des Antrages bei der Schiedsstelle. Nach Ablauf des Vereinbarungszeitraums gelten die vereinbarten Vergütungen bis zum Inkrafttreten neuer Vereinbarungen weiter.

(3) Bei unvorhersehbaren wesentlichen Veränderungen der Annahmen, die der Entgeltvereinbarung zugrunde lagen, sind die Entgelte auf Verlangen einer Vertragspartei für den laufenden Vereinbarungszeitraum neu zu verhandeln. Die Absätze 1 und 2 gelten entsprechend.

(4) Vereinbarungen über die Erbringung von Leistungen nach § 78a Abs. 1, die vor dem 1. Januar 1999 abgeschlossen worden sind, gelten bis zum Inkrafttreten neuer Vereinbarungen weiter.

## § 78e Örtliche Zuständigkeit für den Abschluss von Vereinbarungen

(1) Soweit Landesrecht nicht etwas anderes bestimmt, ist für den Abschluss von Vereinbarungen nach § 78b Abs. 1 der örtliche Träger der Jugendhilfe zuständig, in dessen Bereich die Einrichtung gelegen ist. Die von diesem Träger abgeschlossenen Vereinbarungen sind für alle örtlichen Träger bindend.

(2) Werden in der Einrichtung Leistungen erbracht, für deren Gewährung überwiegend ein anderer örtlicher Träger zuständig ist, so hat der nach Absatz 1 zuständige Träger diesen Träger zu hören.

(3) Die kommunalen Spitzenverbände auf Landesebene und die Verbände der Träger der freien Jugendhilfe sowie die Vereinigungen sonstiger Leistungserbringer im jeweiligen Land können regionale oder landesweite Kommissionen bilden. Die Kommissionen können im Auftrag der Mitglieder der in Satz 1 genannten Verbände und Vereinigungen Vereinbarungen nach § 78b Abs. 1 schließen. Landesrecht kann die Beteiligung der für die Wahrnehmung der Aufgaben nach § 85 Abs. 2 Nr. 5 und 6 zuständigen Behörde vorsehen.

## § 78f Rahmenverträge

Die kommunalen Spitzenverbände auf Landesebene schließen mit den Verbänden der Träger der freien Jugendhilfe und den Vereinigungen sonstiger Leistungserbringer auf Landesebene Rahmenverträge über den Inhalt der Vereinbarungen nach § 78b Abs. 1. Die für die Wahrnehmung der Aufgaben nach § 85 Abs. 2 Nr. 5 und 6 zuständigen Behörden sind zu beteiligen.

## § 78g Schiedsstelle

(1) In den Ländern sind Schiedsstellen für Streit- und Konfliktfälle einzurichten. Sie sind mit einem unparteiischen Vorsitzenden und mit einer gleichen Zahl von Vertretern der Träger der öffentlichen Jugendhilfe sowie von Vertretern der Träger der Einrichtungen zu besetzen. Der Zeitaufwand der Mitglieder ist zu entschädigen, bare Auslagen sind zu erstatten. Für die Inanspruchnahme der Schiedsstellen können Gebühren erhoben werden.

(2) Kommt eine Vereinbarung nach § 78b Abs. 1 innerhalb von sechs Wochen nicht zustande, nachdem eine Partei schriftlich zu Verhandlungen aufgefordert hat, so entscheidet die Schiedsstelle auf Antrag einer Partei unverzüglich über die Gegenstände, über die keine Einigung erreicht werden konnte. Gegen die Entscheidung ist der Rechtsweg zu den Verwaltungsgerichten gegeben. Die Klage richtet sich gegen eine der beiden Vertragsparteien, nicht gegen die Schiedsstelle. Einer Nachprüfung der Entscheidung in einem Vorverfahren bedarf es nicht.

(3) Entscheidungen der Schiedsstelle treten zu dem darin bestimmten Zeitpunkt in Kraft. Wird ein Zeitpunkt für das Inkrafttreten nicht bestimmt, so werden die Festsetzungen der Schiedsstelle mit dem Tag wirksam, an dem der Antrag bei der Schiedsstelle eingegangen ist. Die Festsetzung einer Vergütung, die vor diesen Zeitpunkt zurückwirkt, ist nicht zulässig. Im Übrigen gilt § 78d Abs. 2 Satz 4 und Abs. 3 entsprechend.

(4) Die Landesregierungen werden ermächtigt, durch Rechtsverordnung das Nähere zu bestimmen über

1. die Errichtung der Schiedsstellen,
2. die Zahl, die Bestellung, die Amtsdauer und die Amtsführung ihrer Mitglieder,
3. die Erstattung der baren Auslagen und die Entschädigung für ihren Zeitaufwand,
4. die Geschäftsführung, das Verfahren, die Erhebung und die Höhe der Gebühren sowie die Verteilung der Kosten und
5. die Rechtsaufsicht.

## Vierter Abschnitt

## Gesamtverantwortung, Jugendhilfeplanung

### § 79 Gesamtverantwortung, Grundausstattung

(1) Die Träger der öffentlichen Jugendhilfe haben für die Erfüllung der Aufgaben nach diesem Buch die Gesamtverantwortung einschließlich der Planungsverantwortung.

(2) Die Träger der öffentlichen Jugendhilfe sollen gewährleisten, dass zur Erfüllung der Aufgaben nach diesem Buch

1. die erforderlichen und geeigneten Einrichtungen, Dienste und Veranstaltungen den verschiedenen Grundrichtungen der Erziehung entsprechend rechtzeitig und ausreichend zur Verfügung stehen; hierzu zählen insbesondere auch Pfleger, Vormünder und Pflegepersonen;
2. eine kontinuierliche Qualitätsentwicklung nach Maßgabe von § 79a erfolgt.

Von den für die Jugendhilfe bereitgestellten Mitteln haben sie einen angemessenen Anteil für die Jugendarbeit zu verwenden.

(3) Die Träger der öffentlichen Jugendhilfe haben für eine ausreichende Ausstattung der Jugendämter und der Landesjugendämter zu sorgen; hierzu gehört auch eine dem Bedarf entsprechende Zahl von Fachkräften.

### § 79a Qualitätsentwicklung in der Kinder- und Jugendhilfe

Um die Aufgaben der Kinder- und Jugendhilfe nach § 2 zu erfüllen, haben die Träger der öffentlichen Jugendhilfe Grundsätze und Maßstäbe für die Bewertung der Qualität sowie geeignete Maßnahmen zu ihrer Gewährleistung für

1. die Gewährung und Erbringung von Leistungen,
2. die Erfüllung anderer Aufgaben,
3. den Prozess der Gefährdungseinschätzung nach § 8a,
4. die Zusammenarbeit mit anderen Institutionen

weiterzuentwickeln, anzuwenden und regelmäßig zu überprüfen. Dazu zählen auch Qualitätsmerkmale für die Sicherung der Rechte von Kindern und Jugendlichen in Einrichtungen und ihren Schutz vor Gewalt. Die Träger der öffentlichen Jugendhilfe orientieren sich dabei an den fachlichen Empfehlungen der nach § 85 Absatz 2 zuständigen Behörden und an bereits angewandten Grundsätzen und Maßstäben für die Bewertung der Qualität sowie Maßnahmen zu ihrer Gewährleistung.

### § 80 Jugendhilfeplanung

(1) Die Träger der öffentlichen Jugendhilfe haben im Rahmen ihrer Planungsverantwortung

1. den Bestand an Einrichtungen und Diensten festzustellen,
2. den Bedarf unter Berücksichtigung der Wünsche, Bedürfnisse und Interessen der jungen Menschen und der Personensorgeberechtigten für einen mittelfristigen Zeitraum zu ermitteln und
3. die zur Befriedigung des Bedarfs notwendigen Vorhaben rechtzeitig und ausreichend zu planen; dabei ist Vorsorge zu treffen, dass auch ein unvorhergesehener Bedarf befriedigt werden kann.

(2) Einrichtungen und Dienste sollen so geplant werden, dass insbesondere

1. Kontakte in der Familie und im sozialen Umfeld erhalten und gepflegt werden können,

2. ein möglichst wirksames, vielfältiges und aufeinander abgestimmtes Angebot von Jugendhilfeleistungen gewährleistet ist,
3. junge Menschen und Familien in gefährdeten Lebens- und Wohnbereichen besonders gefördert werden,
4. Mütter und Väter Aufgaben in der Familie und Erwerbstätigkeit besser miteinander vereinbaren können.

(3) Die Träger der öffentlichen Jugendhilfe haben die anerkannten Träger der freien Jugendhilfe in allen Phasen ihrer Planung frühzeitig zu beteiligen. Zu diesem Zweck sind sie vom Jugendhilfeausschuss, soweit sie überörtlich tätig sind, im Rahmen der Jugendhilfeplanung des überörtlichen Trägers vom Landesjugendhilfeausschuss zu hören. Das Nähere regelt das Landesrecht.

(4) Die Träger der öffentlichen Jugendhilfe sollen darauf hinwirken, dass die Jugendhilfeplanung und andere örtliche und überörtliche Planungen aufeinander abgestimmt werden und die Planungen insgesamt den Bedürfnissen und Interessen der jungen Menschen und ihrer Familien Rechnung tragen.

## § 81 Strukturelle Zusammenarbeit mit anderen Stellen und öffentlichen Einrichtungen

Die Träger der öffentlichen Jugendhilfe haben mit anderen Stellen und öffentlichen Einrichtungen, deren Tätigkeit sich auf die Lebenssituation junger Menschen und ihrer Familien auswirkt, insbesondere mit

1. den Trägern von Sozialleistungen nach dem Zweiten, Dritten, Vierten, Fünften, Sechsten und dem Zwölften Buch sowie Trägern von Leistungen nach dem Bundesversorgungsgesetz,
2. den Familien- und Jugendgerichten, den Staatsanwaltschaften sowie den Justizvollzugsbehörden,
3. Schulen und Stellen der Schulverwaltung,
4. Einrichtungen und Stellen des öffentlichen Gesundheitsdienstes und sonstigen Einrichtungen und Diensten des Gesundheitswesens,
5. den Beratungsstellen nach den §§ 3 und 8 des Schwangerschaftskonfliktgesetzes und Suchtberatungsstellen,
6. Einrichtungen und Diensten zum Schutz gegen Gewalt in engen sozialen Beziehungen,
7. den Stellen der Bundesagentur für Arbeit,
8. Einrichtungen und Stellen der beruflichen Aus- und Weiterbildung,

9. den Polizei- und Ordnungsbehörden,
10. der Gewerbeaufsicht und
11. Einrichtungen der Ausbildung für Fachkräfte, der Weiterbildung und der Forschung

im Rahmen ihrer Aufgaben und Befugnisse zusammenzuarbeiten.

# Sechstes Kapitel

# Zentrale Aufgaben

## § 82 Aufgaben der Länder

(1) Die oberste Landesjugendbehörde hat die Tätigkeit der Träger der öffentlichen und der freien Jugendhilfe und die Weiterentwicklung der Jugendhilfe anzuregen und zu fördern.

(2) Die Länder haben auf einen gleichmäßigen Ausbau der Einrichtungen und Angebote hinzuwirken und die Jugendämter und Landesjugendämter bei der Wahrnehmung ihrer Aufgaben zu unterstützen.

## § 83 Aufgaben des Bundes, Bundesjugendkuratorium

(1) Die fachlich zuständige oberste Bundesbehörde soll die Tätigkeit der Jugendhilfe anregen und fördern, soweit sie von überregionaler Bedeutung ist und ihrer Art nach nicht durch ein Land allein wirksam gefördert werden kann.

(2) Die Bundesregierung wird in grundsätzlichen Fragen der Jugendhilfe von einem Sachverständigengremium (Bundesjugendkuratorium) beraten. Das Nähere regelt die Bundesregierung durch Verwaltungsvorschriften.

## § 84 Jugendbericht

(1) Die Bundesregierung legt dem Deutschen Bundestag und dem Bundesrat in jeder Legislaturperiode einen Bericht über die Lage junger Menschen und die Bestrebungen und Leistungen der Jugendhilfe vor. Neben

der Bestandsaufnahme und Analyse sollen die Berichte Vorschläge zur Weiterentwicklung der Jugendhilfe enthalten; jeder dritte Bericht soll einen Überblick über die Gesamtsituation der Jugendhilfe vermitteln.

(2) Die Bundesregierung beauftragt mit der Ausarbeitung der Berichte jeweils eine Kommission, der mindestens sieben Sachverständige (Jugendberichtskommission) angehören. Die Bundesregierung fügt eine Stellungnahme mit den von ihr für notwendig gehaltenen Folgerungen bei.

# Siebtes Kapitel

# Zuständigkeit, Kostenerstattung

## Erster Abschnitt

## Sachliche Zuständigkeit

### § 85 Sachliche Zuständigkeit

(1) Für die Gewährung von Leistungen und die Erfüllung anderer Aufgaben nach diesem Buch ist der örtliche Träger sachlich zuständig, soweit nicht der überörtliche Träger sachlich zuständig ist.

(2) Der überörtliche Träger ist sachlich zuständig für
1. die Beratung der örtlichen Träger und die Entwicklung von Empfehlungen zur Erfüllung der Aufgaben nach diesem Buch,
2. die Förderung der Zusammenarbeit zwischen den örtlichen Trägern und den anerkannten Trägern der freien Jugendhilfe, insbesondere bei der Planung und Sicherstellung eines bedarfsgerechten Angebots an Hilfen zur Erziehung, Eingliederungshilfen für seelisch behinderte Kinder und Jugendliche und Hilfen für junge Volljährige,
3. die Anregung und Förderung von Einrichtungen, Diensten und Veranstaltungen sowie deren Schaffung und Betrieb, soweit sie den örtlichen Bedarf übersteigen; dazu gehören insbesondere Einrichtungen, die eine Schul- oder Berufsausbildung anbieten, sowie Jugendbildungsstätten,

4. die Planung, Anregung, Förderung und Durchführung von Modellvorhaben zur Weiterentwicklung der Jugendhilfe,
5. die Beratung der örtlichen Träger bei der Gewährung von Hilfe nach den §§ 32 bis 35a, insbesondere bei der Auswahl einer Einrichtung oder der Vermittlung einer Pflegeperson in schwierigen Einzelfällen,
6. die Wahrnehmung der Aufgaben zum Schutz von Kindern und Jugendlichen in Einrichtungen (§§ 45 bis 48a),
7. die Beratung der Träger von Einrichtungen während der Planung und Betriebsführung,
8. die Fortbildung von Mitarbeitern in der Jugendhilfe,
9. die Gewährung von Leistungen an Deutsche im Ausland (§ 6 Abs. 3), soweit es sich nicht um die Fortsetzung einer bereits im Inland gewährten Leistung handelt,
10. die Erteilung der Erlaubnis zur Übernahme von Pflegschaften oder Vormundschaften durch einen rechtsfähigen Verein (§ 54).

(3) Für den örtlichen Bereich können die Aufgaben nach Absatz 2 Nr. 3, 4, 7 und 8 auch vom örtlichen Träger wahrgenommen werden.

(4) Unberührt bleiben die am Tage des Inkrafttretens dieses Gesetzes geltenden landesrechtlichen Regelungen, die die in den §§ 45 bis 48a bestimmten Aufgaben einschließlich der damit verbundenen Aufgaben nach Absatz 2 Nr. 2 bis 5 und 7 mittleren Landesbehörden oder, soweit sie sich auf Kindergärten und andere Tageseinrichtungen für Kinder beziehen, unteren Landesbehörden zuweisen.

(5) Ist das Land überörtlicher Träger, so können durch Landesrecht bis zum 30. Juni 1993 einzelne seiner Aufgaben auf andere Körperschaften des öffentlichen Rechts, die nicht Träger der öffentlichen Jugendhilfe sind, übertragen werden.

## Zweiter Abschnitt
## Örtliche Zuständigkeit

### Erster Unterabschnitt
### Örtliche Zuständigkeit für Leistungen

#### § 86 Örtliche Zuständigkeit für Leistungen an Kinder, Jugendliche und ihre Eltern

(1) Für die Gewährung von Leistungen nach diesem Buch ist der örtliche Träger zuständig, in dessen Bereich die Eltern ihren gewöhnlichen Aufenthalt haben. An die Stelle der Eltern tritt die Mutter, wenn und solange die Vaterschaft nicht anerkannt oder gerichtlich festgestellt ist. Lebt nur ein Elternteil, so ist dessen gewöhnlicher Aufenthalt maßgebend.

(2) Haben die Elternteile verschiedene gewöhnliche Aufenthalte, so ist der örtliche Träger zuständig, in dessen Bereich der personensorgeberechtigte Elternteil seinen gewöhnlichen Aufenthalt hat; dies gilt auch dann, wenn ihm einzelne Angelegenheiten der Personensorge entzogen sind. Steht die Personensorge im Fall des Satzes 1 den Eltern gemeinsam zu, so richtet sich die Zuständigkeit nach dem gewöhnlichen Aufenthalt des Elternteils, bei dem das Kind oder der Jugendliche vor Beginn der Leistung zuletzt seinen gewöhnlichen Aufenthalt hatte. Hatte das Kind oder der Jugendliche im Fall des Satzes 2 zuletzt bei beiden Elternteilen seinen gewöhnlichen Aufenthalt, so richtet sich die Zuständigkeit nach dem gewöhnlichen Aufenthalt des Elternteils, bei dem das Kind oder der Jugendliche vor Beginn der Leistung zuletzt seinen tatsächlichen Aufenthalt hatte. Hatte das Kind oder der Jugendliche im Fall des Satzes 2 während der letzten sechs Monate vor Beginn der Leistung bei keinem Elternteil einen gewöhnlichen Aufenthalt, so ist der örtliche Träger zuständig, in dessen Bereich das Kind oder der Jugendliche vor Beginn der Leistung zuletzt seinen gewöhnlichen Aufenthalt hatte; hatte das Kind oder der Jugendliche während der letzten sechs Monate keinen gewöhnlichen Aufenthalt, so richtet sich die Zuständigkeit nach dem tatsächlichen Aufenthalt des Kindes oder des Jugendlichen vor Beginn der Leistung.

(3) Haben die Elternteile verschiedene gewöhnliche Aufenthalte und steht die Personensorge keinem Elternteil zu, so gilt Absatz 2 Satz 2 und 4 entsprechend.

(4) Haben die Eltern oder der nach den Absätzen 1 bis 3 maßgebliche Elternteil im Inland keinen gewöhnlichen Aufenthalt, oder ist ein gewöhnlicher Aufenthalt nicht feststellbar, oder sind sie verstorben, so richtet sich die Zuständigkeit nach dem gewöhnlichen Aufenthalt des Kindes oder des Jugendlichen vor Beginn der Leistung. Hatte das Kind oder der Jugendliche während der letzten sechs Monate vor Beginn der Leistung keinen gewöhnlichen Aufenthalt, so ist der örtliche Träger zuständig, in dessen Bereich sich das Kind oder der Jugendliche vor Beginn der Leistung tatsächlich aufhält.

(5) Begründen die Elternteile nach Beginn der Leistung verschiedene gewöhnliche Aufenthalte, so wird der örtliche Träger zuständig, in dessen Bereich der personensorgeberechtigte Elternteil seinen gewöhnlichen Aufenthalt hat; dies gilt auch dann, wenn ihm einzelne Angelegenheiten der Personensorge entzogen sind. Solange die Personensorge beiden Elternteilen gemeinsam oder keinem Elternteil zusteht, bleibt die bisherige Zuständigkeit bestehen. Absatz 4 gilt entsprechend.

(6) Lebt ein Kind oder ein Jugendlicher zwei Jahre bei einer Pflegeperson und ist sein Verbleib bei dieser Pflegeperson auf Dauer zu erwarten, so ist oder wird abweichend von den Absätzen 1 bis 5 der örtliche Träger zuständig, in dessen Bereich die Pflegeperson ihren gewöhnlichen Aufenthalt hat. Er hat die Eltern und, falls den Eltern die Personensorge nicht oder nur teilweise zusteht, den Personensorgeberechtigten über den Wechsel der Zuständigkeit zu unterrichten. Endet der Aufenthalt bei der Pflegeperson, so endet die Zuständigkeit nach Satz 1.

(7) Für Leistungen an Kinder oder Jugendliche, die um Asyl nachsuchen oder einen Asylantrag gestellt haben, ist der örtliche Träger zuständig, in dessen Bereich sich die Person vor Beginn der Leistung tatsächlich aufhält; geht der Leistungsgewährung eine Inobhutnahme voraus, so bleibt die nach § 87 begründete Zuständigkeit bestehen. Unterliegt die Person einem Verteilungsverfahren, so richtet sich die örtliche Zuständigkeit nach der Zuweisungsentscheidung der zuständigen Landesbehörde; bis zur Zuweisungsentscheidung gilt Satz 1 entsprechend. Die nach Satz 1 oder 2 begründete örtliche Zuständigkeit bleibt auch nach Abschluss des Asylverfahrens so lange bestehen, bis die für die Bestimmung der örtlichen Zuständigkeit

maßgebliche Person einen gewöhnlichen Aufenthalt im Bereich eines anderen Trägers der öffentlichen Jugendhilfe begründet. Eine Unterbrechung der Leistung von bis zu drei Monaten bleibt außer Betracht.

## § 86a Örtliche Zuständigkeit für Leistungen an junge Volljährige

(1) Für Leistungen an junge Volljährige ist der örtliche Träger zuständig, in dessen Bereich der junge Volljährige vor Beginn der Leistung seinen gewöhnlichen Aufenthalt hat.

(2) Hält sich der junge Volljährige in einer Einrichtung oder sonstigen Wohnform auf, die der Erziehung, Pflege, Betreuung, Behandlung oder dem Strafvollzug dient, so richtet sich die örtliche Zuständigkeit nach dem gewöhnlichen Aufenthalt vor der Aufnahme in eine Einrichtung oder sonstige Wohnform.

(3) Hat der junge Volljährige keinen gewöhnlichen Aufenthalt, so richtet sich die Zuständigkeit nach seinem tatsächlichen Aufenthalt zu dem in Absatz 1 genannten Zeitpunkt; Absatz 2 bleibt unberührt.

(4) Wird eine Leistung nach § 13 Abs. 3 oder nach § 21 über die Vollendung des 18. Lebensjahres hinaus weitergeführt oder geht der Hilfe für junge Volljährige nach § 41 eine dieser Leistungen, eine Leistung nach § 19 oder eine Hilfe nach den §§ 27 bis 35a voraus, so bleibt der örtliche Träger zuständig, der bis zu diesem Zeitpunkt zuständig war. Eine Unterbrechung der Hilfeleistung von bis zu drei Monaten bleibt dabei außer Betracht. Die Sätze 1 und 2 gelten entsprechend, wenn eine Hilfe für junge Volljährige nach § 41 beendet war und innerhalb von drei Monaten erneut Hilfe für junge Volljährige nach § 41 erforderlich wird.

## § 86b Örtliche Zuständigkeit für Leistungen in gemeinsamen Wohnformen für Mütter/Väter und Kinder

(1) Für Leistungen in gemeinsamen Wohnformen für Mütter oder Väter und Kinder ist der örtliche Träger zuständig, in dessen Bereich der nach § 19 Leistungsberechtigte vor Beginn der Leistung seinen gewöhnlichen Aufenthalt hat. § 86a Abs. 2 gilt entsprechend.

(2) Hat der Leistungsberechtigte keinen gewöhnlichen Aufenthalt, so richtet sich die Zuständigkeit nach seinem tatsächlichen Aufenthalt zu dem in Absatz 1 genannten Zeitpunkt.

(3) Geht der Leistung Hilfe nach den §§ 27 bis 35a oder eine Leistung nach § 13 Abs. 3, § 21 oder § 41 voraus, so bleibt der örtliche Träger zuständig, der bisher zuständig war. Eine Unterbrechung der Hilfeleistung von bis zu drei Monaten bleibt dabei außer Betracht.

## § 86c Fortdauernde Leistungsverpflichtung und Fallübergabe bei Zuständigkeitswechsel

(1) Wechselt die örtliche Zuständigkeit für eine Leistung, so bleibt der bisher zuständige örtliche Träger so lange zur Gewährung der Leistung verpflichtet, bis der nunmehr zuständige örtliche Träger die Leistung fortsetzt. Dieser hat dafür Sorge zu tragen, dass der Hilfeprozess und die im Rahmen der Hilfeplanung vereinbarten Hilfeziele durch den Zuständigkeitswechsel nicht gefährdet werden.

(2) Der örtliche Träger, der von den Umständen Kenntnis erhält, die den Wechsel der Zuständigkeit begründen, hat den anderen davon unverzüglich zu unterrichten. Der bisher zuständige örtliche Träger hat dem nunmehr zuständigen örtlichen Träger unverzüglich die für die Hilfegewährung sowie den Zuständigkeitswechsel maßgeblichen Sozialdaten zu übermitteln. Bei der Fortsetzung von Leistungen, die der Hilfeplanung nach § 36 Absatz 2 unterliegen, ist die Fallverantwortung im Rahmen eines Gespräches zu übergeben. Die Personensorgeberechtigten und das Kind oder der Jugendliche sowie der junge Volljährige oder der Leistungsberechtigte nach § 19 sind an der Übergabe angemessen zu beteiligen.

## § 86d Verpflichtung zum vorläufigen Tätigwerden

Steht die örtliche Zuständigkeit nicht fest oder wird der zuständige örtliche Träger nicht tätig, so ist der örtliche Träger vorläufig zum Tätigwerden verpflichtet, in dessen Bereich sich das Kind oder der Jugendliche, der junge Volljährige oder bei Leistungen nach § 19 der Leistungsberechtigte vor Beginn der Leistung tatsächlich aufhält.

## Zweiter Unterabschnitt

## Örtliche Zuständigkeit für andere Aufgaben

### § 87 Örtliche Zuständigkeit für vorläufige Maßnahmen zum Schutz von Kindern und Jugendlichen

Für die Inobhutnahme eines Kindes oder eines Jugendlichen (§ 42) ist der örtliche Träger zuständig, in dessen Bereich sich das Kind oder der Jugendliche vor Beginn der Maßnahme tatsächlich aufhält.

### § 87a Örtliche Zuständigkeit für Erlaubnis, Meldepflichten und Untersagung

(1) Für die Erteilung der Pflegeerlaubnis sowie deren Rücknahme oder Widerruf (§§ 43, 44) ist der örtliche Träger zuständig, in dessen Bereich die Pflegeperson ihren gewöhnlichen Aufenthalt hat.

(2) Für die Erteilung der Erlaubnis zum Betrieb einer Einrichtung oder einer selbständigen sonstigen Wohnform sowie für die Rücknahme oder den Widerruf dieser Erlaubnis (§ 45 Abs. 1 und 2, § 48a), die örtliche Prüfung (§§ 46, 48a), die Entgegennahme von Meldungen (§ 47 Abs. 1 und 2, § 48a) und die Ausnahme von der Meldepflicht (§ 47 Abs. 3, § 48a) sowie die Untersagung der weiteren Beschäftigung des Leiters oder eines Mitarbeiters (§§ 48, 48a) ist der überörtliche Träger oder die nach Landesrecht bestimmte Behörde zuständig, in dessen oder deren Bereich die Einrichtung oder die sonstige Wohnform gelegen ist.

(3) Für die Mitwirkung an der örtlichen Prüfung (§§ 46, 48a) ist der örtliche Träger zuständig, in dessen Bereich die Einrichtung oder die selbständige sonstige Wohnform gelegen ist.

### § 87b Örtliche Zuständigkeit für die Mitwirkung in gerichtlichen Verfahren

(1) Für die Zuständigkeit des Jugendamts zur Mitwirkung in gerichtlichen Verfahren (§§ 50 bis 52) gilt § 86 Abs. 1 bis 4 entsprechend. Für die Mitwirkung im Verfahren nach dem Jugendgerichtsgesetz gegen einen jungen

Menschen, der zu Beginn des Verfahrens das 18. Lebensjahr vollendet hat, gilt § 86a Abs. 1 und 3 entsprechend.

(2) Die nach Absatz 1 begründete Zuständigkeit bleibt bis zum Abschluss des Verfahrens bestehen. Hat ein Jugendlicher oder ein junger Volljähriger in einem Verfahren nach dem Jugendgerichtsgesetz die letzten sechs Monate vor Abschluss des Verfahrens in einer Justizvollzugsanstalt verbracht, so dauert die Zuständigkeit auch nach der Entlassung aus der Anstalt so lange fort, bis der Jugendliche oder junge Volljährige einen neuen gewöhnlichen Aufenthalt begründet hat, längstens aber bis zum Ablauf von sechs Monaten nach dem Entlassungszeitpunkt.

(3) Steht die örtliche Zuständigkeit nicht fest oder wird der zuständige örtliche Träger nicht tätig, so gilt § 86d entsprechend.

## § 87c Örtliche Zuständigkeit für die Beistandschaft, die Amtspflegschaft, die Amtsvormundschaft und die Auskunft nach § 58a

(1) Für die Vormundschaft nach § 1791c des Bürgerlichen Gesetzbuchs ist das Jugendamt zuständig, in dessen Bereich die Mutter ihren gewöhnlichen Aufenthalt hat. Wurde die Vaterschaft nach § 1592 Nr. 1 oder 2 des Bürgerlichen Gesetzbuchs durch Anfechtung beseitigt, so ist der gewöhnliche Aufenthalt der Mutter zu dem Zeitpunkt maßgeblich, zu dem die Entscheidung rechtskräftig wird. Ist ein gewöhnlicher Aufenthalt der Mutter nicht festzustellen, so richtet sich die örtliche Zuständigkeit nach ihrem tatsächlichen Aufenthalt.

(2) Sobald die Mutter ihren gewöhnlichen Aufenthalt im Bereich eines anderen Jugendamts nimmt, hat das die Amtsvormundschaft führende Jugendamt bei dem Jugendamt des anderen Bereichs die Weiterführung der Amtsvormundschaft zu beantragen; der Antrag kann auch von dem anderen Jugendamt, von jedem Elternteil und von jedem, der ein berechtigtes Interesse des Kindes oder des Jugendlichen geltend macht, bei dem die Amtsvormundschaft führenden Jugendamt gestellt werden. Die Vormundschaft geht mit der Erklärung des anderen Jugendamts auf dieses über. Das abgebende Jugendamt hat den Übergang dem Familiengericht und jedem Elternteil unverzüglich mitzuteilen. Gegen die Ablehnung des Antrags kann das Familiengericht angerufen werden.

(3) Für die Pflegschaft oder Vormundschaft, die durch Bestellung des Familiengerichts eintritt, ist das Jugendamt zuständig, in dessen Bereich

das Kind oder der Jugendliche seinen gewöhnlichen Aufenthalt hat. Hat das Kind oder der Jugendliche keinen gewöhnlichen Aufenthalt, so richtet sich die Zuständigkeit nach seinem tatsächlichen Aufenthalt zum Zeitpunkt der Bestellung. Sobald das Kind oder der Jugendliche seinen gewöhnlichen Aufenthalt wechselt oder im Fall des Satzes 2 das Wohl des Kindes oder Jugendlichen es erfordert, hat das Jugendamt beim Familiengericht einen Antrag auf Entlassung zu stellen. Die Sätze 1 bis 3 gelten für die Gegenvormundschaft des Jugendamts entsprechend.

(4) Für die Vormundschaft, die im Rahmen des Verfahrens zur Annahme als Kind eintritt, ist das Jugendamt zuständig, in dessen Bereich die annehmende Person ihren gewöhnlichen Aufenthalt hat.

(5) Für die Beratung und Unterstützung nach § 52a sowie für die Beistandschaft gilt Absatz 1 Satz 1 und 3 entsprechend. Sobald der allein sorgeberechtigte Elternteil seinen gewöhnlichen Aufenthalt im Bereich eines anderen Jugendamts nimmt, hat das die Beistandschaft führende Jugendamt bei dem Jugendamt des anderen Bereichs die Weiterführung der Beistandschaft zu beantragen; Absatz 2 Satz 2 und § 86c gelten entsprechend.

(6) Für die Erteilung der schriftlichen Auskunft nach § 58a gilt Absatz 1 entsprechend. Die Mitteilung nach § 1626d Abs. 2 des Bürgerlichen Gesetzbuchs und die Mitteilung nach Artikel 224 § 2 Abs. 5 des Einführungsgesetzes zum Bürgerlichen Gesetzbuche sind an das für den Geburtsort des Kindes zuständige Jugendamt zu richten; § 88 Abs. 1 Satz 2 gilt entsprechend. Das nach Satz 2 zuständige Jugendamt teilt dem nach Satz 1 zuständigen Jugendamt auf Ersuchen mit, ob eine Mitteilung nach § 1626d Abs. 2 des Bürgerlichen Gesetzbuchs oder eine Mitteilung nach Artikel 224 § 2 Abs. 5 des Einführungsgesetzes zum Bürgerlichen Gesetzbuche vorliegt.

### § 87d Örtliche Zuständigkeit für weitere Aufgaben im Vormundschaftswesen

(1) Für die Wahrnehmung der Aufgaben nach § 53 ist der örtliche Träger zuständig, in dessen Bereich der Pfleger oder Vormund seinen gewöhnlichen Aufenthalt hat.

(2) Für die Erteilung der Erlaubnis zur Übernahme von Pflegschaften oder Vormundschaften durch einen rechtsfähigen Verein (§ 54) ist der überörtliche Träger zuständig, in dessen Bereich der Verein seinen Sitz hat.

### § 87e Örtliche Zuständigkeit für Beurkundung und Beglaubigung

Für Beurkundungen und Beglaubigungen nach § 59 ist die Urkundsperson bei jedem Jugendamt zuständig.

## Dritter Unterabschnitt

## Örtliche Zuständigkeit bei Aufenthalt im Ausland

### § 88 Örtliche Zuständigkeit bei Aufenthalt im Ausland

(1) Für die Gewährung von Leistungen der Jugendhilfe im Ausland ist der überörtliche Träger zuständig, in dessen Bereich der junge Mensch geboren ist. Liegt der Geburtsort im Ausland oder ist er nicht zu ermitteln, so ist das Land Berlin zuständig.

(2) Wurden bereits vor der Ausreise Leistungen der Jugendhilfe gewährt, so bleibt der örtliche Träger zuständig, der bisher tätig geworden ist; eine Unterbrechung der Hilfeleistung von bis zu drei Monaten bleibt dabei außer Betracht.

## Dritter Abschnitt

## Kostenerstattung

### § 89 Kostenerstattung bei fehlendem gewöhnlichen Aufenthalt

Ist für die örtliche Zuständigkeit nach den §§ 86, 86a oder 86b der tatsächliche Aufenthalt maßgeblich, so sind die Kosten, die ein örtlicher Träger aufgewendet hat, von dem überörtlichen Träger zu erstatten, zu dessen Bereich der örtliche Träger gehört.

## § 89a Kostenerstattung bei fortdauernder Vollzeitpflege

(1) Kosten, die ein örtlicher Träger aufgrund einer Zuständigkeit nach § 86 Abs. 6 aufgewendet hat, sind von dem örtlichen Träger zu erstatten, der zuvor zuständig war oder gewesen wäre. Die Kostenerstattungspflicht bleibt bestehen, wenn die Pflegeperson ihren gewöhnlichen Aufenthalt ändert oder wenn die Leistung über die Volljährigkeit hinaus nach § 41 fortgesetzt wird.

(2) Hat oder hätte der nach Absatz 1 kostenerstattungspflichtig werdende örtliche Träger während der Gewährung einer Leistung selbst einen Kostenerstattungsanspruch gegen einen anderen örtlichen oder den überörtlichen Träger, so bleibt abweichend von Absatz 1 dieser Träger dem nunmehr nach § 86 Abs. 6 zuständig gewordenen örtlichen Träger kostenerstattungspflichtig.

(3) Ändert sich während der Gewährung der Leistung nach Absatz 1 der für die örtliche Zuständigkeit nach § 86 Abs. 1 bis 5 maßgebliche gewöhnliche Aufenthalt, so wird der örtliche Träger kostenerstattungspflichtig, der ohne Anwendung des § 86 Abs. 6 örtlich zuständig geworden wäre.

## § 89b Kostenerstattung bei vorläufigen Maßnahmen zum Schutz von Kindern und Jugendlichen

(1) Kosten, die ein örtlicher Träger im Rahmen der Inobhutnahme von Kindern und Jugendlichen (§ 42) aufgewendet hat, sind von dem örtlichen Träger zu erstatten, dessen Zuständigkeit durch den gewöhnlichen Aufenthalt nach § 86 begründet wird.

(2) Ist ein kostenerstattungspflichtiger örtlicher Träger nicht vorhanden, so sind die Kosten von dem überörtlichen Träger zu erstatten, zu dessen Bereich der örtliche Träger gehört.

(3) Eine nach Absatz 1 oder 2 begründete Pflicht zur Kostenerstattung bleibt bestehen, wenn und solange nach der Inobhutnahme Leistungen aufgrund einer Zuständigkeit nach § 86 Abs. 7 Satz 1 Halbsatz 2 gewährt werden.

## § 89c Kostenerstattung bei fortdauernder oder vorläufiger Leistungsverpflichtung

(1) Kosten, die ein örtlicher Träger im Rahmen seiner Verpflichtung nach § 86c aufgewendet hat, sind von dem örtlichen Träger zu erstatten, der nach dem Wechsel der örtlichen Zuständigkeit zuständig geworden ist. Kosten, die ein örtlicher Träger im Rahmen seiner Verpflichtung nach § 86d aufgewendet hat, sind von dem örtlichen Träger zu erstatten, dessen Zuständigkeit durch den gewöhnlichen Aufenthalt nach §§ 86, 86a und 86b begründet wird.

(2) Hat der örtliche Träger die Kosten deshalb aufgewendet, weil der zuständige örtliche Träger pflichtwidrig gehandelt hat, so hat dieser zusätzlich einen Betrag in Höhe eines Drittels der Kosten, mindestens jedoch 50 Euro, zu erstatten.

(3) Ist ein kostenerstattungspflichtiger örtlicher Träger nicht vorhanden, so sind die Kosten vom überörtlichen Träger zu erstatten, zu dessen Bereich der örtliche Träger gehört, der nach Absatz 1 tätig geworden ist.

## § 89d Kostenerstattung bei Gewährung von Jugendhilfe nach der Einreise

(1) Kosten, die ein örtlicher Träger aufwendet, sind vom Land zu erstatten, wenn

1. innerhalb eines Monats nach der Einreise eines jungen Menschen oder eines Leistungsberechtigten nach § 19 Jugendhilfe gewährt wird und
2. sich die örtliche Zuständigkeit nach dem tatsächlichen Aufenthalt dieser Person oder nach der Zuweisungsentscheidung der zuständigen Landesbehörde richtet.

Als Tag der Einreise gilt der Tag des Grenzübertritts, sofern dieser amtlich festgestellt wurde oder der Tag, an dem der Aufenthalt im Inland erstmals festgestellt wurde, andernfalls der Tag der ersten Vorsprache bei einem Jugendamt. Die Erstattungspflicht nach Satz 1 bleibt unberührt, wenn die Person um Asyl nachsucht oder einen Asylantrag stellt.

(2) Ist die Person im Inland geboren, so ist das Land erstattungspflichtig, in dessen Bereich die Person geboren ist.

(3) Ist die Person im Ausland geboren, so wird das erstattungspflichtige Land auf der Grundlage eines Belastungsvergleichs vom Bundesverwaltungsamt bestimmt. Maßgeblich ist die Belastung, die sich pro Einwohner im vergangenen Haushaltsjahr

1. durch die Erstattung von Kosten nach dieser Vorschrift und
2. die Gewährung von Leistungen für Deutsche im Ausland durch die überörtlichen Träger im Bereich des jeweiligen Landes nach Maßgabe von § 6 Abs. 3, § 85 Abs. 2 Nr. 9

ergeben hat.

(4) Die Verpflichtung zur Erstattung der aufgewendeten Kosten entfällt, wenn inzwischen für einen zusammenhängenden Zeitraum von drei Monaten Jugendhilfe nicht zu gewähren war.

(5) Kostenerstattungsansprüche nach den Absätzen 1 bis 3 gehen Ansprüchen nach den §§ 89 bis 89c und § 89e vor.

### § 89e Schutz der Einrichtungsorte

(1) Richtet sich die Zuständigkeit nach dem gewöhnlichen Aufenthalt der Eltern, eines Elternteils, des Kindes oder des Jugendlichen und ist dieser in einer Einrichtung, einer anderen Familie oder sonstigen Wohnform begründet worden, die der Erziehung, Pflege, Betreuung, Behandlung oder dem Strafvollzug dient, so ist der örtliche Träger zur Erstattung der Kosten verpflichtet, in dessen Bereich die Person vor der Aufnahme in eine Einrichtung, eine andere Familie oder sonstige Wohnform den gewöhnlichen Aufenthalt hatte. Eine nach Satz 1 begründete Erstattungspflicht bleibt bestehen, wenn und solange sich die örtliche Zuständigkeit nach § 86a Abs. 4 und § 86b Abs. 3 richtet.

(2) Ist ein kostenerstattungspflichtiger örtlicher Träger nicht vorhanden, so sind die Kosten von dem überörtlichen Träger zu erstatten, zu dessen Bereich der erstattungsberechtigte örtliche Träger gehört.

### § 89f Umfang der Kostenerstattung

(1) Die aufgewendeten Kosten sind zu erstatten, soweit die Erfüllung der Aufgaben den Vorschriften dieses Buches entspricht. Dabei gelten die

Grundsätze, die im Bereich des tätig gewordenen örtlichen Trägers zur Zeit des Tätigwerdens angewandt werden.

(2) Kosten unter 1.000 Euro werden nur bei vorläufigen Maßnahmen zum Schutz von Kindern und Jugendlichen (§ 89b), bei fortdauernder oder vorläufiger Leistungsverpflichtung (§ 89c) und bei Gewährung von Jugendhilfe nach der Einreise (§ 89d) erstattet. Verzugszinsen können nicht verlangt werden.

### § 89g Landesrechtsvorbehalt

Durch Landesrecht können die Aufgaben des Landes und des überörtlichen Trägers nach diesem Abschnitt auf andere Körperschaften des öffentlichen Rechts übertragen werden.

### § 89h Übergangsvorschrift

(1) Für die Erstattung von Kosten für Maßnahmen der Jugendhilfe nach der Einreise gemäß § 89d, die vor dem 1. Juli 1998 begonnen haben, gilt die nachfolgende Übergangsvorschrift.

(2) Kosten, für deren Erstattung das Bundesverwaltungsamt vor dem 1. Juli 1998 einen erstattungspflichtigen überörtlichen Träger bestimmt hat, sind nach den bis zu diesem Zeitpunkt geltenden Vorschriften zu erstatten. Erfolgt die Bestimmung nach dem 30. Juni 1998, so sind § 86 Abs. 7, § 89b Abs. 3, die §§ 89d und 89g in der ab dem 1. Juli 1998 geltenden Fassung anzuwenden.

# Achtes Kapitel

# Kostenbeteiligung

## Erster Abschnitt

## Pauschalierte Kostenbeteiligung

### § 90 Pauschalierte Kostenbeteiligung

(1) Für die Inanspruchnahme von Angeboten

1. der Jugendarbeit nach § 11,
2. der allgemeinen Förderung der Erziehung in der Familie nach § 16 Abs. 1, Abs. 2 Nr. 1 und 3 und
3. der Förderung von Kindern in Tageseinrichtungen und Kindertagespflege nach den §§ 22 bis 24

können Kostenbeiträge festgesetzt werden. Soweit Landesrecht nichts anderes bestimmt, sind Kostenbeiträge, die für die Inanspruchnahme von Tageseinrichtungen und von Kindertagespflege zu entrichten sind, zu staffeln. Als Kriterien können insbesondere das Einkommen, die Anzahl der kindergeldberechtigten Kinder in der Familie und die tägliche Betreuungszeit berücksichtigt werden. Werden die Kostenbeiträge nach dem Einkommen berechnet, bleibt die Eigenheimzulage nach dem Eigenheimzulagengesetz außer Betracht.

(2) In den Fällen des Absatzes 1 Nr. 1 und 2 kann der Kostenbeitrag auf Antrag ganz oder teilweise erlassen oder ein Teilnahmebeitrag auf Antrag ganz oder teilweise vom Träger der öffentlichen Jugendhilfe übernommen werden, wenn

1. die Belastung
   a) dem Kind oder dem Jugendlichen und seinen Eltern oder
   b) dem jungen Volljährigen

   nicht zuzumuten ist und
2. die Förderung für die Entwicklung des jungen Menschen erforderlich ist.

Lebt das Kind oder der Jugendliche nur mit einem Elternteil zusammen, so tritt dieser an die Stelle der Eltern.

(3) Im Fall des Absatzes 1 Nr. 3 soll der Kostenbeitrag auf Antrag ganz oder teilweise erlassen oder ein Teilnahmebeitrag auf Antrag ganz oder teilweise vom Träger der öffentlichen Jugendhilfe übernommen werden, wenn die Belastung den Eltern und dem Kind nicht zuzumuten ist. Absatz 2 Satz 2 gilt entsprechend.

(4) Für die Feststellung der zumutbaren Belastung gelten die §§ 82 bis 85, 87, 88 und 92a des Zwölften Buches entsprechend, soweit nicht Landesrecht eine andere Regelung trifft. Bei der Einkommensberechnung bleibt die Eigenheimzulage nach dem Eigenheimzulagengesetz außer Betracht.

## Zweiter Abschnitt

## Kostenbeiträge für stationäre und teilstationäre Leistungen sowie vorläufige Maßnahmen

### § 91 Anwendungsbereich

(1) Zu folgenden vollstationären Leistungen und vorläufigen Maßnahmen werden Kostenbeiträge erhoben:

1. der Unterkunft junger Menschen in einer sozialpädagogisch begleiteten Wohnform (§ 13 Abs. 3),
2. der Betreuung von Müttern oder Vätern und Kindern in gemeinsamen Wohnformen (§ 19),
3. der Betreuung und Versorgung von Kindern in Notsituationen (§ 20),
4. der Unterstützung bei notwendiger Unterbringung junger Menschen zur Erfüllung der Schulpflicht und zum Abschluss der Schulausbildung (§ 21),
5. der Hilfe zur Erziehung
   a) in Vollzeitpflege (§ 33),
   b) in einem Heim oder einer sonstigen betreuten Wohnform (§ 34),
   c) in intensiver sozialpädagogischer Einzelbetreuung (§ 35), sofern sie außerhalb des Elternhauses erfolgt,
   d) auf der Grundlage von § 27 in stationärer Form,
6. der Eingliederungshilfe für seelisch behinderte Kinder und Jugendliche durch geeignete Pflegepersonen sowie in Einrichtungen über Tag und Nacht und in sonstigen Wohnformen (§ 35a Abs. 2 Nr. 3 und 4),

7. der Inobhutnahme von Kindern und Jugendlichen (§ 42),
8. der Hilfe für junge Volljährige, soweit sie den in den Nummern 5 und 6 genannten Leistungen entspricht (§ 41).

(2) Zu folgenden teilstationären Leistungen werden Kostenbeiträge erhoben:
1. der Betreuung und Versorgung von Kindern in Notsituationen nach § 20,
2. Hilfe zur Erziehung in einer Tagesgruppe nach § 32 und anderen teilstationären Leistungen nach § 27,
3. Eingliederungshilfe für seelisch behinderte Kinder und Jugendliche in Tageseinrichtungen und anderen teilstationären Einrichtungen nach § 35a Abs. 2 Nr. 2 und
4. Hilfe für junge Volljährige, soweit sie den in den Nummern 2 und 3 genannten Leistungen entspricht (§ 41).

(3) Die Kosten umfassen auch die Aufwendungen für den notwendigen Unterhalt und die Krankenhilfe.

(4) Verwaltungskosten bleiben außer Betracht.

(5) Die Träger der öffentlichen Jugendhilfe tragen die Kosten der in den Absätzen 1 und 2 genannten Leistungen unabhängig von der Erhebung eines Kostenbeitrags.

## § 92 Ausgestaltung der Heranziehung

(1) Aus ihrem Einkommen nach Maßgabe der §§ 93 und 94 heranzuziehen sind:
1. Kinder und Jugendliche zu den Kosten der in § 91 Abs. 1 Nr. 1 bis 7 genannten Leistungen und vorläufigen Maßnahmen,
2. junge Volljährige zu den Kosten der in § 91 Abs. 1 Nr. 1, 4 und 8 genannten Leistungen,
3. Leistungsberechtigte nach § 19 zu den Kosten der in § 91 Abs. 1 Nr. 2 genannten Leistungen,
4. Ehegatten und Lebenspartner junger Menschen und Leistungsberechtigter nach § 19 zu den Kosten der in § 91 Abs. 1 und 2 genannten Leistungen und vorläufigen Maßnahmen,

5. Elternteile zu den Kosten der in § 91 Abs. 1 genannten Leistungen und vorläufigen Maßnahmen; leben sie mit dem jungen Menschen zusammen, so werden sie auch zu den Kosten der in § 91 Abs. 2 genannten Leistungen herangezogen.

(1a) Zu den Kosten vollstationärer Leistungen sind junge Volljährige und volljährige Leistungsberechtigte nach § 19 zusätzlich aus ihrem Vermögen nach Maßgabe der §§ 90 und 91 des Zwölften Buches heranzuziehen.

(2) Die Heranziehung erfolgt durch Erhebung eines Kostenbeitrags, der durch Leistungsbescheid festgesetzt wird; Elternteile werden getrennt herangezogen.

(3) Ein Kostenbeitrag kann bei Eltern, Ehegatten und Lebenspartnern ab dem Zeitpunkt erhoben werden, ab welchem dem Pflichtigen die Gewährung der Leistung mitgeteilt und er über die Folgen für seine Unterhaltspflicht gegenüber dem jungen Menschen aufgeklärt wurde. Ohne vorherige Mitteilung kann ein Kostenbeitrag für den Zeitraum erhoben werden, in welchem der Träger der öffentlichen Jugendhilfe aus rechtlichen oder tatsächlichen Gründen, die in den Verantwortungsbereich des Pflichtigen fallen, an der Geltendmachung gehindert war. Entfallen diese Gründe, ist der Pflichtige unverzüglich zu unterrichten.

(4) Ein Kostenbeitrag kann nur erhoben werden, soweit Unterhaltsansprüche vorrangig oder gleichrangig Berechtigter nicht geschmälert werden. Von der Heranziehung der Eltern ist abzusehen, wenn das Kind, die Jugendliche, die junge Volljährige oder die Leistungsberechtigte nach § 19 schwanger ist oder ein leibliches Kind bis zur Vollendung des sechsten Lebensjahres betreut.

(5) Von der Heranziehung soll im Einzelfall ganz oder teilweise abgesehen werden, wenn sonst Ziel und Zweck der Leistung gefährdet würden oder sich aus der Heranziehung eine besondere Härte ergäbe. Von der Heranziehung kann abgesehen werden, wenn anzunehmen ist, dass der damit verbundene Verwaltungsaufwand in keinem angemessenen Verhältnis zu dem Kostenbeitrag stehen wird.

## § 93 Berechnung des Einkommens

(1) Zum Einkommen gehören alle Einkünfte in Geld oder Geldeswert mit Ausnahme der Grundrente nach oder entsprechend dem Bundesversorgungsgesetz sowie der Renten und Beihilfen, die nach dem Bundesentschädigungsgesetz für einen Schaden an Leben sowie an Körper und Gesundheit gewährt werden bis zur Höhe der vergleichbaren Grundrente nach dem Bundesversorgungsgesetz. Eine Entschädigung, die nach § 253 Abs. 2 des Bürgerlichen Gesetzbuchs wegen eines Schadens, der nicht Vermögensschaden ist, geleistet wird, ist nicht als Einkommen zu berücksichtigen. Geldleistungen, die dem gleichen Zweck wie die jeweilige Leistung der Jugendhilfe dienen, zählen nicht zum Einkommen und sind unabhängig von einem Kostenbeitrag einzusetzen. Leistungen, die aufgrund öffentlich-rechtlicher Vorschriften zu einem ausdrücklich genannten Zweck erbracht werden, sind nicht als Einkommen zu berücksichtigen.

(2) Von dem Einkommen sind abzusetzen

1. auf das Einkommen gezahlte Steuern und
2. Pflichtbeiträge zur Sozialversicherung einschließlich der Beiträge zur Arbeitsförderung sowie
3. nach Grund und Höhe angemessene Beiträge zu öffentlichen oder privaten Versicherungen oder ähnlichen Einrichtungen zur Absicherung der Risiken Alter, Krankheit, Pflegebedürftigkeit und Arbeitslosigkeit.

(3) Von dem nach den Absätzen 1 und 2 errechneten Betrag sind Belastungen der kostenbeitragspflichtigen Person abzuziehen. In Betracht kommen insbesondere

1. Beiträge zu öffentlichen oder privaten Versicherungen oder ähnlichen Einrichtungen,
2. die mit der Erzielung des Einkommens verbundenen notwendigen Ausgaben,
3. Schuldverpflichtungen.

Der Abzug erfolgt durch eine Kürzung des nach den Absätzen 1 und 2 errechneten Betrages um pauschal 25 vom Hundert. Sind die Belastungen höher als der pauschale Abzug, so können sie abgezogen werden, soweit sie nach Grund und Höhe angemessen sind und die Grundsätze einer wirtschaftlichen Lebensführung nicht verletzen. Die kostenbeitragspflichtige Person muss die Belastungen nachweisen.

## § 94 Umfang der Heranziehung

(1) Die Kostenbeitragspflichtigen sind aus ihrem Einkommen in angemessenem Umfang zu den Kosten heranzuziehen. Die Kostenbeiträge dürfen die tatsächlichen Aufwendungen nicht überschreiten. Eltern sollen nachrangig zu den jungen Menschen herangezogen werden. Ehegatten und Lebenspartner sollen nachrangig zu den jungen Menschen, aber vorrangig vor deren Eltern herangezogen werden.

(2) Für die Bestimmung des Umfangs sind bei jedem Elternteil, Ehegatten oder Lebenspartner die Höhe des nach § 93 ermittelten Einkommens und die Anzahl der Personen, die mindestens im gleichen Range wie der untergebrachte junge Mensch oder Leistungsberechtigte nach § 19 unterhaltsberechtigt sind, angemessen zu berücksichtigen.

(3) Werden Leistungen über Tag und Nacht außerhalb des Elternhauses erbracht und bezieht einer der Elternteile Kindergeld für den jungen Menschen, so hat dieser einen Kostenbeitrag mindestens in Höhe des Kindergeldes zu zahlen. Zahlt der Elternteil den Kostenbeitrag nicht, so sind die Träger der öffentlichen Jugendhilfe insoweit berechtigt, das auf dieses Kind entfallende Kindergeld durch Geltendmachung eines Erstattungsanspruchs nach § 74 Abs. 2 des Einkommensteuergesetzes in Anspruch zu nehmen.

(4) Werden Leistungen über Tag und Nacht erbracht und hält sich der junge Mensch nicht nur im Rahmen von Umgangskontakten bei einem Kostenbeitragspflichtigen auf, so ist die tatsächliche Betreuungsleistung über Tag und Nacht auf den Kostenbeitrag anzurechnen.

(5) Für die Festsetzung der Kostenbeiträge von Eltern, Ehegatten und Lebenspartnern junger Menschen und Leistungsberechtigter nach § 19 werden nach Einkommensgruppen gestaffelte Pauschalbeträge durch Rechtsverordnung des zuständigen Bundesministeriums mit Zustimmung des Bundesrates bestimmt.

(6) Bei vollstationären Leistungen haben junge Menschen und Leistungsberechtigte nach § 19 nach Abzug der in § 93 Abs. 2 genannten Beträge 75 Prozent ihres Einkommens als Kostenbeitrag einzusetzen.

## Dritter Abschnitt
## Überleitung von Ansprüchen

### § 95 Überleitung von Ansprüchen

(1) Hat eine der in § 92 Abs. 1 genannten Personen für die Zeit, für die Jugendhilfe gewährt wird, einen Anspruch gegen einen anderen, der weder Leistungsträger im Sinne des § 12 des Ersten Buches noch Kostenbeitragspflichtiger ist, so kann der Träger der öffentlichen Jugendhilfe durch schriftliche Anzeige an den anderen bewirken, dass dieser Anspruch bis zur Höhe seiner Aufwendungen auf ihn übergeht.

(2) Der Übergang darf nur insoweit bewirkt werden, als bei rechtzeitiger Leistung des anderen entweder Jugendhilfe nicht gewährt worden oder ein Kostenbeitrag zu leisten wäre. Der Übergang ist nicht dadurch ausgeschlossen, dass der Anspruch nicht übertragen, verpfändet oder gepfändet werden kann.

(3) Die schriftliche Anzeige bewirkt den Übergang des Anspruchs für die Zeit, für die die Hilfe ohne Unterbrechung gewährt wird; als Unterbrechung gilt ein Zeitraum von mehr als zwei Monaten.

(4) Widerspruch und Anfechtungsklage gegen den Verwaltungsakt, der den Übergang des Anspruchs bewirkt, haben keine aufschiebende Wirkung.

### § 96 (weggefallen)

## Vierter Abschnitt
## Ergänzende Vorschriften

### § 97 Feststellung der Sozialleistungen

Der erstattungsberechtigte Träger der öffentlichen Jugendhilfe kann die Feststellung einer Sozialleistung betreiben sowie Rechtsmittel einlegen. Der Ablauf der Fristen, die ohne sein Verschulden verstrichen sind, wirkt nicht gegen ihn. Dies gilt nicht für die Verfahrensfristen, soweit der Träger der öffentlichen Jugendhilfe das Verfahren selbst betreibt.

## § 97a Pflicht zur Auskunft

(1) Soweit dies für die Berechnung oder den Erlass eines Kostenbeitrags oder die Übernahme eines Teilnahmebeitrags nach § 90 oder die Ermittlung eines Kostenbeitrags nach den §§ 92 bis 94 erforderlich ist, sind Eltern, Ehegatten und Lebenspartner junger Menschen sowie Leistungsberechtigter nach § 19 verpflichtet, dem örtlichen Träger über ihre Einkommensverhältnisse Auskunft zu geben. Junge Volljährige und volljährige Leistungsberechtigte nach § 19 sind verpflichtet, dem örtlichen Träger über ihre Einkommens- und Vermögensverhältnisse Auskunft zu geben. Eltern, denen die Sorge für das Vermögen des Kindes oder des Jugendlichen zusteht, sind auch zur Auskunft über dessen Einkommen verpflichtet. Ist die Sorge über das Vermögen des Kindes oder des Jugendlichen anderen Personen übertragen, so treten diese an die Stelle der Eltern.

(2) Soweit dies für die Berechnung der laufenden Leistung nach § 39 Abs. 6 erforderlich ist, sind Pflegepersonen verpflichtet, dem örtlichen Träger darüber Auskunft zu geben, ob der junge Mensch im Rahmen des Familienleistungsausgleichs nach § 31 des Einkommensteuergesetzes berücksichtigt wird oder berücksichtigt werden könnte und ob er ältestes Kind in der Pflegefamilie ist. Pflegepersonen, die mit dem jungen Menschen in gerader Linie verwandt sind, sind verpflichtet, dem örtlichen Träger über ihre Einkommens- und Vermögensverhältnisse Auskunft zu geben.

(3) Die Pflicht zur Auskunft nach den Absätzen 1 und 2 umfasst auch die Verpflichtung, Name und Anschrift des Arbeitgebers zu nennen, über die Art des Beschäftigungsverhältnisses Auskunft zu geben sowie auf Verlangen Beweisurkunden vorzulegen oder ihrer Vorlage zuzustimmen. Sofern landesrechtliche Regelungen nach § 90 Abs. 1 Satz 2 bestehen, in denen nach Einkommensgruppen gestaffelte Pauschalbeträge vorgeschrieben oder festgesetzt sind, ist hinsichtlich der Höhe des Einkommens die Auskunftspflicht und die Pflicht zur Vorlage von Beweisurkunden für die Berechnung des Kostenbeitrags nach § 90 Abs. 1 Nr. 3 auf die Angabe der Zugehörigkeit zu einer bestimmten Einkommensgruppe beschränkt.

(4) Kommt eine der nach den Absätzen 1 und 2 zur Auskunft verpflichteten Personen ihrer Pflicht nicht nach oder bestehen tatsächliche Anhalts-

punkte für die Unrichtigkeit ihrer Auskunft, so ist der Arbeitgeber dieser Person verpflichtet, dem örtlichen Träger über die Art des Beschäftigungsverhältnisses und den Arbeitsverdienst dieser Person Auskunft zu geben; Absatz 3 Satz 2 gilt entsprechend. Der zur Auskunft verpflichteten Person ist vor einer Nachfrage beim Arbeitgeber eine angemessene Frist zur Erteilung der Auskunft zu setzen. Sie ist darauf hinzuweisen, dass nach Fristablauf die erforderlichen Auskünfte beim Arbeitgeber eingeholt werden.

(5) Die nach den Absätzen 1 und 2 zur Erteilung einer Auskunft Verpflichteten können die Auskunft verweigern, soweit sie sich selbst oder einen der in § 383 Abs. 1 Nr. 1 bis 3 der Zivilprozessordnung bezeichneten Angehörigen der Gefahr aussetzen würden, wegen einer Straftat oder einer Ordnungswidrigkeit verfolgt zu werden. Die Auskunftspflichtigen sind auf ihr Auskunftsverweigerungsrecht hinzuweisen.

### § 97b (weggefallen)

### § 97c Erhebung von Gebühren und Auslagen

Landesrecht kann abweichend von § 64 des Zehnten Buches die Erhebung von Gebühren und Auslagen regeln.

## Neuntes Kapitel

## Kinder- und Jugendhilfestatistik

### § 98 Zweck und Umfang der Erhebung

(1) Zur Beurteilung der Auswirkungen der Bestimmungen dieses Buches und zu seiner Fortentwicklung sind laufende Erhebungen über

1. Kinder und tätige Personen in Tageseinrichtungen,
2. Kinder und tätige Personen in öffentlich geförderter Kindertagespflege,
3. Personen, die mit öffentlichen Mitteln geförderte Kindertagespflege gemeinsam oder auf Grund einer Erlaubnis nach § 43 Abs. 3

Satz 3 in Pflegestellen durchführen, und die von diesen betreuten Kinder,
4. die Empfänger
   a) der Hilfe zur Erziehung,
   b) der Hilfe für junge Volljährige und
   c) der Eingliederungshilfe für seelisch behinderte Kinder und Jugendliche,
5. Kinder und Jugendliche, zu deren Schutz vorläufige Maßnahmen getroffen worden sind,
6. Kinder und Jugendliche, die als Kind angenommen worden sind,
7. Kinder und Jugendliche, die unter Amtspflegschaft, Amtsvormundschaft oder Beistandschaft des Jugendamts stehen,
8. Kinder und Jugendliche, für die eine Pflegeerlaubnis erteilt worden ist,
9. Maßnahmen des Familiengerichts,
10. mit öffentlichen Mitteln geförderte Angebote der Jugendarbeit,
11. die Einrichtungen mit Ausnahme der Tageseinrichtungen, Behörden und Geschäftsstellen in der Jugendhilfe und die dort tätigen Personen sowie
12. die Ausgaben und Einnahmen der öffentlichen Jugendhilfe
13. Gefährdungseinschätzung nach § 8a

als Bundesstatistik durchzuführen.

(2) Zur Verfolgung der gesellschaftlichen Entwicklung im Bereich der elterlichen Sorge sind im Rahmen der Kinder- und Jugendhilfestatistik auch laufende Erhebungen über Sorgeerklärungen durchzuführen.

### § 99 Erhebungsmerkmale

(1) Erhebungsmerkmale bei den Erhebungen über Hilfe zur Erziehung nach den §§ 27 bis 35, Eingliederungshilfe für seelisch behinderte Kinder und Jugendliche nach § 35a und Hilfe für junge Volljährige nach § 41 sind

1. im Hinblick auf die Hilfe
   a) Art des Trägers des Hilfe durchführenden Dienstes oder der Hilfe durchführenden Einrichtung,
   b) Art der Hilfe,
   c) Ort der Durchführung der Hilfe,
   d) Monat und Jahr des Beginns und Endes sowie Fortdauer der Hilfe,

   e) familienrichterliche Entscheidungen zu Beginn der Hilfe,
   f) Intensität der Hilfe,
   g) Hilfe anregende Institutionen oder Personen,
   h) Gründe für die Hilfegewährung,
   i) Grund für die Beendigung der Hilfe,
   j) vorangegangene Gefährdungseinschätzung nach § 8a Absatz 1 sowie
2. im Hinblick auf junge Menschen
   a) Geschlecht,
   b) Geburtsmonat und Geburtsjahr,
   c) Lebenssituation bei Beginn der Hilfe,
   d) anschließender Aufenthalt,
   e) nachfolgende Hilfe;
3. bei sozialpädagogischer Familienhilfe nach § 31 und anderen familienorientierten Hilfen nach § 27 zusätzlich zu den unter den Nummern 1 und 2 genannten Merkmalen
   a) Geschlecht, Geburtsmonat und Geburtsjahr der in der Familie lebenden jungen Menschen sowie
   b) Zahl der außerhalb der Familie lebenden Kinder und Jugendlichen.

(2) Erhebungsmerkmale bei den Erhebungen über vorläufige Maßnahmen zum Schutz von Kindern und Jugendlichen sind Kinder und Jugendliche, zu deren Schutz Maßnahmen nach § 42 getroffen worden sind, gegliedert nach

1. Art des Trägers der Maßnahme, Art der Maßnahme, Form der Unterbringung während der Maßnahme, Institution oder Personenkreis, die oder der die Maßnahme angeregt hat, Zeitpunkt des Beginns und Dauer der Maßnahme, Durchführung auf Grund einer vorangegangenen Gefährdungseinschätzung nach § 8a Absatz 1, Maßnahmeanlass, Art der anschließenden Hilfe,
2. bei Kindern und Jugendlichen zusätzlich zu den unter Nummer 1 genannten Merkmalen nach Geschlecht, Altersgruppe, Staatsangehörigkeit, Art des Aufenthalts vor Beginn der Maßnahme.

(3) Erhebungsmerkmale bei den Erhebungen über die Annahme als Kind sind

1. angenommene Kinder und Jugendliche, gegliedert
   a) nach Geschlecht, Geburtsmonat und Geburtsjahr, Staatsangehörigkeit und Art des Trägers des Adoptionsvermittlungsdienstes,

   b) nach Herkunft des angenommenen Kindes, Art der Unterbringung vor der Adoptionspflege, Familienstand der Eltern oder des sorgeberechtigten Elternteils oder Tod der Eltern zu Beginn der Adoptionspflege sowie Ersetzung der Einwilligung zur Annahme als Kind,
   c) nach Staatsangehörigkeit der oder des Annehmenden und Verwandtschaftsverhältnis zu dem Kind,
2. die Zahl der
   a) ausgesprochenen und aufgehobenen Annahmen sowie der abgebrochenen Adoptionspflegen, gegliedert nach Art des Trägers des Adoptionsvermittlungsdienstes,
   b) vorgemerkten Adoptionsbewerber, die zur Annahme als Kind vorgemerkten und in Adoptionspflege untergebrachten Kinder und Jugendlichen zusätzlich nach ihrem Geschlecht, gegliedert nach Art des Trägers des Adoptionsvermittlungsdienstes.

(4) Erhebungsmerkmal bei den Erhebungen über die Amtspflegschaft und die Amtsvormundschaft sowie die Beistandschaft ist die Zahl der Kinder und Jugendlichen unter
1. gesetzlicher Amtsvormundschaft,
2. bestellter Amtsvormundschaft,
3. bestellter Amtspflegschaft sowie
4. Beistandschaft,

gegliedert nach Geschlecht, Art des Tätigwerdens des Jugendamts sowie nach deutscher und ausländischer Staatsangehörigkeit (Deutsche/Ausländer).

(5) Erhebungsmerkmal bei den Erhebungen über
1. die Pflegeerlaubnis nach § 43 ist die Zahl der Tagespflegepersonen,
2. die Pflegeerlaubnis nach § 44 ist die Zahl der Kinder und Jugendlichen, gegliedert nach Geschlecht und Art der Pflege.

(6) Erhebungsmerkmale bei der Erhebung zum Schutzauftrag bei Kindeswohlgefährdung nach § 8a sind Kinder und Jugendliche, bei denen eine Gefährdungseinschätzung nach Absatz 1 vorgenommen worden ist, gegliedert
1. nach der Art des Trägers, bei dem der Fall bekannt geworden ist, der die Gefährdungseinschätzung anregenden Institution oder Person, der Art der Kindeswohlgefährdung sowie dem Ergebnis der Gefährdungseinschätzung,
2. bei Kindern und Jugendlichen zusätzlich zu den in Nummer 1 genannten Merkmalen nach Geschlecht, Alter und Aufenthaltsort

des Kindes oder Jugendlichen zum Zeitpunkt der Meldung sowie dem Alter der Eltern und der Inanspruchnahme einer Leistung gemäß den §§ 16 bis 19 sowie 27 bis 35a und der Durchführung einer Maßnahme nach § 42.

(6a) Erhebungsmerkmal bei den Erhebungen über Sorgeerklärungen ist die gemeinsame elterliche Sorge nicht verheirateter Eltern, gegliedert danach, ob Sorgeerklärungen beider Eltern vorliegen oder eine Sorgeerklärung ersetzt worden ist.

(6b) Erhebungsmerkmal bei den Erhebungen über Maßnahmen des Familiengerichts ist die Zahl der Kinder und Jugendlichen, bei denen wegen einer Gefährdung ihres Wohls das familiengerichtliche Verfahren auf Grund einer Anrufung durch das Jugendamt nach § 8a Absatz 2 Satz 1 oder § 42 Absatz 3 Satz 2 Nummer 2 oder auf andere Weise eingeleitet worden ist und

1. den Personensorgeberechtigten auferlegt worden ist, Leistungen nach diesem Buch in Anspruch zu nehmen,
2. andere Gebote oder Verbote gegenüber den Personensorgeberechtigten oder Dritten ausgesprochen worden sind,
3. Erklärungen der Personensorgeberechtigten ersetzt worden sind,
4. die elterliche Sorge ganz oder teilweise entzogen und auf das Jugendamt oder einen Dritten als Vormund oder Pfleger übertragen worden ist,

gegliedert nach Geschlecht, Alter und zusätzlich bei Nummer 4 nach dem Umfang der übertragenen Angelegenheit.

(7) Erhebungsmerkmale bei den Erhebungen über Kinder und tätige Personen in Tageseinrichtungen sind

1. die Einrichtungen, gegliedert nach
   a) der Art des Trägers und der Rechtsform sowie besonderen Merkmalen,
   b) der Zahl der verfügbaren Plätze sowie
   c) der Art und Anzahl der Gruppen,
2. für jede dort haupt- und nebenberuflich tätige Person
   a) Geschlecht und Beschäftigungsumfang,
   b) für das pädagogisch und in der Verwaltung tätige Personal zusätzlich Geburtsmonat und Geburtsjahr, die Art des Berufsausbildungsabschlusses, Stellung im Beruf und Arbeitsbereich,
3. für die dort geförderten Kinder

a) Geschlecht, Geburtsmonat und Geburtsjahr sowie Schulbesuch,
b) Migrationshintergrund,
c) Betreuungszeit und Mittagsverpflegung,
d) erhöhter Förderbedarf,
e) Gruppenzugehörigkeit.

(7a) Erhebungsmerkmale bei den Erhebungen über Kinder in mit öffentlichen Mitteln geförderter Kindertagespflege sowie die die Kindertagespflege durchführenden Personen sind:

1. für jede tätige Person
   a) Geschlecht, Geburtsmonat und Geburtsjahr,
   b) Art und Umfang der Qualifikation, Anzahl der betreuten Kinder (Betreuungsverhältnisse am Stichtag) insgesamt und nach dem Ort der Betreuung,
2. für die dort geförderten Kinder
   a) Geschlecht, Geburtsmonat und Geburtsjahr sowie Schulbesuch,
   b) Migrationshintergrund,
   c) Betreuungszeit und Mittagsverpflegung,
   d) Art und Umfang der öffentlichen Finanzierung und Förderung,
   e) erhöhter Förderbedarf,
   f) Verwandtschaftsverhältnis zur Pflegeperson,
   g) gleichzeitig bestehende andere Betreuungsarrangements.

(7b) Erhebungsmerkmale bei den Erhebungen über Personen, die mit öffentlichen Mitteln geförderte Kindertagespflege gemeinsam oder auf Grund einer Erlaubnis nach § 43 Absatz 3 Satz 3 durchführen und die von diesen betreuten Kinder sind die Zahl der Tagespflegepersonen und die Zahl der von diesen betreuten Kinder jeweils gegliedert nach Pflegestellen.

(8) Erhebungsmerkmale bei den Erhebungen über die Angebote der Jugendarbeit nach § 11 sind die mit öffentlichen Mitteln geförderten Maßnahmen im Bereich

1. der außerschulischen Jugendbildung (§ 11 Abs. 3 Nr. 1),
2. der Kinder- und Jugenderholung (§ 11 Abs. 3 Nr. 5),
3. der internationalen Jugendarbeit (§ 11 Abs. 3 Nr. 4) sowie
4. der Fortbildungsmaßnahmen für Mitarbeiter (§ 74 Abs. 6),

gegliedert nach Art des Trägers, Dauer der Maßnahme sowie Zahl und Geschlecht der Teilnehmer, zusätzlich bei der internationalen Jugendarbeit nach Partnerländern und Maßnahmen im In- und Ausland.

(9) Erhebungsmerkmale bei den Erhebungen über die Einrichtungen, soweit sie nicht in Absatz 7 erfasst werden, sowie die Behörden und Geschäftsstellen in der Jugendhilfe und die dort tätigen Personen sind

1. die Einrichtungen, gegliedert nach der Art der Einrichtung, der Art des Trägers, der Rechtsform sowie der Art und Zahl der verfügbaren Plätze,
2. die Behörden der öffentlichen Jugendhilfe sowie die Geschäftsstellen der Träger der freien Jugendhilfe, gegliedert nach der Art des Trägers und der Rechtsform,
3. für jede haupt- und nebenberuflich tätige Person
   a) (weggefallen)
   b) (weggefallen)
   c) Geschlecht und Beschäftigungsumfang,
   d) für das pädagogische und in der Verwaltung tätige Personal zusätzlich Geburtsmonat und Geburtsjahr, Art des Berufsausbildungsabschlusses, Stellung im Beruf und Arbeitsbereich.

(10) Erhebungsmerkmale bei der Erhebung der Ausgaben und Einnahmen der öffentlichen Jugendhilfe sind

1. die Art des Trägers,
2. die Ausgaben für Einzel- und Gruppenhilfen, gegliedert nach Ausgabe- und Hilfeart sowie die Einnahmen nach Einnahmeart,
3. die Ausgaben und Einnahmen für Einrichtungen nach Arten gegliedert nach der Einrichtungsart,
4. die Ausgaben für das Personal, das bei den örtlichen und den überörtlichen Trägern sowie den kreisangehörigen Gemeinden und Gemeindeverbänden, die nicht örtliche Träger sind, Aufgaben der Jugendhilfe wahrnimmt.

## § 100 Hilfsmerkmale

Hilfsmerkmale sind

1. Name und Anschrift des Auskunftspflichtigen,
2. für die Erhebungen nach § 99 die Kenn-Nummer der hilfeleistenden Stelle oder der auskunftsgebenden Einrichtung; soweit eine Hilfe nach § 28 gebietsübergreifend erbracht wird, die Kenn-Nummer des Wohnsitzes des Hilfeempfängers,
3. Name und Telefonnummer sowie Faxnummer oder E-Mailadresse der für eventuelle Rückfragen zur Verfügung stehenden Person.

## § 101 Periodizität und Berichtszeitraum

(1) Die Erhebungen nach § 99 Absatz 1 bis 5 sowie nach Absatz 6b bis 7b und 10 sind jährlich durchzuführen, die Erhebungen nach § 99 Absatz 1, soweit sie die Eingliederungshilfe für seelisch behinderte Kinder und Jugendliche betreffen, beginnend 2007. Die Erhebung nach § 99 Absatz 6 erfolgt laufend. Die übrigen Erhebungen nach § 99 sind alle vier Jahre durchzuführen, die Erhebungen nach Absatz 8 beginnend 1992, die Erhebungen nach Absatz 9 beginnend mit 2006. Die Erhebung nach § 99 Absatz 8 wird für das Jahr 2012 ausgesetzt.

(2) Die Angaben für die Erhebung nach

1. § 99 Abs. 1 sind zu dem Zeitpunkt, zu dem die Hilfe endet, bei fortdauernder Hilfe zum 31. Dezember,
2. bis 5. (weggefallen)
6. § 99 Abs. 2 sind zum Zeitpunkt des Endes einer vorläufigen Maßnahme,
7. § 99 Abs. 3 Nr. 1 sind zum Zeitpunkt der rechtskräftigen gerichtlichen Entscheidung über die Annahme als Kind,
8. § 99 Abs. 3 Nr. 2 Buchstabe a und Abs. 6a, 6b und 8 und 10 sind für das abgelaufene Kalenderjahr,
9. § 99 Abs. 3 Nr. 2 Buchstabe b und Abs. 4, 5 und 9 sind zum 31. Dezember,
10. § 99 Abs. 7, 7a und 7b sind zum 1. März,
11. § 99 Absatz 6 sind zum Zeitpunkt des Abschlusses der Gefährdungseinschätzung

zu erteilen.

## § 102 Auskunftspflicht

(1) Für die Erhebungen besteht Auskunftspflicht. Die Angaben zu § 100 Nr. 3 sind freiwillig.

(2) Auskunftspflichtig sind

1. die örtlichen Träger der Jugendhilfe für die Erhebungen nach § 99 Abs. 1 bis 10, nach Absatz 8 nur, soweit eigene Maßnahmen durchgeführt werden,
2. die überörtlichen Träger der Jugendhilfe für die Erhebungen nach § 99 Abs. 3 und 7 und 8 bis 10, nach Absatz 8 nur, soweit eigene Maßnahmen durchgeführt werden,
3. die obersten Landesjugendbehörden für die Erhebungen nach § 99 Abs. 7 und 8 bis 10,
4. die fachlich zuständige oberste Bundesbehörde für die Erhebung nach § 99 Abs. 10,
5. die kreisangehörigen Gemeinden und die Gemeindeverbände, soweit sie Aufgaben der Jugendhilfe wahrnehmen, für die Erhebungen nach § 99 Abs. 7 bis 10,
6. die Träger der freien Jugendhilfe für Erhebungen nach § 99 Abs. 1, soweit sie eine Beratung nach § 28 oder § 41 betreffen, und nach § 99 Abs. 2, 3, 7, 8 und 9,
7. die Leiter der Einrichtungen, Behörden und Geschäftsstellen in der Jugendhilfe für die Erhebungen nach § 99 Abs. 7 und 9.

(3) Zur Durchführung der Erhebungen nach § 99 Abs. 1, 2, 3, 7, 8 und 9 übermitteln die Träger der öffentlichen Jugendhilfe den statistischen Ämtern der Länder auf Anforderung die erforderlichen Anschriften der übrigen Auskunftspflichtigen.

## § 103 Übermittlung

(1) An die fachlich zuständigen obersten Bundes- oder Landesbehörden dürfen für die Verwendung gegenüber den gesetzgebenden Körperschaften und für Zwecke der Planung, jedoch nicht für die Regelung von Einzelfällen, vom Statistischen Bundesamt und den statistischen Ämtern der Länder Tabellen mit statistischen Ergebnissen übermittelt werden, auch soweit Tabellenfelder nur einen einzigen Fall ausweisen. Tabellen, deren Tabellenfelder nur einen einzigen Fall ausweisen, dürfen nur dann über-

mittelt werden, wenn sie nicht differenzierter als auf Regierungsbezirksebene, im Fall der Stadtstaaten auf Bezirksebene, aufbereitet sind.

(2) Für ausschließlich statistische Zwecke dürfen den zur Durchführung statistischer Aufgaben zuständigen Stellen der Gemeinden und Gemeindeverbände für ihren Zuständigkeitsbereich Einzelangaben aus der Erhebung nach § 99 mit Ausnahme der Hilfsmerkmale übermittelt werden, soweit die Voraussetzungen nach § 16 Abs. 5 des Bundesstatistikgesetzes gegeben sind.

(3) Die Ergebnisse der Kinder- und Jugendhilfestatistiken gemäß den §§ 98 und 99 dürfen auf der Ebene der einzelnen Gemeinde oder des einzelnen Jugendamtsbezirkes veröffentlicht werden.

## Zehntes Kapitel

## Straf- und Bußgeldvorschriften

### § 104 Bußgeldvorschriften

(1) Ordnungswidrig handelt, wer

1. ohne Erlaubnis nach § 43 Abs. 1 oder § 44 Abs. 1 Satz 1 ein Kind oder einen Jugendlichen betreut oder ihm Unterkunft gewährt,
2. entgegen § 45 Abs. 1 Satz 1, auch in Verbindung mit § 48a Abs. 1, ohne Erlaubnis eine Einrichtung oder eine sonstige Wohnform betreibt oder
3. entgegen § 47 eine Anzeige nicht, nicht richtig, nicht vollständig oder nicht rechtzeitig erstattet oder eine Meldung nicht, nicht richtig, nicht vollständig oder nicht rechtzeitig macht oder
4. entgegen § 97a Abs. 4 vorsätzlich oder fahrlässig als Arbeitgeber eine Auskunft nicht, nicht richtig oder nicht vollständig erteilt.

(2) Die Ordnungswidrigkeiten nach Absatz 1 Nr. 1, 3 und 4 können mit einer Geldbuße bis zu fünfhundert Euro, die Ordnungswidrigkeit nach Absatz 1 Nr. 2 kann mit einer Geldbuße bis zu fünfzehntausend Euro geahndet werden.

## § 105 Strafvorschriften

Mit Freiheitsstrafe bis zu einem Jahr oder mit Geldstrafe wird bestraft, wer

1. eine in § 104 Abs. 1 Nr. 1 oder 2 bezeichnete Handlung begeht und dadurch leichtfertig ein Kind oder einen Jugendlichen in seiner körperlichen, geistigen oder sittlichen Entwicklung schwer gefährdet oder
2. eine in § 104 Abs. 1 Nr. 1 oder 2 bezeichnete vorsätzliche Handlung beharrlich wiederholt.

## Aus der Gesetzesbegründung zum Bundeskinderschutzgesetz (BKiSchG) – Bundestagdrucksachen 17/6256, 17/7522

A. Allgemeiner Teil
B. Finanzieller Teil
C. Neuregelungen und zentrale durch das BKiSchG geänderte Paragrafen mit Begründung
   - Besonderer Teil 1
   - Besonderer Teil 2
   - Besonderer Teil 3

# Aus der Gesetzesbegründung zum Bundeskinderschutzgesetz (BKiSchG) – Bundestagdrucksachen 17/6256, 17/7522

## A. Allgemeiner Teil

Der Schutz von Kindern und Jugendlichen vor Gefahren für ihr Wohl gehört zu den zentralen Aufgaben des Staates. Er hat seine Grundlage einerseits im Staatlichen Wächteramt (Artikel 6 Absatz 2 Satz 2 Grundgesetz GG), andererseits aber auch in der staatlichen Schutzpflicht für die Persönlichkeitsentfaltung und -entwicklung von Kindern und Jugendlichen, die aus Artikel 2 Absatz 1 i. V. mit Artikel 1 Absatz 1 GG hergeleitet wird. Im Hinblick auf die primäre Erziehungsverantwortung der Eltern haben dabei alle Maßnahmen Vorrang, die den Schutz des Kindes oder Jugendlichen durch Unterstützung der Eltern zu erreichen suchen. Dabei ist es die Aufgabe des Staates, Beratung und Unterstützung bereits im Vorfeld von Beeinträchtigungen für das Kindeswohl anzubieten, um damit zu verhindern, dass es zu einer Gefährdung oder gar Schädigung des Kindeswohls kommt. Diese Verantwortung des Staates ergibt sich nicht nur aus der nationalen Rechtsordnung, sondern auch aus völkerrechtlichen Verpflichtungen, wie insbesondere aus Artikel 3 oder 18 des Übereinkommens der Vereinten Nationen über die Rechte des Kindes. Nach Artikel 3 Absatz 2 verpflichtet sich der Staat, für das Kind den Schutz und die Fürsorge zu gewährleisten, die zu seinem Wohlergehen notwendig sind; Artikel 18 Absatz 2 verpflichtet zur angemessen Unterstützung der Eltern in ihrer Aufgabe, das Kind zu erziehen.

Seinem Schutzauftrag kommt der Staat vermittels eines breiten Spektrums von Hilfen zur Stärkung der Erziehungskompetenz der Eltern und zur Unterstützung bei der Wahrnehmung der Erziehungsverantwortung in schwierigen Erziehungssituationen nach. Präventive Wirkung entfalten zudem staatliche oder öffentlich geförderte Leistungen, die primär anderen Zwecken, etwa der Armutsbekämpfung oder der Gesundheitsvorsorge, dienen.

Versteht man Kinderschutz in diesem weiten Sinn, dann geht es in erster Linie darum, von Anfang an die Potentiale und Kompetenzen von Eltern, aber auch die ihrer Kinder zu stärken. Diese Aufgabe obliegt zum einen der Kinder- und Jugendhilfe, geht aber weit darüber hinaus und richtet sich zum anderen an die Institutionen der Gesundheitshilfe. Deshalb setzt der Entwurf einen Schwerpunkt auf die Frühen Hilfen – also in der Phase der Schwangerschaft und der frühen Kindheit. Damit sollen werdende und junge Eltern ermutigt werden, in einer für die Kindesentwicklung zentralen Phase Hilfen zur Stärkung ihrer Erziehungskompetenz und zum Aufbau einer gelingenden Eltern-Kind-Beziehung in Anspruch zu nehmen. Das Aktionsprogramm des Bundes „Frühe Hilfen für Eltern und Kinder und soziale Frühwarnsysteme" und die in diesem Zusammenhang in den Ländern entwickelten und erprobten Konzepte zeigen, dass eine erfolgreiche Arbeit mit den jungen Familien Vertrauen voraussetzt, das durch Kontrollstrategien, denen ein Generalverdacht zugrunde liegt, nicht aufgebaut werden kann.

Der Hilfebedarf der Eltern kann nicht von den Angeboten der einzelnen Leistungssysteme, sondern nur von der individuellen Lebenssituation her definiert werden. Umso wichtiger ist daher für die Wirksamkeit und Nachhaltigkeit Früher Hilfen, dass die Grenzen und Nachteile der einzelnen Leistungssysteme durch örtliche und regionale Netzwerke überwunden werden.

In vielen Bundesländern sind in den vergangenen Jahren Kinderschutzgesetze mit dem Ziel beschlossen worden, die verschiedenen Akteure, die mit der Förderung der Entwicklung und dem Schutz von Kindern befasst sind, besser miteinander zu vernetzen. Viele kommunale Gebietskörperschaften haben – z. T. im Rahmen von Modellprojekten des Aktionsprogramms des Bundes Frühe Hilfen – Konzepte entwickelt und Strukturen geschaffen, um Eltern bereits in der Schwangerschaft und in den ersten Lebensjahren des Kindes über das Leistungsspektrum zu informieren und Hilfen anzubieten.

Aber auch ein optimales Angebot familienunterstützender Hilfen und die beste Gesundheitsförderung wird künftig demnach nicht verhindern können, dass Kinder und Jugendliche - wie alle Menschen - Gefahren und Risiken ausgesetzt sind, die nicht erkennbar und beherrschbar sind. Deshalb ist auch künftig ein qualifiziertes Gefährdungsmanagement in den Jugendämtern, aber auch in den Einrichtungen und Diensten freier Träger und anderer Leistungserbringer, die etwa als Rehabilitationsträger Kinder und

Jugendliche mit Behinderungen betreuen, unverzichtbar. Auch deren Aufgabe ist es zunächst, alle Möglichkeiten auszuloten, wie eine Gefährdung des Kindeswohls zusammen mit den Eltern abgewendet werden kann. Auf der kommunalen Ebene sind auf der Grundlage der gesetzlichen Änderungen (Einführung des Verfahrens zur Gefährdungseinschätzung nach § 8a) und der weiterentwickelten Empfehlungen der Kommunalen Spitzenverbände, des Deutschen Vereins für öffentliche und private Fürsorge und der Arbeitsgemeinschaft für Kinder- und Jugendhilfe (AGJ) die Prozesse der Gefährdungseinschätzung weiter qualifiziert worden. In den Vereinbarungen nach § 8a Absatz 2 SGB VIII wurden die Schutzpflichten der freien Träger aufgrund des privatrechtlichen Betreuungsvertrages mit den Aufgaben des Jugendamtes verknüpft.

In der vergangenen Legislaturperiode hat die Bundesregierung einen Gesetzentwurf mit dem Ziel vorgelegt, zur Verbesserung des Kinderschutzes eine bundeseinheitliche Rechtsgrundlage für die Befugnis von Berufsgeheimnisträgern zur Weitergabe von Informationen an das Jugendamt zu schaffen sowie den Schutzauftrag des Jugendamts zur Abwendung einer Kindeswohlgefährdung weiter zu qualifizieren (Bundestagsdrucksache 16/12429). Dieser Gesetzentwurf verfiel der Diskontinuität.

Im Koalitionsvertrag zwischen der CDU, CSU und FDP vom 11. November 2009 haben sich die neuen Koalitionspartner darauf verständigt, ein Kinderschutzgesetz unter Berücksichtigung eines wirksamen Schutzauftrages und insbesondere präventiver Maßnahmen (z. B. Elternbildung, Familienhebammen, Kinderschwestern und sonstiger niedrigschwelliger Angebote) auch im Bereich der Schnittstelle zum Gesundheitssystem unter Klarstellung der ärztlichen Schweigepflicht auf den Weg zu bringen.

Dieser Auftrag soll im Rahmen dieses Gesetzes umgesetzt werden.

Die Verbesserung des Kinderschutzes – vor allem der Schutz von Kindern und Jugendlichen vor sexueller Gewalt in Institutionen - ist auch Gegenstand der Beratungen des Runden Tisches gegen Sexuelle Gewalt (Sexueller Kindesmissbrauch in Abhängigkeits- und Machtverhältnissen in privaten und öffentlichen Einrichtungen und im familiären Bereich), dessen Einrichtung das Bundeskabinett am 24. März 2010 beschlossen hat. Auch wenn dessen Beratungen bzw. der dazu gebildeten Untergruppen noch andauern, so sind dort bereits jetzt Lücken in den Rechtsvorschriften identifiziert worden, die im Interesse der betroffenen Kinder und Jugendlichen im Rahmen dieses Gesetzes geschlossen werden, soweit sie dem Aufgabenspektrum der Kinder- und Jugendhilfe zuzurechnen sind. Dies gilt vor allem für die Diskussion von Ergebnissen in der Arbeitsgruppe „Prävention – Intervention – Information" die unter der Leitung der Bundesfamilienministerin Dr. Kristina Schröder tagt.

In dem Gesetz finden auch Empfehlungen Berücksichtigung, die der Runde Tisch „Heimerziehung in den 50er und 60er Jahren" in seinem Abschlussbericht vom Dezember 2010 für den Bereich der Prävention und Zukunftsgestaltung zur Heimaufsicht und dem Schutz von Kindern und Jugendlichen in Einrichtungen ausgesprochen hat.

Dazu zählt in erster Linie die Verbesserung der gesetzlichen Grundlagen für den Schutz von Kindern und Jugendlichen vor Gefahren für ihr Wohl in Einrichtungen (§§ 45 ff. SGB VIII). Der Schutzbereich geht dabei weit über Einrichtungen der Jugendhilfe hinaus und erfasst auch Internate, soweit diese nicht den landesrechtlichen Regelungen der Schulaufsicht unterliegen (§ 45 Absatz 1 Satz 2 Nummer 2 SGB VIII). Künftig wird die Installation von Beteilungs- und Beschwerdeverfahren für Kinder und Jugendliche in Einrichtungen eine Mindestvoraussetzung für die Erteilung einer Betriebserlaubnis sein. Zudem werden die Träger der Einrichtungen verpflichtet, von allen Fachkräften die Vorlage erweiterter Führungszeugnisse zu verlangen.

Ein wichtiges Instrument zum Schutz von Kindern und Jugendlichen in Einrichtungen ist auch eine kontinuierliche Qualitätsentwicklung. Dazu zählen insbesondere auch die Entwicklung, Umsetzung und Prüfung von Qualitätsmerkmalen im Hinblick auf die Sicherung des Kindeswohls und den Schutz vor Gewalt in Einrichtungen und Diensten. Solche Verfahren haben in den letzten Jahren in Einrichtungen vor allem in Umsetzung von Vereinbarungen über Leistungsangebote, Entgelte und Qualitätsentwicklung nach § 78b SGB VIII Anwendung gefunden und dazu geführt, dass zentrale fachliche Standards zum Einsatz gekommen sind. Ziel es jedoch, über den Anwendungsbereich der §§ 78a ff. SGB VIII hinaus das Instrument der Qualitätsentwicklung in der Kinder- und Jugendhilfe und in allen erlaubnispflichtigen Einrichtungen nach § 45 SGB VIII allgemein verbindlich vorzuschreiben.

Der Gesetzentwurf greift eine entsprechende Forderung des Runden Tisches zur Entwicklung und Anwendung fachlicher Standards auf, stellt sie jedoch in den Zusammenhang der allgemeinen Qualitätsdebatte in der Kinder- und Jugendhilfe, wie sie in den letzten Jahren auch in anderen fachlichpolitischen Kontexten, etwa bei der Weiterentwicklung der Förderung von Kindern in Tageseinrichtungen und in Kindertagespflege geführt wurde. Qualitätsentwicklung und Qualitätssicherung, die bereits bisher Gegenstand der Verträge nach §§ 78a ff. SGB VIII sind, werden künftig zum Thema der Gesamtverantwortung der Träger der öffentlichen Jugendhilfe (§ 79 SGB VIII) und erhalten damit rechtliche Relevanz für alle Aufgabenbereiche der Kinder- und Jugendhilfe. Für die Tätigkeit der Träger der öffentlichen Jugendhilfe gelten die gesetzlichen Vorgaben unmittelbar, für die der freien Träger wird die Qualitätsentwicklung zum Gegenstand vertraglicher Vereinbarungen mit der öffentlicher Jugendhilfe (§ 79a Absatz 2 SGB VIII). Der Abschluss der Vereinbarungen wird gleichzeitig zur Voraussetzung für eine Förderung aus öffentlichen Mitteln (§ 74 SGB VIII) sowie für die Erteilung der Betriebserlaubnis (§ 45 SGB VIII).

Die Gesetzgebungskompetenz des Bundes beruht auf Artikel 74 Absatz 1 Nummer 7 GG. Die vorgeschlagenen Regelungen enthalten eine Konkretisierung und Ergänzung der staatlichen Schutzmaßnahmen für Kinder und Jugendliche, wie sie insbesondere im Achten Buch Sozialgesetzbuch enthalten sind.

Die Regelungen sind zur Wahrung der Rechtseinheit im Bundesgebiet erforderlich (Artikel 72 Absatz 2 GG). Eine Gesetzesvielfalt auf Länderebene würde hier zu einer Rechtszersplitterung mit problematischen Folgen für den Schutz von Kindern und Jugendlichen führen. Eine unterschiedliche rechtliche Behandlung desselben Lebenssachverhalts in den Ländern würde insbesondere bei der häufig auch länderüberschreitenden Kooperation in Kinderschutzfällen von Jugendämtern, Gerichten und Angehörigen von Berufen, die in Kontakt zu Kindern stehen, zu erheblichen Rechtsunsicherheiten führen. So kommt es gerade in den Grenzregionen, besonders im Umland der Stadtstaaten, häufig vor, dass Erkenntnisse über eine Kindeswohlgefährdung bei Personen und Einrichtungen vorliegen, die sich nicht am Wohnort der Eltern befinden, sondern in dem benachbarten Land. Hier dürfen nicht unterschiedliche Verfahrensvorgaben zu Unsicherheiten und damit zu einer Schwächung des Schutzes von Kindern und Jugendlichen führen. Darüber hinaus dürfen nicht durch unterschiedliches Recht Anreize für Eltern geschaffen werden, sich ihrer Verantwortung durch einen Umzug von Bundesland zu Bundesland zu entziehen. Vor diesem Hintergrund sind unterschiedliche Regelungen in den einzelnen Bundesländern im Hinblick auf den Schutz der Kinder vor Gefährdungen nicht hinnehmbar. Eine erhebliche Rechtsunsicherheit im Kinderschutz kann sowohl im Interesse des Bundes als auch der Länder nicht hingenommen werden (vgl. BVerfGE 106, 62, 148 f).

Die Ausführung des Gesetzes wird keine Auswirkungen auf Einzelpreise oder das allgemeine Preisniveau haben.

Zusätzliche sonstige Kosten bei Wirtschaftsunternehmen, insbesondere für mittelständische Unternehmen, entstehen nicht.

Im Hinblick auf die Auswirkungen auf die nachhaltige Entwicklung steht das Vorhaben in Einklang mit der Zielrichtung der Nationalen Nachhaltigkeitsstrategie. Neuregelungen zur Steigerung der Funktionsfähigkeit des sozialen Sicherungssystems, insbesondere des SGB VIII, verbessern den Schutz von Kindern vor Vernachlässigung und Gewalt. Die Indikatoren der Nachhaltigkeitsstrategie sind nicht einschlägig. Insbesondere sind Fragen der Vereinbarkeit von Familie und Beruf und Beschäftigung nicht Gegenstand des Gesetzes. Ziel und einziger Regelungsinhalt ist es, Kinder vor Gefahren in ihrem sozialen Umfeld zu schützen.

# B. Finanzieller Teil

# I. Allgemeines

Der Schwerpunkt des Gesetzentwurfs liegt im Ausbau Früher Hilfen und der weiteren Qualifizierung der Kinder- und Jugendhilfe im Hinblick auf eine nachhaltige Wirksamkeit ihrer Leistungen und einen wirksameren Schutz von Kindern und Jugendlichen vor Gefährdungen für ihr Wohl.

Vor dem Hintergrund der Entwicklung der öffentlichen Haushalte in den letzten Jahren und den kontinuierlich steigenden Ausgaben im Bereich der Kinder- und Jugendhilfe beschränken sich die Änderungen im Übrigen, soweit sie überhaupt kostenrelevant sind, auf punktuelle Änderungen.

# II. Zu den einzelnen Positionen

## 1. Verstärkter Einsatz von Familienhebammen (Artikel 1 – § 3 Absatz 4 KKG)

Für die „Bundesinitiative Familienhebammen" des Bundesministeriums für Familie, Senioren, Frauen und Jugend wendet der Bund insgesamt 120 Mio. Euro, davon jährlich 30 Mio. Euro in den Jahren 2012 bis 2015, auf. Diese Mehrausgaben werden im Einzelplan 17 kompensiert.

## 2. Anspruch der Gesundheitsberufe und anderer Berufsgruppen auf Hinzuziehung der Expertise der Kinder- und Jugendhilfe (Artikel 1 - § 4 Absatz 2 KKG, Artikel 2 Nummer 5 – § 8b – neu - Absatz 1 SGB VIII)

Der dafür erforderliche Personaleinsatz durch die Jugendämter bzw. freien Träger der Jugendhilfe wird auf der Grundlage von Erfahrungen aus Modellprojekten im Kontext des Nationalen Zentrums Frühe Hilfen (NZFH) sowie Ergebnissen der amtlichen Kinder- und Jugendhilfestatistik zu Schnittstellen des Sozial-, Bildungs- und Gesundheitswesens zum Feld der Hilfen zur Erziehung auf 20 Mio. Euro jährlich geschätzt. Dabei werden Fallzahlen zugrunde gelegt, die aus der in der amtlichen Kinder- und Jugendhilfestatistik erfassten Anzahl der über die Allgemeinen Sozialen Dienste Hilfe zur Erziehung anregenden Personen und Institutionen abgeleitet werden. Eine weitere Grundlage der Kostenschätzung bilden die beim NZFH aus den Erfahrungen von Modellprojekten gewonnenen Erkenntnissen zum Beratungsbedarf im Gesundheitsbereich.

## 3. Qualifizierung des Schutzauftrags der öffentlichen Jugendhilfe (Artikel 2 Nummer 4 und 5 - §§ 8a, 8b – neu - Absatz 2 SGB VIII)

Insbesondere infolge der Einführung der gesetzlichen Regelung des Schutzauftrags des Jugendamtes bei Kindeswohlgefährdung in § 8a SGB VIII mit dem Kinder- und Jugendhilfeweiterentwicklungsgesetz – KICK – zum 1. Oktober 2005 sind in den letzten Jahren seitens der öffentlichen und freien Träger der Kinder- und Jugendhilfe bereits erhebliche Anstrengungen unternommen worden, die Ausübung ihres Schutzauftrags zu qualifizieren. Die Änderung der Vorschrift im Hinblick auf die Gefährdungseinschätzung erfordert eine Qualifizierung, insbesondere Fortbildungskosten für die Fachkräfte in den Allgemeinen Sozialen Diensten. Dies gilt umso mehr, als dass gerade in den letzten Jahren im Kontext der Kinderschutzdebatte die Personalressourcen in den sozialen Diensten z. T. mit jungen, unerfahrenen Fachkräften aufgestockt worden sind. Der hiermit für den örtlichen Träger der Jugendhilfe verbundene Mehraufwand wird auf 1 Mio. Euro jährlich geschätzt. Neben der Qualifizierung des individuellen Schutzauftrags hat der Runde Tisch „Sexueller Kindesmissbrauch" auch in Bezug auf den strukturellen Kinderschutz einen Qualifizierungsbedarf festgestellt, der mit einer Konkretisierung der Verpflichtung des überörtlichen Trägers der Jugendhilfe zur Beratung der Einrichtungsträger während der Planung und Betriebsführung nach § 85 Absatz 2 Nummer 7 SGB VIII umgesetzt wird. Die Mehrkosten werden auf 1 Mio. Euro jährlich geschätzt.

## 4. **Ausbau früher Hilfen im Rahmen der Jugendhilfe** (Artikel 2 Nummer 7 - § 16 SGB VIII)

Der mit der Änderung der Rechtsgrundlagen in § 16 SGB VIII verbundene Ausbau früher Hilfen wird der Zielsetzung entsprechend zu einem Anstieg der Ausgaben führen. Die Mehrkosten werden auf 30 Mio. Euro jährlich geschätzt.

Dabei ist zu berücksichtigen, dass die Jugendämter – bei allen regionalen Unterschieden – bereits damit begonnen haben, ein Angebotsspektrum „Früher Hilfen" zu installieren. Fast alle Jugendämter sind im Bereich Früher Hilfe bereits aktiv geworden, nicht alle verfügen jedoch über eine adäquate Basisausstattung Früher Hilfen. So plant rund ein Drittel der Jugendämter zusätzliche Angebote im Bereich Früher Hilfen (vgl. NZFH, Bestandaufnahme Kommunale Praxis. Frühe Hilfen in Deutschland. Teiluntersuchung 1: Kooperationsformen, Köln 2010). Die gesetzlichen Regelungen dienen daher zur Unterstützung der Umsetzung der Erfahrungen der letzten Jahres aus den Modellprojekten des NZFHs, um zu einem vergleichbaren Mindeststandard an Frühen Hilfen in den Kommunen zu gelangen. Der hierfür erforderliche Mehrbedarf wird auf 25 Mio. Euro jährlich geschätzt.

Hinzukommen Mehrkosten in Höhe von 5 Mio. Euro im Jahr, die infolge zusätzlicher Beratungsangebote für werdende Eltern entstehen. Grundlage für diese Schätzung sind Erkenntnisse, die das NZFH aus Modellprojekten zum Beratungsbedarf werdender Eltern gewonnen hat sowie empirische Hinweise aus der amtlichen Kinder- und Jugendhilfestatistik zu der Kontakthäufigkeit bei Erziehungs- und Familienberatungsleistungen für Eltern.

## 5. **Prüfung der Eignung ehrenamtlich tätiger Personen** (Artikel 2 Nummer 18 - § 72a SGB VIII)

Für das Arbeitsfeld der Kinder- und Jugendarbeit wird auf der Basis von Schätzungen zur Zahl der Ehrenamtlichen sowie des mit der Prüfung verbundenen Verwaltungsaufwandes von Mehrkosten pro Jahr in Höhe von 4 Mio. Euro ausgegangen. Für die anderen Arbeitsfelder ist von einer deutlich geringeren Zahl von Ehrenamtlichen auszugehen. Für diese Bereiche wird von Mehrkosten in Höhe von 1 Mio. Euro ausgegangen.

## 6. **Qualitätsentwicklung und -sicherung** (Artikel 2 Nummer 20 und 21 - §§ 79, 79a – neu – SGB VIII)

Fachliche Leitlinien und Qualitätskriterien gehören seit Jahren zur „Grundausstattung" der Arbeit in den Jugendämtern und bei freien Trägern. Mit der gesetzlichen Regelung ist aber eine weitere Qualifizierung insbesondere im Hinblick einen wirksamen Kinderschutz verbunden.

Deshalb werden für die Jahre 2012 und 2013 (Aufbauphase) Mehrkosten in Höhe von 50 Mio. angesetzt, in den Folgejahren von jeweils 10 Mio. Euro.

## 7. **Streichung der Sonderzuständigkeit bei Dauerpflegeverhältnissen** (Artikel Nummer 2 Nummer 23 und 25 - § 86 Absatz 6, § 89a SGB VIII)

Laut dem Abschlussbericht der Expertengruppe zu dem seitens des Bundesministeriums für Familien, Senioren, Frauen und Jugend geförderten Projekt „Neuregelung der Vorschriften zur örtlichen Zuständigkeit und Kostenerstattung in der Kinder- und Jugendhilfe" führt die Streichung der Sonderzuständigkeit bei Dauerpflegeverhältnissen nach § 86 Absatz 6 bisheriger Fassung zu einer Reduzierung der Kostenerstattungsfälle um zwei Drittel. Deshalb ist mit Einsparungen in Höhe von jährlich 3 Mio. Euro zu rechnen.

## 8. Erweiterung der Kinder- und Jugendhilfestatistik (Artikel 2 Nummer 26 bis 28 - §§ 98 ff.)

Durch Änderung der Bundesstatistik werden dem Statistischen Bundesamt zum einen Umstellungskosten in Höhe von einmalig 65 175 Euro entstehen. Zum anderen entstehen dauerhaft Mehrausgaben in Höhe von 22 780 Euro jährlich. Eine Kompensation der einmaligen Kosten erfolgt aus Einzelplan 17 des Bundeshaushalts durch einmalige Umschichtung in den Einzelplan 06 für das Haushaltsjahr 2012. Eine Kompensation der dauerhaften Kosten erfolgt durch eine dauerhafte Umschichtung aus Einzelplan 17 in den Einzelplan 06 mit Wirkung ab dem Haushaltsjahr 2012.

Für die Statistischen Landesämter entstehen nach eigener Kostenschätzung einmalige Umstellungskosten in Höhe von ca. 80.000 Euro sowie jährliche Mehrkosten in Höhe von ca. 260.000 Euro.

Die Aussetzung der Statistik nach § 101 Absatz 1 SGB VIII (Kinder- und Jugendarbeit) führt bei den Statistischen Landesämtern zu einmaligen Umstellungskosten in Höhe von ca. 1000 Euro und jährlichen Minderausgaben in Höhe von ca. 230.000 Euro.

### Übersicht über die durch das Gesetzgebungsvorhaben entstehenden Mehrkosten (Finanztableau)

| Lfd. Nr. | Regelung | Belastungen (+) bzw. Entlastungen (-) der öffentl. Haushalte (in Mio. Euro) im Jahr 2012 | Belastungen (+) bzw. Entlastungen (-) der öffentl. Haushalte (in Mio. Euro) im Jahr 2013 | Belastungen (+) bzw. Entlastungen (-) der öffentl. Haushalte (in Mio. Euro) im Jahr 2014 | Belastungen (+) bzw. Entlastungen (-) der öffentl. Haushalte (in Mio. Euro) im Jahr 2015 |
|---|---|---|---|---|---|
| 1 | Verstärkter Einsatz der Familienhebammen (Artikel 1 - § 3 Abs. 4) | 30 | 30 | 30 | 30 |
| 2 | Anspruch der Gesundheitsberufe auf Hinzuziehung der Expertise der Kinder- und Jugendhilfe (Artikel 1 – § 4 Abs. 2 und Artikel 2 Nummer 5 - § 8b Abs. 1) | 20 | 20 | 20 | 20 |

| Lfd. Nr. | Regelung | Belastungen (+) bzw. Entlastungen (-) der öffentl. Haushalte (in Mio. Euro) im Jahr 2012 | Belastungen (+) bzw. Entlastungen (-) der öffentl. Haushalte (in Mio. Euro) im Jahr 2013 | Belastungen (+) bzw. Entlastungen (-) der öffentl. Haushalte (in Mio. Euro) im Jahr 2014 | Belastungen (+) bzw. Entlastungen (-) der öffentl. Haushalte (in Mio. Euro) im Jahr 2015 |
|---|---|---|---|---|---|
| 3 | Qualifizierung des Schutzauftrags der öffentlichen Jugendhilfe (Artikel 2 Nummer 4, 5 - § 8a, § 8b Abs. 2) | 2 | 2 | 2 | 2 |
| 4 | Ausbau früher Hilfen im Rahmen der Jugendhilfe (Artikel 2 Nummer7 - § 16) | 30 | 30 | 30 | 30 |
| 5 | Prüfung der Eignung ehrenamtlich tätiger Personen (Artikel 2 Nummer 18 - § 72a) | 5 | 5 | 5 | 5 |
| 6 | Qualitätsentwicklung und -sicherung (Artikel 2 Nummer20, 21 - §§ 79, 79a) | 35 | 35 | 10 | 10 |
| 7 | Streichung der Sonderzuständigkeit bei Dauerpflegeverhältnissen (Artikel 2 Nummer 23, 25 - §§ 86, 89a) | -3 | -3 | -3 | -3 |
| 8 | Erweiterung der Kinder- und Jugendhilfestatistik (Artikel2 Nummer 26-28) | 0,2 | 0,1 | 0,1 | 0,1 |
| | **Insgesamt** | **119,2**<br>davon<br>**Bund:**<br>**30,08**<br>**Länder/Kommunen:**<br>**89,08** | **119,1**<br>davon<br>**Bund:**<br>**30,06**<br>**Länder/Kommunen:**<br>**89,03** | **94,1**<br>davon<br>**Bund:**<br>**30,06**<br>**Länder/Kommunen:**<br>**64,03** | **94,1**<br>davon<br>**Bund:**<br>**30,06**<br>**Länder/Kommunen:**<br>**64,03** |

# Bürokratiekosten

Mit dem Entwurf werden für die Bereiche der Verwaltung und der Wirtschaft insgesamt sechs Informationspflichten eingeführt oder verändert. Diese resultieren aus der Erweiterung der Kinder- und Jugendhilfestatistik in §§ 98 ff. SGB VIII sowie aus der Einführung einer Verpflichtung zur Datenweitergabe für den örtlichen Träger der öffentlichen Jugendhilfe in § 8a Absatz 5 SGB VIII und in § 86c Absatz 2 SGB VIII. Mittelbar über den Abschluss von Verträgen ergeben sich aus der Ergänzung der Vertragsgegenstände in § 21 Absatz 1 SGB IX Informationspflichten für Verwaltung (vgl. § 21 Absatz 4 SGB IX) und Wirtschaft. Die Erweiterung des Katalogs der Meldepflichten für Träger erlaubnispflichtiger Einrichtungen in § 47 SGB VIII stellt lediglich eine Modifizierung einer der Wirtschaft obliegenden Informationspflicht dar.

Für Bürgerinnen und Bürger kann aus der Verpflichtung des öffentlichen Trägers zur Entscheidung oder zum Abschluss von Vereinbarungen mit dem freien Träger über die Tätigkeiten, für deren Wahrnehmung ehrenamtlich tätige Personen die Vorlage eines erweiterten Führungszeugnisses erforderlich ist (§ 72a Absatz 3 und 4 SGB VIII), mittelbar eine Informationspflicht resultieren. Angesichts der unterschiedlichen Formen und Einsatzmöglichkeiten wird die Entscheidung über die Notwendigkeit der Einsichtnahme erweiterter Führungszeugnisse von ehrenamtlich tätigen Personen den Trägern der Jugendhilfe vor Ort vorbehalten. Dabei kommen die Einsichtnahme eines erweiterten Führungszeugnisses und damit mittelbar eine Informationspflicht für Bürgerinnen und Bürger nur dann in Betracht, wenn ihre Tätigkeit

- ehrenamtlich unter der Verantwortung eines Trägers der öffentlichen oder der freien Jugendhilfe im Hinblick auf die Erbringung von Leistungen der Kinder- und Jugendhilfe oder die Erfüllung anderer Aufgaben erfolgt; bei freien Trägern werden dabei nur diejenigen Leistungen erfasst, die von der öffentlichen Jugendhilfe finanziert werden;

- in einem pädagogischen Kontext steht und

- aufgrund von Art, Intensität und Dauer des Kontakts der Person mit Kindern und Jugendlichen die Vorlage eines erweiterten Führungszeugnisses erfordert. Dies sind solche Kontakte, die von ihrer Art her grundsätzlich geeignet sind, ein besonderes Vertrauensverhältnis zu Kindern und Jugendlichen aufzubauen und im Hinblick auf Regelmäßigkeit und Dauer vergleichbar eines hauptamtlichen Kontextes stattfinden.

Ergibt sich aufgrund der genannten Voraussetzungen über eine Einzelfallentscheidung des öffentlichen Trägers oder eine Vereinbarung zwischen öffentlichem und freiem Träger eine Verpflichtung des Trägers der Jugendhilfe zur Einsichtnahme eines erweiterten Führungszeugnisses einer unter seiner Verantwortung ehrenamtlich tätigen Person, besteht eine damit verbundene Informationspflicht der Bürgerin bzw. des Bürgers in der Vorlage eines erweiterten Führungszeugnisses nach § 30a BZRG bei Aufnahme der Tätigkeit bzw. in regelmäßigen Abständen. Unter „regelmäßigen Abständen" sind Zeitabstände zu verstehen, die grundsätzlich nicht unter drei und nicht über fünf Jahren liegen sollten. Über die Kostentragung für das erweiterte Führungszeugnis entscheidet der Träger der öffentlichen Jugendhilfe. Trifft er keine Entscheidung trägt die Person die Kosten, die den Antrag auf das Führungszeugnis stellt. Zum Zwecke der Ausübung einer ehrenamtlichen Tätigkeit kann nach § 12 der Justizverwaltungskostenordnung (JVKostO) die für den Antrag zuständige Behörde die Gebühren ermäßigen oder von der Erhebung der Kosten absehen, wenn dies geboten erscheint.

# C. Neuregelungen und zentrale durch das BKiSchG geänderte Paragrafen mit Begründung[1]

## Besonderer Teil 1

## Artikel 1

## Gesetz zur Kooperation und Information im Kinderschutz – KKG

### § 1 Kinderschutz und staatliche Mitverantwortung

(1) Ziel des Gesetzes ist es, das Wohl von Kindern und Jugendlichen zu schützen und ihre körperliche, geistige und seelische Entwicklung zu fördern.

(2) Pflege und Erziehung der Kinder und Jugendlichen sind das natürliche Recht der Eltern und die zuvörderst ihnen obliegende Pflicht. Über ihre Betätigung wacht die staatliche Gemeinschaft.

(3) Aufgabe der staatlichen Gemeinschaft ist es, soweit erforderlich, Eltern bei der Wahrnehmung ihres Erziehungsrechts und ihrer Erziehungsverantwortung zu unterstützen, damit

---

1 Zitiert wird aus dem Entwurf eines Gesetzes zur Stärkung eines aktiven Schutzes von Kindern und Jugendlichen (Bundeskinderschutzgesetz – BKiSchG) – vom 22. Juni 2011 (Bundestagsdrucksache 17/6256) und der Beschlussempfehlung und dem Bericht des Ausschusses für Familie, Senioren, Frauen und Jugend vom 26. Oktober 2011 (Bundestagsdrucksache 17/7522).

1. sie im Einzelfall dieser Verantwortung besser gerecht werden können,
2. im Einzelfall Risiken für die Entwicklung von Kindern und Jugendlichen frühzeitig erkannt werden und
3. im Einzelfall eine Gefährdung des Wohls eines Kindes oder eines Jugendlichen vermieden oder, falls dies im Einzelfall nicht mehr möglich ist, eine weitere Gefährdung oder Schädigung abgewendet werden kann.

(4) Zu diesem Zweck umfasst die Unterstützung der Eltern bei der Wahrnehmung ihres Erziehungsrechts und ihrer Erziehungsverantwortung durch die staatliche Gemeinschaft insbesondere auch Information, Beratung und Hilfe. Kern ist die Vorhaltung eines möglichst frühzeitigen, koordinierten und multiprofessionellen Angebots im Hinblick auf die Entwicklung von Kindern vor allem in den ersten Lebensjahren für Mütter und Väter sowie schwangere Frauen und werdende Väter (Frühe Hilfen).

**Aus der Gesetzesbegründung zum BKiSchG:**
**„Zu Absatz 1**
Die Vorschrift betont die Zielrichtung des Gesetzes mit Blick auf die rechtliche Stellung von Kindern und Jugendlichen als Grundrechtsträger (Artikel 1, 2 GG).

**Zu Absatz 2**
Die Vorschrift verweist auf die verfassungsrechtlichen Vorgaben in Artikel 6 Absatz 2 Satz 1 GG (elterliches Erziehungsrecht und elterliche Erziehungsverantwortung) und Artikel 6 Absatz 2 Satz 2 GG (Staatliches Wächteramt) als Ausgangspunkte für die Ausgestaltung des staatlichen Schutzauftrags.

**Zu Absatz 3**
Die Vorschrift beschreibt das staatliche Wächteramt in seiner Ausprägung als Gefahrenvorsorge und Gefahrenabwehr unter Bindung an die Grundsätze der Subsidiarität und der Verhältnismäßigkeit. Das staatliche Wächteramt umfasst allgemeine Maßnahmen zur Verbesserung der elterlichen Erziehungskompetenz sowie spezifische Hilfen für Familien und Kinder in spezifischen Risikolagen und rechtfertigt staatliche Maßnahmen zur Abwendung einer (bereits eingetretenen) Gefährdung des Kindeswohls. Auch an dieser Gefährdungsschwelle genießen unterstützende Maßnahmen Vorrang vor eingreifenden Maßnahmen, die das Elternrecht beschneiden,

soweit hierdurch die (weitere) Gefährdung des Kindes oder Jugendlichen wirkungsvoll abgewendet werden kann.

Der Begriff der Gefährdung des Kindeswohls hat in diesem Gesetz die gleiche Bedeutung wie in § 1666 BGB und § 8a SGB VIII. Es wurde von einer Konkretisierung des Begriffs Kindeswohlgefährdung im Hinblick auf delinquente Kinder und Jugendliche abgesehen. Wiederholte schwerwiegende Verstöße gegen Strafgesetze oder Anzeichen einer Betäubungsmittelabhängigkeit sind auch ohne ausdrückliche gesetzliche Klarstellung Hinweise auf eine Kindeswohlgefährdung. Schwerwiegende Straftaten können insbesondere Ausdruck einer drohenden Verwahrlosung des Kindes sein (vgl. BVerfGE 107, 104, 118). Dem ist der Gesetzgeber in der Neufassung des § 1666 BGB mit dem Gesetz zur Erleichterung familiengerichtlicher Maßnahmen bei Gefährdung des Kindeswohls gefolgt.

**Zu Absatz 4**

Die Vorschrift beschreibt Frühe Hilfen als ein wesentliches Unterstützungselement für Eltern bei der Wahrnehmung ihres Erziehungsrechts und ihrer Erziehungsverantwortung durch die staatliche Gemeinschaft. Frühe Hilfen verfolgen das Ziel, Elternkompetenzen von Anfang an zu stärken, um Entwicklungsmöglichkeiten von Kindern bestmöglich zu fördern, Risiken für ihr Wohl möglichst früh wahrzunehmen und Gefährdungen systematisch abzuwenden. Indem Frühe Hilfen so auch dazu dienen, insbesondere in belastenden Lebenslagen (z. B. aufgrund der psychischen Erkrankung eines Elternteils, persönlicher Gewalterfahrung der Eltern, Verschuldung oder der chronischen Erkrankung des Kindes) und bei geschwächten familiären Bewältigungsressourcen Vernachlässigung und Misshandlung präventiv und wirksam vorzubeugen, sind sie Bestandteil eines weiten und umfassenden Verständnisses von Kinderschutz. Zielgruppe Früher Hilfen sind Kinder bereits während der Schwangerschaft bis zum Alter von circa drei Jahren und damit Schwangere und werdende Väter sowie junge Mütter und Väter.

Grundlegend sind Angebote, die sich an alle (werdenden) Eltern mit ihren Kindern im Sinne der Gesundheitsförderung richten (universelle/primäre Prävention). Darüber hinaus wenden sich Frühe Hilfen insbesondere an Familien in Problemlagen (selektive/sekundäre Prävention). Frühe Hilfen tragen in der Arbeit mit den Familien dazu bei, dass Risiken für das Wohl und die Entwicklung des Kindes frühzeitig wahrgenommen und reduziert werden. Wenn die Hilfen nicht ausreichen, eine Gefährdung des Kindeswohls abzuwenden, sorgen Frühe Hilfen dafür, dass weitere Maßnahmen zum Schutz des Kindes ergriffen werden (vgl. Definition „Frühe Hilfen" des Wissenschaftlichen Beirates des Nationalen Zentrums Frühe Hilfen).

Die Erfahrungen im Aktionsprogramm des Bundes „Frühe Hilfen für Eltern und Kinder und soziale Frühwarnsysteme" von 2006 bis 2010 haben gezeigt, dass es gelingen kann, auch auf Familien in belastenden Lebenssituationen früh zugehen und sie wirksam zu stärken. Dafür ist eine intensive Zusammenarbeit verschiedener Institutionen erforderlich. Diese notwendige Vernetzung der Strukturen im Sinne von Netzwerken Früher Hilfen kann wirksam nur vor Ort organisiert werden und hat in den allermeisten Kommunen bereits sehr erfolgreich begonnen. Mit dem im Rahmen des Aktionsprogramms neu eingerichteten „Nationalen Zentrum Frühe Hilfen" bietet der Bund eine Plattform für den gezielten Wissensaustausch zum Thema. Kommunen und Einrichtungsträger können durch das Nationale Zentrum Frühe Hilfen beim Aus- und Aufbau von Netzwerken Früher Hilfen unterstützt werden."

## § 2 Information der Eltern über Unterstützungsangebote in Fragen der Kindesentwicklung

(1) Eltern sowie werdende Mütter und Väter sollen über Leistungsangebote im örtlichen Einzugsbereich zur Beratung und Hilfe in Fragen der Schwangerschaft, Geburt und der Entwicklung des Kindes in den ersten Lebensjahren informiert werden.

(2) Zu diesem Zweck sind die nach Landesrecht für die Information der Eltern nach Absatz 1 zuständigen Stellen befugt, den Eltern ein persönliches Gespräch anzubieten. Dieses kann auf Wunsch der Eltern in ihrer Wohnung stattfinden. Sofern Landesrecht keine andere Regelung trifft, bezieht sich die in Satz 1 geregelte Befugnis auf die örtlichen Träger der Jugendhilfe.

**Aus der Gesetzesbegründung zum BKiSchG:**
„Eine wesentliche Voraussetzung für die Inanspruchnahme präventiver Leistungen zur Förderung der Entwicklung des Kindes und damit zur Vermeidung von Nachteilen, die einen schädigenden Einfluss auf die Entwicklung von Kindern und Jugendlichen entfalten können, ist die Kenntnis des örtlich verfügbaren Angebotsspektrums, das von den Trägern der öffentlichen und der freien Jugendhilfe, von Einrichtungen und Diensten des Gesundheitswesens, der Schwangerenkonfliktberatung, des Müttergenesungswerks und anderen Organisationen vorgehalten wird.

Da nicht alle Eltern auf Grund von Belastungen und Vorbehalten gegenüber Behörden und staatlichen Einrichtungen selbst aktiv werden, ist es die Aufgabe der staatlichen Gemeinschaft, (werdende) Eltern über dieses Angebot zu informieren und für die Inanspruchnahme der Leistungen im Interesse und zum Wohl des Kindes zu werben. Im Rahmen verschiedener Projekte unter der Bezeichnung „Frühe Hilfen" haben die kommunalen Gebietskörperschaften – zum Teil unterstützt durch die Länder – unterschiedliche Konzepte und Strukturen entwickelt, um dieses Ziel zu erreichen (z. B. Dormagener Modell).

**Zu Absatz 1**
Die Vorschrift knüpft hinsichtlich der Information der (werdenden) Eltern über Leistungsangebote im örtlichen Einzugsbereich an geltende bundes- und landesrechtliche Rechtsgrundlagen an, wie sie insbesondere das Achte Buch Sozialgesetzbuch – Kinder- und Jugendhilfe –, das Schwangerschaftskonfliktberatungsgesetz, sowie die Landesgesetze zum Kinderschutz und zum öffentlichen Gesundheitsdienst enthalten.

**Zu Absatz 2**
Anknüpfend an Modellprojekte und Initiativen einzelner Kreise und Städte befugt die Vorschrift die nach Landesrecht zuständigen Stellen, z. B. den öffentlichen Gesundheitsdienst oder das Jugendamt, mit (werdenden) Eltern Kontakt aufzunehmen und ein persönliches Gespräch anzubieten, um diese über die örtlichen Unterstützungsangebote zu informieren und zu beraten. Landesrecht kann die Bestimmung der für die Information der (werdenden) Eltern zuständigen Stellen auch den kommunalen Gebietskörperschaften überlassen. Trifft Landesrecht allerdings keine Regelung, befugt die Vorschrift den örtlichen Träger der Jugendhilfe zur Kontaktaufnahme mit den (werdenden) Eltern. Die Entwicklung von Konzepten sowie die Schaffung und Ausgestaltung von Strukturen, die gewährleisten, dass Eltern über das Angebot an Beratungs- und Unterstützungsleistungen im örtlichen Einzugsbereich informiert werden, bleibt damit den Ländern und Kommunen überlassen. Klarstellend wird lediglich geregelt, dass die Information der (werdenden) Eltern auf deren Wunsch auch im Rahmen eines sog. „Willkommensbesuchs" erfolgen kann.

Wenn zur Sicherstellung der Information der Eltern über das bestehende Leistungsangebot von Beratungs- und Unterstützungsleistungen Daten zusätzlich erhoben, gespeichert oder übermittelt werden sollen, so ist diesbezüglich eine gesetzliche Regelung zumindest hinsichtlich der Rahmenbedingungen erforderlich."

## § 3 Rahmenbedingungen für verbindliche Netzwerkstrukturen im Kinderschutz

(1) In den Ländern werden insbesondere im Bereich Früher Hilfen flächendeckend verbindliche Strukturen der Zusammenarbeit der zuständigen Leistungsträger und Institutionen im Kinderschutz mit dem Ziel aufgebaut und weiterentwickelt, sich gegenseitig über das jeweilige Angebots- und Aufgabenspektrum zu informieren, strukturelle Fragen der Angebotsgestaltung und -entwicklung zu klären sowie Verfahren im Kinderschutz aufeinander abzustimmen.

(2) In das Netzwerk sollen insbesondere Einrichtungen und Dienste der öffentlichen und freien Jugendhilfe, Einrichtungen und Dienste, mit denen Verträge nach § 75 Absatz 3 des Zwölften Buches Sozialgesetzbuch bestehen, Gesundheitsämter, Sozialämter, Gemeinsame Servicestellen, Schulen, Polizei und Ordnungsbehörden, Agenturen für Arbeit, Krankenhäuser, Sozialpädiatrische Zentren, Frühförderstellen, Beratungsstellen für soziale Problemlagen, Beratungsstellen nach den §§ 3 und 8 des Schwangerschaftskonfliktgesetzes, Einrichtungen und Dienste zur Müttergenesung sowie zum Schutz gegen Gewalt in engen sozialen Beziehungen, Familienbildungsstätten, Familiengerichte und Angehörige der Heilberufe einbezogen werden.

(3) Sofern Landesrecht keine andere Regelung trifft, soll die verbindliche Zusammenarbeit im Kinderschutz als Netzwerk durch den örtlichen Träger der Jugendhilfe organisiert werden. Die Beteiligten sollen die Grundsätze für eine verbindliche Zusammenarbeit in Vereinbarungen festlegen. Auf vorhandene Strukturen soll zurückgegriffen werden.

(4) Dieses Netzwerk soll zur Beförderung Früher Hilfen durch den Einsatz von Familienhebammen gestärkt werden. Das Bundesministerium für Familie, Senioren, Frauen und Jugend unterstützt den Aus- und Aufbau der Netzwerke Frühe Hilfen und des Einsatzes von Familienhebammen, auch unter Einbeziehung ehrenamtlicher Strukturen durch eine zeitlich auf vier Jahre befristete Bundesinitiative, die im Jahr 2012 mit 30 Millionen Euro, im Jahr 2013 mit 45 Millionen Euro und in den Jahren 2014 und 2015 mit 51 Millionen Euro ausgestattet wird. Nach Ablauf dieser Befristung wird der Bund einen Fonds zur Sicherstellung der Netzwerke Frühe Hilfen und der psychosozialen Unterstützung von Familien einrichten, für den er jährlich 51 Millionen Euro zur Verfügung stellen wird. Die Ausgestaltung der Bundesinitiative und des Fonds wird in Verwaltungsverein-

barungen geregelt, die das Bundesministerium für Familie, Senioren, Frauen und Jugend im Einvernehmen mit dem Bundesministerium der Finanzen mit den Ländern schließt.

**Aus der Gesetzesbegründung zum BKiSchG:**
**„Zu Absatz 1**
Die Vorschrift sieht zur Ausgestaltung der strukturellen Zusammenarbeit im Kinderschutz den Auf- bzw. Ausbau eines „Netzwerks" vor. Dieses „Netzwerk" ist die Kooperationsbeziehung der Fachstellen und Akteure im Kinderschutz zur bestmöglichen Realisierung eines präventiven und intervenierenden Kinderschutzes.

Erkenntnisse aus dem Aktionsprogramm des Bundes zu den „Frühen Hilfen" zeigen, dass die allermeisten Kommunen bereits über gute Ansätze zu Netzwerken vor allem im Bereich Früher Hilfen verfügen. In Anlehnung an einzelne Landesgesetze soll mit der Regelung der Rahmen dafür geschaffen werden, dass bundesweit flächendeckend bestehende Netzwerkstrukturen für einen effektiven Kinderschutz verstetigt und weiterentwickelt werden sowie diese aufgebaut werden, sofern sie noch nicht bestehen. Der Vorschrift liegt die Intention zugrunde, dass möglichst alle Eltern frühzeitig mit allgemeinen Informationen über Erziehung und Entwicklung des Kindes erreicht werden (§ 2) und insbesondere Eltern in spezifischen Risikosituationen Hilfeangebote erhalten, bevor es zu einer akuten Kindeswohlgefährdung kommt, die den Schutzauftrag des Jugendamtes nach § 8a SGB VIII auslöst. Die Verpflichtung zur Schaffung von Netzwerkstrukturen stellt keine Ermächtigung zur Übermittlung von Daten dar.

**Zu Absatz 2**
Die Vorschrift umschreibt den Kreis der am Netzwerk zu beteiligenden Institutionen. Die Aufzählung ist nicht abschließend und erlaubt landesspezifische Ergänzungen. Eine Verpflichtung für die genannten Institutionen zur Kooperation und Beteiligung am Netzwerk ergibt sich aus der Vorschrift nicht.
Wenn im Rahmen der Netzwerkarbeit Daten zusätzlich erhoben, gespeichert oder übermittelt werden sollen, so ist diesbezüglich eine gesetzliche Regelung zumindest hinsichtlich der Rahmenbedingungen erforderlich.

**Zu Absatz 3**
Um eine möglichst enge und reibungsfreie Zusammenarbeit mit dem Jugendamt sicherzustellen, verpflichtet die Vorschrift, Netzwerke im Kinder-

schutz auf der Ebene der örtlichen Träger der Jugendhilfe einzurichten, wie sie in einzelnen Bundesländern bereits existieren (z. B. Koordinierungsstellen Kinderschutz in Bayern, Lokale Netzwerke Kinderschutz in Schleswig-Holstein), sofern das Landesrecht nichts anderes vorsieht.
Satz 2 stellt ausdrücklich klar, dass Gesetzeszweck nicht die Schaffung neuer Parallelstrukturen ist, sondern sich auf die Verfestigung und Verknüpfung bestehender Strukturen bezieht.

**Zu Absatz 4**

Familienhebammen sind staatlich examinierte Hebammen mit einer landesrechtlich geregelten Zusatzqualifikation (Fortbildung). Ihnen kommt aufgrund ihres spezifischen Aufgabenprofils im Bereich Früher Hilfen eine Schlüsselrolle zu. Sie tragen bei Müttern und Vätern in belastenden Lebenslagen sowohl einem medizinischen als auch psychosozialen Unterstützungsbedarf Rechnung und haben einen unmittelbaren Zugang zu diesen Familien im Kontext Früher Hilfen. Im Rahmen von regionalen Netzwerken Früher Hilfen sind sie eine zentrale Unterstützung und haben eine wichtige Lotsenfunktion. Sie sind im Hinblick auf die Förderung einer gesunden Entwicklung des Kindes, und auch unter Kosten-Nutzen-Gesichtspunkten als Alternative zu oft teureren Hilfeformen mehrfach erprobt. Dies gilt auch für Kinderkranken- oder -gesundheitsschwestern/-gesundheitspfleger (Kinderschwestern/-pfleger), die ausgehend von einem gesundheitsorientierten Grundberuf hinsichtlich eines psychosozialen Unterstützungsbedarfs von Familien, der kindlichen Entwicklung und der Eltern-Kind-Interaktion fortgebildet sind und einen niedrigschwelligen und vertrauensvollen Zugang zu jungen Familie haben.

Wie die Frühen Hilfen insgesamt, so stellen auch die Unterstützungsleistungen von Familienhebammen keine Hilfe dar, die einseitig der Jugendhilfe zuzuordnen ist, zumal die medizinischen Leistungsanteile als Hebammenleistung über die Hebammenvergütungsvereinbarung i. V. m. § 134a SGB V gegenüber der gesetzlichen Krankenversicherung (GKV) grundsätzlich bis zur achten Woche nach der Geburt abzurechnen sind. Von der Hebammenhilfe als Leistung der GKV sind die besonderen Unterstützungsleistungen einer Familienhebamme zu trennen, insbesondere soweit es um die psychosoziale Begleitung der Eltern in den ersten Lebensmonaten und -jahren des Kindes im Interesse des Kindeswohls geht; diese gehören daher nicht zu den Leistungen der GKV.

Im Hinblick auf die Funktion der Familienhebammen als Lotsen im Netzwerk Früher Hilfen, die Hilfeanteile der im präventiven Kinderschutz zentralen Systeme „Gesundheitswesen“ und „Kinder- und Jugendhilfe“ in sich vereint und zusammenführt, erscheint eine Regelung im Kontext der Vorgaben zur strukturellen Zusammenarbeit im Rahmen des Gesetzes zur Kooperation und Information im Kinderschutz (KKG) sachgerecht.

Der Handlungsauftrag im Hinblick auf den Aufbau bzw. die Weiterentwicklung von Netzwerken vor allem auch im Bereich Früher Hilfen richtet sich an die Länder. Mit der „Bundesinitiative Familienhebammen“ wird der Bund diese Netzwerke deutlich stärken und verschiedene Modelle der Einbindung von Familienhebammen (und vergleichbar qualifizierten Gesundheits- und Kinderkrankenpflegerinnen sowie Gesundheits- und Kinderkrankenpfleger) in die Netzwerkstrukturen erproben. Dazu stellt er ab 2012 jährlich 30 Mio. Euro für eine Zeit von vier Jahren zur Verfügung und initiiert und verbessert damit den Einsatz von Familienhebammen in Deutschland für einen präventiven Kinderschutz.

Im Rahmen des zeitlich begrenzten Modellprojektes sollen insbesondere Erkenntnisse hinsichtlich der Funktion von Familienhebammen in Netzwerken Früher Hilfe vor allem mit Blick auf die Notwendigkeit und Ausgestaltung gesetzgeberischer Regelungen oder die Überprüfung von bestehenden Gesetzen gewonnen werden.

Für die Laufzeit der Bundesinitiative wird eine Kooperationsvereinbarung zwischen dem Bund und den Ländern abgeschlossen, die einen Zwischenbericht nach zwei Jahren und im dritten Jahr Gespräche zwischen Bund, Ländern und Kommunen über die Nachhaltigkeit der Bundesinitiative vorsieht.

Mit Aufnahme dieser Formulierung in den Gesetzestext ist ausdrücklich keine gesetzliche Finanzierung von Familienhebammen durch den Bund verbunden. Die Bundesinitiative ist auf vier Jahre befristet. Dies bedeutet auch, dass die Initiative ein Modellprojekt und keine Dauerleistung ist.“

**Aus der Empfehlung des Ausschusses für Familie, Senioren, Frauen und Jugend des Bundestages:**

**„Zu § 3 Absatz 2**
Dem Vorschlag des Bundesrates entsprechend (Bundesrats-Drucksache 202/11 (Beschluss)) werden die Beratungsstellen nach den §§ 3 und 8 des Schwangerschaftskonfliktgesetzes als an den Netzwerken im Kinderschutz zu beteiligende Institutionen in Satz 1 konkretisierend genannt, um si-

cherzustellen, dass ausschließlich fachlich qualifizierte Schwangeren- und Schwangerschaftskonfliktberatungsstellen in die Netzwerkstrukturen einbezogen werden.

Das Wort „interdisziplinär" wird in Satz 1 gestrichen, um klarzustellen, dass auch heilpädagogische Frühförderstellen an den Netzwerken im Kinderschutz beteiligt werden sollen.

Infolge der nunmehr vorgenommenen eindeutigen Zuweisung der Verantwortung für die Planung und Steuerung des Netzwerkes zum örtlichen Träger der Jugendhilfe in Absatz 3 entfällt Satz 2; Satz 3 wird in Absatz 3 verortet.

**Zu § 3 Absatz 3**
Zur Klarstellung, dass die grundsätzliche Verantwortung für die Organisation von Netzwerken im Kinderschutz Aufgabe der Kinder- und Jugendhilfe ist, wird die entsprechende Zuweisung zum örtlichen Träger der Jugendhilfe nunmehr eindeutig gefasst und damit der betreffenden Anregung des Bundesrates (Bundesrats-Drucksache 202/11 (Beschluss)) Rechnung getragen."

**Zum Verfahren im Vermittlungsausschuss[2]:**
Nachdem der Bundesrat in seiner 890. Sitzung am 25. November 2011 (BR-Drs. 670/11 (Beschluss)) beschlossen hat, dem vom Deutschen Bundestag am 27. Oktober 2011 verabschiedeten Gesetz nicht zuzustimmen, ist eine Anrufung des Vermittlungsausschusses durch die Bundesregierung erfolgt. Die Beschlussempfehlung des Vermittlungsausschusses bezog sich (neben §§ 74 Absatz 1 Satz 1 Nummer 1 und 79a SGB VIII) auf § 3 Absatz 4 KKG in der nun vorliegenden Fassung. Sie beinhaltet die Ergänzung im Hinblick auf die durch den Bund im Rahmen der befristeten Bundesinitiative bereitgestellten Mittel für den Aus- und Aufbau der Netzwerke Frühe Hilfen und den Einsatz von Familienhebammen sowie auf den nach Ablauf der Befristung einzurichtenden Fonds.

2 Anmerkung der Redaktion

## § 4 Beratung und Übermittlung von Informationen durch Geheimnisträger bei Kindeswohlgefährdung

(1) Werden

1. Ärztinnen oder Ärzten, Hebammen oder Entbindungspflegern oder Angehörigen eines anderen Heilberufes, der für die Berufsausübung oder die Führung der Berufsbezeichnung eine staatlich geregelte Ausbildung erfordert,
2. Berufspsychologinnen oder -psychologen mit staatlich anerkannter wissenschaftlicher Abschlussprüfung,
3. Ehe-, Familien-, Erziehungs- oder Jugendberaterinnen oder -beratern sowie
4. Beraterinnen oder Beratern für Suchtfragen in einer Beratungsstelle, die von einer Behörde oder Körperschaft, Anstalt oder Stiftung des öffentlichen Rechts anerkannt ist,
5. Mitgliedern oder Beauftragten einer anerkannten Beratungsstelle nach den §§ 3 und 8 des Schwangerschaftskonfliktgesetzes,
6. staatlich anerkannten Sozialarbeiterinnen oder -arbeitern oder staatlich anerkannten Sozialpädagoginnen oder -pädagogen oder
7. Lehrerinnen oder Lehrern an öffentlichen und an staatlich anerkannten privaten Schulen

in Ausübung ihrer beruflichen Tätigkeit gewichtige Anhaltspunkte für die Gefährdung des Wohls eines Kindes oder eines Jugendlichen bekannt, so sollen sie mit dem Kind oder Jugendlichen und den Personensorgeberechtigten die Situation erörtern und, soweit erforderlich, bei den Personensorgeberechtigten auf die Inanspruchnahme von Hilfen hinwirken, soweit hierdurch der wirksame Schutz des Kindes oder des Jugendlichen nicht in Frage gestellt wird.

(2) Die Personen nach Absatz 1 haben zur Einschätzung der Kindeswohlgefährdung gegenüber dem Träger der öffentlichen Jugendhilfe Anspruch auf Beratung durch eine insoweit erfahrene Fachkraft. Sie sind zu diesem Zweck befugt, dieser Person die dafür erforderlichen Daten zu übermitteln; vor einer Übermittlung der Daten sind diese zu pseudonymisieren.

(3) Scheidet eine Abwendung der Gefährdung nach Absatz 1 aus oder ist ein Vorgehen nach Absatz 1 erfolglos und halten die in Absatz 1 genannten Personen ein Tätigwerden des Jugendamtes für erforderlich, um eine Gefährdung des Wohls eines Kindes oder eines Jugendlichen abzuwenden, so sind sie befugt, das Jugendamt zu informieren; hierauf sind die Be-

troffenen vorab hinzuweisen, es sei denn, dass damit der wirksame Schutz des Kindes oder des Jugendlichen in Frage gestellt wird. Zu diesem Zweck sind die Personen nach Satz 1 befugt, dem Jugendamt die erforderlichen Daten mitzuteilen.

**Aus der Gesetzesbegründung zum BKiSchG:**
„Die Vorschrift enthält eine bundeseinheitliche Regelung zur Beratung und Weitergabe von Informationen bei Kindeswohlgefährdung durch bestimmte Geheimnisträger an das Jugendamt und sieht dabei ein mehrstufiges Verfahren vor.

Im Hinblick auf die vorrangige elterliche Erziehungsverantwortung und den Primat der elterlichen Gefahrabwendung verpflichtet die Vorschrift kind- und jugendnah beschäftigte Berufsgeheimnisträger zur Beratung der (personensorgeberechtigten) Eltern und zur Motivation für die Inanspruchnahme geeigneter Hilfen (Absatz 1 und 2 – erste Stufe) und bestimmt im Interesse eines aktiven Kinderschutzes auch die Voraussetzungen, unter denen die Adressaten befugt sind, Informationen an das Jugendamt weiterzugeben (Absatz 3 – zweite Stufe).

**Zu Absatz 1**
Die in Absatz 1 statuierte Pflicht zur Information der Eltern bei gewichtigen Anhaltspunkten für eine Kindeswohlgefährdung stellt keinen Eingriff in das Elternrecht dar, sondern ist Bestandteil der Aufklärungspflicht der näher spezifizierten Berufsgruppen gegenüber den Eltern und zugleich die Voraussetzung dafür, dass die Eltern selbst in die Lage versetzt werden, im Rahmen ihrer Elternverantwortung wirksame Maßnahmen zur Abwehr einer Kindeswohlgefährdung zu ergreifen.

Der Anwendungsbereich wird auf solche Berufsgeheimnisträger begrenzt, die von ihrer beruflichen Tätigkeit her in einem unmittelbaren Kontakt zu Kindern und Jugendlichen stehen oder stehen können und von ihrer Ausbildung her zur Erörterung der einschlägigen Problemlagen mit den Eltern befähigt sind, also in erster Linie auf Ärzte, Psychologen, Psychotherapeuten und Sozialpädagogen / Sozialarbeiter. Eine noch weitergehende Differenzierung der Berufsgruppen erscheint nicht sachgerecht und würde die gerade für einen wirksamen Kinderschutz notwendige Rechtssicherheit und Rechtsklarheit gefährden.

**Zu Absatz 2**
Da die Einschätzung einer Kindeswohlgefährdung im Einzelfall sehr schwierig und komplex sein kann und zudem nicht immer zu den typischen Aufgaben der unter die Norm fallenden Berufsgruppen zählt, räumt die Vorschrift den in Absatz 1 benannten Berufsgruppen das Recht ein, eine im Kinderschutz erfahrene Fachkraft (z. B. aus einer Beratungsstelle oder einem Kinderschutzzentrum) hinzuzuziehen. Es ist Aufgabe der Träger der öffentlichen Jugendhilfe im Rahmen ihrer Gesamtverantwortung dafür zu sorgen, dass in der jeweiligen Region ein Pool kompetenter Personen zur Verfügung steht. Zu diesem Zweck dürfen der Fachkraft auch Daten in pseudonymisierter Form übermittelt werden. Sinn dieser Übermittlung ist die Einbeziehung fachlicher Expertise zur Gefährdungseinschätzung im Einzelfall, nicht hingegen der Austausch von Daten unter Berufsgeheimnisträgern zur Sammlung von Verdachtsmomenten.

**Zu Absatz 3**
Die Vorschrift regelt die Voraussetzungen für die Weitergabe von Informationen an das Jugendamt zur Abwendung einer Kindeswohlgefährdung. Grundlage für die Befugnis zur Information des Jugendamtes ist eine Gefährdungseinschätzung, die zu dem Ergebnis kommt, dass eine Kindeswohlgefährdung vorliegt, die nicht anders abgewendet werden kann. Durch das abgestufte Verfahren nach Absatz 1 und 2 wird sichergestellt, dass zunächst das Abwenden der Kindeswohlgefährdung durch helfende, unterstützende, auf Herstellung oder Wiederherstellung eines verantwortlichen Verhaltens der Eltern gerichtete Maßnahmen erreicht werden soll. Sind diese Maßnahmen erfolglos, so ist die Beeinträchtigung des Elternrechts nach Artikel 6 Absatz 2 Satz 1 durch das staatliche Wächteramt (Artikel 6 Absatz 2 Satz 2 GG) gerechtfertigt.

Die Befugnisnorm knüpft an der strafbewehrten Schweigepflicht von Berufsgeheimnisträgern (§ 203 StGB) an. Mit Strafe bedroht ist nach dieser Vorschrift die unbefugte Offenbarung von Privatgeheimnissen durch Angehörige verschiedener Berufsgruppen. Dazu zählt u. a. die Weitergabe von Ergebnissen einer ärztlichen Untersuchung ohne Einwilligung des Patienten bzw. dessen gesetzlichen Vertreters (an das Jugendamt). Die Weitergabe ist jedoch nicht rechtswidrig, wenn bei einer gegenwärtigen, nicht anders abwendbaren Gefahr für Leib oder Leben der Schutz des Kindes das Interesse an der Geheimhaltung der Informationen wesentlich überwiegt (§ 34 StGB). So handelt etwa der Arzt nicht rechtswidrig, wenn er in einer akuten Gefährdungssituation das Jugendamt informiert. Die Rechtmäßigkeit der Weitergabe von Informationen ergibt sich damit u.a. erst aus einer Interessenabwägung, die eine Durchbrechung der Schweigepflicht rechtfertigt. Diese Konstruktion führt in der Praxis zu Anwendungsschwierigkeiten und Unsicherheiten. Hinzu kommt, dass in verschiedenen Landesgesetzen zum Kinderschutz inzwischen unterschiedliche Befugnisnormen in Kraft gesetzt worden sind, die die Rechtsanwendung und damit die Sicherung eines aktiven Kinderschutzes weiter erschweren.

Um der Praxis für die Weitergabe von Informationen an das Jugendamt größere Handlungssicherheit zu vermitteln, wird deshalb eine bundeseinheitliche Norm geschaffen. Die in Absatz 1 benannten Berufsgeheimnisträger, die von dieser Norm Gebrauch machen, handeln nicht mehr unbefugt im Sinne des § 203 Absatz 1 StGB. In diesen Fällen ist ein Rückgriff auf die allgemeinen strafrechtlichen Rechtfertigungs- und Entschuldigungsgründe entbehrlich. Außerhalb des Anwendungsbereiches der Befugnisnorm bleibt die Rechtslage unberührt."

**Aus der Empfehlung des Ausschusses für Familie, Senioren, Frauen und Jugend des Bundestages:**

**„Zu § 4 Absatz 1 Nummer 7**
Auch Lehrerinnen und Lehrer an staatlich anerkannten Privatschulen werden nach herrschender Auffassung als Amtsträger nach § 11 Absatz 1 Nummer 2 StGB angesehen und fallen demnach über § 203 Absatz 2 Satz 1 Nummer 1 StGB unter die dortige Schweigepflicht. Mit der Ausweitung des Anwendungsbereichs der Befugnisnorm des § 4 auf diese Berufsgruppe soll daher auch für diese Gruppe Rechtssicherheit geschaffen werden. Hingegen wird Lehrerinnen und Lehrern an staatlich nicht anerkannten Privatschulen keine Amtsträgereigenschaft beigemessen, so dass sie auch keine Berufsgeheimnisträger im Sinne von § 203 StGB sind."

# Besonderer Teil 2

# Artikel 2

## Änderungen des Achten Buches Sozialgesetzbuch

### § 8 Beteiligung von Kindern und Jugendlichen

(1) Kinder und Jugendliche sind entsprechend ihrem Entwicklungsstand an allen sie betreffenden Entscheidungen der öffentlichen Jugendhilfe zu beteiligen. Sie sind in geeigneter Weise auf ihre Rechte im Verwaltungsverfahren sowie im Verfahren vor dem Familiengericht und dem Verwaltungsgericht hinzuweisen.

(2) Kinder und Jugendliche haben das Recht, sich in allen Angelegenheiten der Erziehung und Entwicklung an das Jugendamt zu wenden.

(3) Kinder und Jugendliche haben Anspruch auf Beratung ohne Kenntnis des Personensorgeberechtigten, wenn die Beratung auf Grund einer Not- und Konfliktlage erforderlich ist und solange durch die Mitteilung an den Personensorgeberechtigten der Beratungszweck vereitelt würde. § 36 des Ersten Buches bleibt unberührt.

**Aus der Gesetzesbegründung zum BKiSchG:**
„Anknüpfend an die Diskussion am Runden Tisch „Sexueller Kindesmissbrauch“, Kindern und Jugendlichen einen eigenen Anspruch auf Beratung in Krisen- und Konfliktsituationen einzuräumen, wird Absatz 3 entsprechend gefasst. Damit erlangt die bereits heute in Literatur und Praxis so ausgelegte Befugnisnorm eine höhere Verbindlichkeit und stärkere Wirkung. Auch entspricht die Verankerung eines Rechtsanspruchs der völkerrechtlichen Vorgabe aus Artikel 12 des Übereinkommens über die Rechte des Kindes, der das Recht des Kindes, gehört zu werden, verankert.

Wie die bisher als Befugnis ausgestattete Regelung, so stützt sich auch die Ausgestaltung als Anspruch des Kindes auf den staatlichen Schutzauftrag nach Artikel 6 Absatz 2 Satz 2 Grundgesetz i.V. mit Artikel 1 und 2

Grundgesetz. Zwar haben Eltern auf Grund der ihnen obliegenden Erziehungsverantwortung grundsätzlich das Recht, über die Inanspruchnahme von gesetzlich geregelten Leistungen für ihr Kind zu entscheiden bzw. Ergebnisse einer vom Staat angebotenen Beratung des Kindes oder Jugendlichen zu erfahren, sofern nicht auf Grund des Alters und der Einsichtsfähigkeit das Persönlichkeitsrecht des Kindes den Vorrang genießt. Da aber solchen Konfliktfällen, deren Bewältigung die Beratung nach Absatz 2 dienen soll, häufig ein Konflikt zwischen Eltern und Kind bzw. Jugendlichen zugrunde liegt, und andererseits das Kindeswohl Ziel und Grenze des Elternrechts bildet, muss das Elternrecht so weit und solange hinter dem Schutzauftrag des Staates zurücktreten, als dies zu einem wirksamen Schutz des Kindes geboten ist."

## § 8a Schutzauftrag bei Kindeswohlgefährdung

(1) Werden dem Jugendamt gewichtige Anhaltspunkte für die Gefährdung des Wohls eines Kindes oder Jugendlichen bekannt, so hat es das Gefährdungsrisiko im Zusammenwirken mehrerer Fachkräfte einzuschätzen. Soweit der wirksame Schutz dieses Kindes oder dieses Jugendlichen nicht in Frage gestellt wird, hat das Jugendamt die Erziehungsberechtigten sowie das Kind oder den Jugendlichen in die Gefährdungseinschätzung einzubeziehen und, sofern dies nach fachlicher Einschätzung erforderlich ist, sich dabei einen unmittelbaren Eindruck von dem Kind und von seiner persönlichen Umgebung zu verschaffen. Hält das Jugendamt zur Abwendung der Gefährdung die Gewährung von Hilfen für geeignet und notwendig, so hat es diese den Erziehungsberechtigten anzubieten.

(2) Hält das Jugendamt das Tätigwerden des Familiengerichts für erforderlich, so hat es das Gericht anzurufen; dies gilt auch, wenn die Erziehungsberechtigten nicht bereit oder in der Lage sind, bei der Abschätzung des Gefährdungsrisikos mitzuwirken. Besteht eine dringende Gefahr und kann die Entscheidung des Gerichts nicht abgewartet werden, so ist das Jugendamt verpflichtet, das Kind oder den Jugendlichen in Obhut zu nehmen.

(3) Soweit zur Abwendung der Gefährdung das Tätigwerden anderer Leistungsträger, der Einrichtungen der Gesundheitshilfe oder der Polizei notwendig ist, hat das Jugendamt auf die Inanspruchnahme durch die Erziehungsberechtigten hinzuwirken. Ist ein sofortiges Tätigwerden erforderlich und wirken die Personensorgeberechtigten oder die Erziehungsbe-

rechtigten nicht mit, so schaltet das Jugendamt die anderen zur Abwendung der Gefährdung zuständigen Stellen selbst ein.

(4) In Vereinbarungen mit den Trägern von Einrichtungen und Diensten, die Leistungen nach diesem Buch erbringen, ist sicherzustellen, dass

1. deren Fachkräfte bei Bekanntwerden gewichtiger Anhaltspunkte für die Gefährdung eines von ihnen betreuten Kindes oder Jugendlichen eine Gefährdungseinschätzung vornehmen,
2. bei der Gefährdungseinschätzung eine insoweit erfahrene Fachkraft beratend hinzugezogen wird sowie
3. die Erziehungsberechtigten sowie das Kind oder der Jugendliche in die Gefährdungseinschätzung einbezogen werden, soweit hierdurch der wirksame Schutz des Kindes oder Jugendlichen nicht in Frage gestellt wird.

In die Vereinbarungen ist neben den Kriterien für die Qualifikation der beratend hinzuziehenden insoweit erfahrenen Fachkraft insbesondere die Verpflichtung aufzunehmen, dass die Fachkräfte der Träger bei den Erziehungsberechtigten auf die Inanspruchnahme von Hilfen hinwirken, wenn sie diese für erforderlich halten, und das Jugendamt informieren, falls die Gefährdung nicht anders abgewendet werden kann.

(5) Werden einem örtlichen Träger gewichtige Anhaltspunkte für die Gefährdung des Wohls eines Kindes oder eines Jugendlichen bekannt, so sind dem für die Gewährung von Leistungen zuständigen örtlichen Träger die Daten mitzuteilen, deren Kenntnis zur Wahrnehmung des Schutzauftrags bei Kindeswohlgefährdung nach § 8a erforderlich ist. Die Mitteilung soll im Rahmen eines Gespräches zwischen den Fachkräften der beiden örtlichen Träger erfolgen, an dem die Personensorgeberechtigten sowie das Kind oder der Jugendliche beteiligt werden sollen, soweit hierdurch der wirksame Schutz des Kindes oder des Jugendlichen nicht in Frage gestellt wird.

**Aus der Gesetzesbegründung zum BKiSchG:**
„Die Einfügung von § 8a SGB VIII im Rahmen des Kinder- und Jugendhilfeweiterentwicklungsgesetzes (KICK) im Jahr 2005 hat nach Erkenntnissen aus der Praxis zusammen mit der Entwicklung von Instrumenten zur Gefährdungseinschätzung zu einer deutlichen Qualifizierung der Arbeit in den Jugendämtern geführt. Die bekannt gewordenen Einzelfälle schwerwiegender Kindeswohlgefährdung und ihre Aufarbeitung weisen jedoch auf Unsicherheiten bei der Umsetzung der Regelung sowie bei der Ver-

netzung mit anderen Diensten und Systemen für einen erfolgreichen Kinderschutz hin. Insbesondere das Verfahren zur Einschätzung der Kindeswohlgefährdung und die dazu erforderlichen Schritte (wie zum Beispiel Hausbesuche, Erkundigungen) sind bisher nur ansatzweise gesetzlich geregelt, so dass diesbezüglich Unsicherheiten bestehen.

Darüber hinaus bestehen in der Praxis Unsicherheiten im Hinblick auf die Aufgabenverteilung zwischen den Jugendämtern (Absatz 1) und den Leistungserbringern (Absatz 2). Durch die Formulierung, die Leistungserbringer vertraglich dazu zu verpflichten, den Schutzauftrag (des Jugendamtes) „in entsprechender Weise" wahrzunehmen, wird der Eindruck erweckt, die Leistungserbringer sollten hoheitliche Aufgaben übernehmen und z.B. Hausbesuche machen bzw. Informationen bei dritten Personen einholen. Durch die Änderungen der Vorschrift wird klargestellt, dass die Aufgabe der Gefährdungseinschätzung durch den Träger der freien Jugendhilfe nicht vom Träger der öffentlichen Jugendhilfe abgeleitet ist, sondern sich originär aus dem Betreuungsverhältnis zum Kind oder Jugendlichen ergibt. Dabei werden die Aufgaben des Jugendamtes im Einzelfall im Zusammenhang geregelt (Absatz 1 bis 3) und anschließend die Verpflichtung zur Vereinbarung mit den Leistungserbringern (Absatz 4). Wegen des Sachzusammenhangs wird auch die Pflicht zur Information des zuständigen Jugendamtes über bekannt gewordene Anhaltspunkte für eine Kindeswohlgefährdung, die im Gesetzentwurf der letzten Legislaturperiode in § 86c eingestellt worden war (Bundestags-Drucks. 16/12429 S. 5), in § 8a einbezogen (Absatz 5).

**Zu Buchstabe a (Absatz 1)**
In Satz 2 wird klargestellt, dass sich das Jugendamt im Rahmen der Gefährdungseinschätzung nach Maßgabe seiner fachlichen Einschätzung einen unmittelbaren Eindruck von dem Kind (§ 7 Absatz 1 Nummer 1: bis zur Vollendung des 14. Lebensjahres) und von dessen persönlicher Umgebung zu verschaffen hat. Die Frage der Erforderlichkeit stellt sich in besonderem Maße im Hinblick auf die Einschätzung der Gefährdung bei Säuglingen und Kleinkindern.

Durch die Erweiterung von Satz 2 wird sichergestellt, dass das Jugendamt in den Fällen, in denen gewichtige Anhaltspunkte für eine Kindeswohlgefährdung festgestellt worden sind, nicht nur die Personensorgeberechtigten und das Kind oder den Jugendlichen in die weitere Gefährdungseinschätzung einbezieht, sondern sich tatsächlich mittels eines Hausbesuches einen unmittelbaren Eindruck von dem betreffenden Kind und seiner persönlichen Umgebung verschafft, wenn dies nach fachlicher Einschätzung im Einzelfall erforderlich ist. Dazu zählt insbesondere die Einschätzung des körperlichen und geistigen Entwicklungsstandes des Kindes. Unter „persönlicher Umgebung" werden sowohl die Wohnverhältnisse des Kindes als auch das Verhalten des Kindes in der ihm vertrauten Umgebung verstanden. Die Auswertung bekannter Einzelfälle von Kindeswohlgefährdung hat gezeigt, dass sich Fachkräfte in kritischen Konstellationen auf die Aussagen der Eltern verlassen haben oder Angehörigen die Einschätzung vom Ausmaß der Kindeswohlgefährdung abverlangt haben, ohne das betroffene Kind und seine persönliche Umgebung in den Blick zu nehmen.

Eine Befugnis zur Durchsuchung oder zu Eingriffen und Beschränkungen des Grundrechts auf Unverletzlichkeit der Wohnung (Artikel 13 GG) ergibt sich aus dieser Vorschrift nicht. Der Hausbesuch setzt deshalb auf der Seite des Wohnungsinhabers die Bereitschaft voraus, den Zutritt zu gewähren. Bei Gefahr für Leib oder Leben des Kindes oder Jugendlichen ist (zusätzlich) die Polizei einzuschalten (Absatz 4).

**Zu Buchstabe b (Absatz 4)**

Nach der geltenden Fassung von Absatz 2 ist Gegenstand der Vereinbarung des Trägers der öffentlichen Jugendhilfe mit den Trägern von Einrichtungen und Diensten, den Schutzauftrag „in entsprechender Weise" wahrzunehmen. Ziel der Regelung war es, die sich aus den privatrechtlichen Vereinbarungen mit den Eltern ergebenden Schutzpflichten zu konkretisieren und – sofern der freie Träger sein Hilfepotential ausgeschöpft hat – mit dem Schutzauftrag des Jugendamtes zu verknüpfen. Die durch die Formulierung „Wahrnehmung des Schutzauftrags in entsprechender Weise" bereits eingetretenen Unsicherheiten im Hinblick auf die Wahrnehmung des Schutzauftrags in den Einrichtungen und Diensten würden angesichts der neu geregelten Verpflichtung des öffentlichen Trägers zum Hausbesuch nach fachlicher Einschätzung im Einzelfall weiter verschärft.

Mit der Neuformulierung wird die Bezugnahme auf die Art und Weise der Wahrnehmung des Schutzauftrags in Absatz 1 aufgegeben und stattdessen der spezifische Schutzauftrag der Einrichtungen und Dienste in Absatz 4 eigenständig geregelt. Die Gegenstände der Vereinbarung werden in Satz 1 aufgelistet. In der Vereinbarung müssen auch Kriterien für die Qualifikation der beratend hinzuzuziehenden Fachkraft geregelt werden (Satz 2). Ziel der Regelung ist es, dass freie Träger eine auf ihren Aufgabenbereich abgestimmte spezifische und qualifizierte Beratung durch eine insoweit erfahrene Fachkraft erhalten. Darüber hinaus präzisiert Satz 2 die Voraussetzungen für die Information des Jugendamtes.

**Zu Buchstabe c (Absatz 2 und 3)**
Die Absätze 2 und 3 entsprechen den Absätzen 3 und 4 a. F.

**Zu Buchstabe d (Absatz 5)**
Die Vorschrift verpflichtet zur Übermittlung gewichtiger Anhaltspunkte für eine Kindeswohlgefährdung an den zuständigen örtlichen Träger. Insbesondere ein Wohnorts- und/ oder Zuständigkeitswechsel darf nicht dazu führen, dass die vorhandenen Kenntnisse über die Gefährdungssituation eines Kindes verloren gehen und auf diese Weise ein rechtzeitiges Tätigwerden zu seinem Schutz verhindert wird.

Die Weitergabe von Daten ist über die in § 86c Absatz 2 genannten Fälle des Zuständigkeitswechsels hinaus auch und vor allem in den Fällen erforderlich, in denen einem örtlichen Träger Anhaltspunkte für die Gefährdung eines Kindes oder Jugendlichen bekannt sind, der nicht für die Gewährung von Leistungen nach §§ 86 ff.. zuständig ist. Wenngleich für die Wahrnehmung des Schutzauftrags bei Kindeswohlgefährdung keine eigene örtliche Zuständigkeit geregelt ist, da grundsätzlich derjenige Träger zum Handeln verpflichtet ist, dem die gewichtigen Anhaltspunkte für eine Kindeswohlgefährdung bekannt werden, so kann der erforderliche Kontakt mit der Familie nur in räumlicher Nähe zu ihr hergestellt werden. Aus diesem Grund sind dem für die Leistungsgewährung zuständigen örtlichen Träger der Jugendhilfe die gewichtigen Anhaltspunkte einer Kindeswohlgefährdung mitzuteilen, damit dieser den Schutzauftrag bei Kindeswohlgefährdung nach Absatz 1 wahrnehmen kann. Damit vermieden werden kann, dass bei der schriftlichen Übermittlung Informationen verloren gehen und eventuelle Missverständnisse bei der Rezeption der schriftlichen Informationen geklärt werden können, regelt Satz 2 die Pflicht zur zeitnahen Mitteilung der relevanten Sozialdaten – auch – in einem Übergabegespräch. Dieses ist grundsätzlich zwischen der bisher und der zukünftig fallzuständigen Fachkraft zu führen. Satz 3 betont das Transparenzgebot bei der Datenübermittlung.

Die Regelung dient dem wirksamen Schutz des Kindeswohls und stützt sich auf den staatlichen Schutzauftrag nach Artikel 6 Absatz 2 Satz 2 GG. Durch die regelhafte Einbeziehung der personensorgeberechtigten Eltern trägt sie entsprechend dem Grundsatz der Verhältnismäßigkeit dafür Sorge, dass Eltern über die Anhaltspunkte für die Kindeswohlgefährdung informiert und von Anfang an in den weiteren Prozess der Gefährdungseinschätzung einbezogen werden."

**Aus der Empfehlung des Ausschusses für Familie, Senioren, Frauen und Jugend des Bundestages:**

**„Zu Nummer 4 (§ 8a)**

**a) Zu Buchstabe a, Doppelbuchstabe cc (§ 8a Absatz 1 Satz 3), Buchstabe b (§ 8a Absatz 4 Satz 2) und Buchstabe d (§ 8a Absatz 2 Satz 1)**

Von dem Begriff des Erziehungsberechtigten sind zwangsläufig auch Personensorgeberechtigte umfasst, während der Begriff des Personensorgeberechtigten die Personen ausschließt, die lediglich aufgrund einer Vereinbarung mit dem Personensorgeberechtigten Aufgaben der Personensorge wahrnehmen (vgl. § 7 Absatz 1 Nummer 5 und 6 SGB VIII). Soll der weitere Personenkreis der Erziehungsberechtigten einbezogen werden, bedarf es nicht der zusätzlichen Nennung der Personensorgeberechtigten. Mit den vorgenommenen Änderungen wird die einheitliche Verwendung der Begrifflichkeiten unter diesem Gesichtspunkt sichergestellt.

**b) Zu Buchstabe b (§ 8a Absatz 4 Satz 2)**

Dem Vorschlag des Bundesrates entsprechend (Bundesrats-Drucksache 202/11 (Beschluss)) führt die Änderung zu einer einheitliche Begriffsverwendung der „insoweit erfahrenen Fachkraft" und dient auch der präzisierenden Klarstellung, dass die im Kinderschutz „insoweit erfahrene" Fachkraft in beratender Funktion tätig ist und es nicht zu ihren Aufgaben gehört, bei den Erziehungsberechtigten auf die Inanspruchnahme von Hilfen hinzuwirken. Dies ist vielmehr Aufgabe der Fachkräfte der Träger von Einrichtungen und Diensten."

## § 8b Fachliche Beratung und Begleitung zum Schutz von Kindern und Jugendlichen

(1) Personen, die beruflich in Kontakt mit Kindern oder Jugendlichen stehen, haben bei der Einschätzung einer Kindeswohlgefährdung im Einzelfall gegenüber dem örtlichen Träger der Jugendhilfe Anspruch auf Beratung durch eine insoweit erfahrene Fachkraft.

(2) Träger von Einrichtungen, in denen sich Kinder oder Jugendliche ganztägig oder für einen Teil des Tages aufhalten oder in denen sie Unterkunft erhalten, und die zuständigen Leistungsträger, haben gegenüber

dem überörtlichen Träger der Jugendhilfe Anspruch auf Beratung bei der Entwicklung und Anwendung fachlicher Handlungsleitlinien

1. zur Sicherung des Kindeswohls und zum Schutz vor Gewalt sowie
2. zu Verfahren der Beteiligung von Kindern und Jugendlichen an strukturellen Entscheidungen in der Einrichtung sowie zu Beschwerdeverfahren in persönlichen Angelegenheiten.

**Aus der Gesetzesbegründung zum BKiSchG:**
„Anknüpfend an die Diskussion am Runden Tisch „Sexueller Kindesmissbrauch" enthält die Vorschrift Regelungen zur weiteren Qualifizierung des Kinderschutzes. Sie betreffen die fachliche Beratung und Begleitung von kinder- und jugendnahen Berufsgruppen in Fragen der Gefährdungseinschätzung im konkreten Einzelfall (Absatz 1) sowie die Beratung von Trägern von Einrichtungen bei der Entwicklung und Anwendung fachlicher Leitlinien zur Sicherung des Kindeswohls und zum Schutz vor Gewalt (Absatz 2). Damit bezieht sich Absatz 1 auf die Qualifizierung der Intervention im Kinderschutz, während Absatz 2 die Entwicklung und Anwendung fachlicher Standards zur Qualifizierung des präventiven Kinderschutzes in Einrichtungen in den Blick nimmt.

**Zu Absatz 1**
Im Kinderschutz erfahrene Fachkräfte sollen in einem System des kooperativen Kinderschutzes eine erweiterte Aufgabenstellung erhalten. Sie übernehmen nicht nur beratende und prozessbegleitende Aufgaben gegenüber Fachkräften in den Einrichtungen und Diensten der Kinder- und Jugendhilfe (§ 8a Absatz 4), sondern auch gegenüber außerhalb des Systems der Kinder- und Jugendhilfe tätigen Berufsgruppen, die im Kontakt mit Kindern und Jugendlichen stehen. Hinzukommen weitere Unterstützungsleistungen gegenüber den Schulen nach Maßgabe des jeweiligen Landesrechts.

Diesen Berufsgruppen räumt die Vorschrift einen Rechtsanspruch auf Beratung gegenüber dem örtlichen Träger der öffentlichen Jugendhilfe ein, der im Rahmen seiner Gesamtverantwortung zur Vorhaltung eines entsprechenden Pools an Fachkräften verpflichtet ist.

**Zu Absatz 2**

Auf Anregung des Runden Tisches „Sexueller Kindesmissbrauch“ wird den Trägern von Einrichtungen, in denen sich Kinder regelmäßig für einen Teil des Tages oder über Tag und Nacht aufhalten (Anwendungsbereich des Erlaubnisvorbehalts nach § 45), und den zuständigen Leistungsträgern ein Anspruch auf Beratung bei der Entwicklung und Anwendung von Leitlinien zur Sicherung des Kindeswohls und zum Schutz vor Gewalt gegenüber dem überörtlichen Träger der Jugendhilfe eingeräumt. Darüber hinaus bezieht sich der Beratungsanspruch auch auf fachliche Leitlinien im Hinblick auf die Entwicklung und Anwendung von Verfahren der Beteiligung von Kindern und Jugendlichen an strukturellen Entscheidungen in der Einrichtung sowie Beschwerdeverfahren in persönlichen Angelegenheiten. Damit wird insbesondere auch einem zentralen Vorschlag des Runden Tisches „Heimerziehung in den 50er und 60er Jahren“ Rechnung getragen. In Einrichtungen, in denen sich Kinder regelmäßig für einen Teil des Tages oder über Tag und Nacht aufhalten, besteht ein besonders hohes Abhängigkeitsverhältnis der Kinder und Jugendlichen. Die Aufdeckung einer im Einrichtungskontext begangenen sexuellen Grenzverletzung durch Betreuungspersonen und deren Offenbarung in der Einrichtung gefährdet potenziell den gesamten Lebensraum und unterbleibt deshalb häufig oder wird erst bei hohem Leidensdruck geäußert. Deshalb sind an solche Einrichtungen besonders hohe Anforderungen an die Ausgestaltung von Regeln und die Entwicklung einer positiven Aufmerksamkeitskultur zu stellen.

Die Vorschrift konkretisiert die Verpflichtung der überörtlichen Träger zur Beratung der Träger von Einrichtungen während der Planung und Betriebsführung nach § 85 Absatz 1 Nummer 7.“

## § 16 Allgemeine Förderung der Erziehung in der Familie

(1) Müttern, Vätern, anderen Erziehungsberechtigten und jungen Menschen sollen Leistungen der allgemeinen Förderung der Erziehung in der Familie angeboten werden. Sie sollen dazu beitragen, dass Mütter, Väter und andere Erziehungsberechtigte ihre Erziehungsverantwortung besser wahrnehmen können. Sie sollen auch Wege aufzeigen, wie Konfliktsituationen in der Familie gewaltfrei gelöst werden können.

(2) Leistungen zur Förderung der Erziehung in der Familie sind insbesondere

1. Angebote der Familienbildung, die auf Bedürfnisse und Interessen sowie auf Erfahrungen von Familien in unterschiedlichen Lebenslagen und Erziehungssituationen eingehen, die Familie zur Mitarbeit in Erziehungseinrichtungen und in Formen der Selbst- und Nachbarschaftshilfe besser befähigen sowie junge Menschen auf Ehe, Partnerschaft und das Zusammenleben mit Kindern vorbereiten,
2. Angebote der Beratung in allgemeinen Fragen der Erziehung und Entwicklung junger Menschen,
3. Angebote der Familienfreizeit und der Familienerholung, insbesondere in belastenden Familiensituationen, die bei Bedarf die erzieherische Betreuung der Kinder einschließen.

(3) Müttern und Vätern sowie schwangeren Frauen und werdenden Vätern sollen Beratung und Hilfe in Fragen der Partnerschaft und des Aufbaus elterlicher Erziehungs- und Beziehungskompetenzen angeboten werden.

(4) Das Nähere über Inhalt und Umfang der Aufgaben regelt das Landesrecht.

(5) Ab 2013 soll für diejenigen Eltern, die ihre Kinder von ein bis drei Jahren nicht in Einrichtungen betreuen lassen wollen oder können, eine monatliche Zahlung (zum Beispiel Betreuungsgeld) eingeführt werden.

**Aus der Gesetzesbegründung zum BKiSchG:**
„Die Leistungen der allgemeinen Förderung der Erziehung in der Familie haben im Zusammenhang mit der Verbesserung des aktiven Kinderschutz noch größere Bedeutung erlangt. Das in Absatz 2 genannte Leistungsspektrum deckt einen Teil der Hilfen als allgemeines Angebot ab, die in verschiedenen Modellprojekten als „Frühe Hilfen" zum Einsatz kommen. Diese Hilfen sollen die Erziehungskompetenz der (werdenden) Eltern verbessern und damit einen wesentlichen Beitrag zu einem präventiven Kinderschutz leisten. Durch die Einfügung von Absatz 3 soll zum Ausdruck gebracht werden, dass Hilfen während der Schwangerschaft und in den ersten Lebensjahren des Kindes zum unverzichtbaren Basisangebot jedes Jugendamtes gehören.

Die Bildung systemübergreifender örtlicher Netzwerke wird in § 3 des Gesetzes über die Kooperation und Information im Kinderschutz geregelt (Artikel 1)."

## § 17 Beratung in Fragen der Partnerschaft, Trennung und Scheidung

(1) Mütter und Väter haben im Rahmen der Jugendhilfe Anspruch auf Beratung in Fragen der Partnerschaft, wenn sie für ein Kind oder einen Jugendlichen zu sorgen haben oder tatsächlich sorgen. Die Beratung soll helfen,

1. ein partnerschaftliches Zusammenleben in der Familie aufzubauen,
2. Konflikte und Krisen in der Familie zu bewältigen,
3. im Fall der Trennung oder Scheidung die Bedingungen für eine dem Wohl des Kindes oder des Jugendlichen förderliche Wahrnehmung der Elternverantwortung zu schaffen.

(2) Im Fall der Trennung und Scheidung sind Eltern unter angemessener Beteiligung des betroffenen Kindes oder Jugendlichen bei der Entwicklung eines einvernehmlichen Konzepts für die Wahrnehmung der elterlichen Sorge und der elterlichen Verantwortung zu unterstützen; dieses Konzept kann auch als Grundlage für einen Vergleich oder eine gerichtliche Entscheidung im familiengerichtlichen Verfahren dienen.

(3) Die Gerichte teilen die Rechtshängigkeit von Scheidungssachen, wenn gemeinschaftliche minderjährige Kinder vorhanden sind, sowie Namen und Anschriften der beteiligten Eheleute und Kinder dem Jugendamt mit, damit dieses die Eltern über das Leistungsangebot der Jugendhilfe nach Absatz 2 unterrichtet.

**Aus der Gesetzesbegründung zum BKiSchG:**
„Anpassung an die durch das Gesetz über das Verfahren in Familiensachen und in den Angelegenheiten der freiwilligen Gerichtsbarkeit (FamFG) geänderte Terminologie."

**Aus der Empfehlung des Ausschusses für Familie, Senioren, Frauen und Jugend des Bundestages:**

**„Zu Nummer 8 (§ 17 Absatz 2)**
Mit der Änderung wird die Anregung des Bundesrates einer klarstellenden Ergänzung von § 17 Absatz 2 vor dem Hintergrund der Änderungen durch

das Gesetz über das Verfahren in Familiensachen und in den Angelegenheiten der freiwilligen Gerichtsbarkeit (FamFG) aufgegriffen (Bundesrats-Drucksache 202/11 (Beschluss)).

Das FamFG soll in Kindschaftssachen, die die elterliche Sorge bei Trennung und Scheidung, den Aufenthalt des Kindes, das Umgangsrecht oder die Herausgabe des Kindes betreffen, in jeder Lage des Verfahrens auf ein Einvernehmen der Beteiligten hinwirken, wenn dies dem Kindeswohl nicht widerspricht (§ 156 Absatz 1 Satz 1 FamFG). Zu diesem Zweck hat es die Beteiligten auf die bestehenden Möglichkeiten der Beratung durch die Beratungsstellen und -dienste der Träger der Jugendhilfe insbesondere zur Entwicklung eines einvernehmlichen Konzepts für die Wahrnehmung der elterlichen Sorge und der elterlichen Verantwortung hinzuweisen (§ 156 Absatz 1 Satz 2 FamFG). Das von den Eltern mit fachlicher Unterstützung entwickelte einvernehmliche Konzept für die Wahrnehmung der elterlichen Sorge und der elterlichen Verantwortung kann als Grundlage für die richterliche Entscheidung über das Sorgerecht dienen oder nach § 156 Absatz 2 FamFG bei Billigung durch das Gericht als Vergleich aufgenommen werden.

Durch die Ergänzung wird der Wortlaut von § 17 Absatz 2 an § 156 FamFG angepasst. Dadurch wird klargestellt, dass sich die Unterstützung der Kinder- und Jugendhilfe bei der Entwicklung eines einvernehmlichen Konzepts nicht nur auf die Wahrnehmung der elterlichen Sorge, sondern auch auf Streitfälle im Bereich der elterlichen Verantwortung (z.B. zum Umgangsrecht) bezieht. Darüber hinaus wird präzisierend zum Ausdruck gebracht, dass eine mit Unterstützung der Kinder- und Jugendhilfe entwickelte einvernehmliche Regelung nicht nur Grundlage für eine gerichtliche Entscheidung, sondern auch für einen Vergleich im familiengerichtlichen Verfahren sein kann."

## § 37 Zusammenarbeit bei Hilfen außerhalb der eigenen Familie

(1) Bei Hilfen nach §§ 32 bis 34 und § 35a Abs. 2 Nr. 3 und 4 soll darauf hingewirkt werden, dass die Pflegeperson oder die in der Einrichtung für die Erziehung verantwortlichen Personen und die Eltern zum Wohl des Kindes oder des Jugendlichen zusammenarbeiten. Durch Beratung und Unterstützung sollen die Erziehungsbedingungen in der Herkunftsfamilie innerhalb eines im Hinblick auf die Entwicklung des Kindes oder Jugendlichen vertretbaren Zeitraums so weit verbessert werden, dass sie das Kind

oder den Jugendlichen wieder selbst erziehen kann. Während dieser Zeit soll durch begleitende Beratung und Unterstützung der Familien darauf hingewirkt werden, dass die Beziehung des Kindes oder Jugendlichen zur Herkunftsfamilie gefördert wird. Ist eine nachhaltige Verbesserung der Erziehungsbedingungen in der Herkunftsfamilie innerhalb dieses Zeitraums nicht erreichbar, so soll mit den beteiligten Personen eine andere, dem Wohl des Kindes oder des Jugendlichen förderliche und auf Dauer angelegte Lebensperspektive erarbeitet werden.

(2) Die Pflegeperson hat vor der Aufnahme des Kindes oder Jugendlichen und während der Dauer des Pflegeverhältnisses Anspruch auf Beratung und Unterstützung; dies gilt auch in den Fällen, in denen für das Kind oder den Jugendlichen weder Hilfe zur Erziehung noch Eingliederungshilfe gewährt wird oder die Pflegeperson nicht der Erlaubnis zur Vollzeitpflege nach § 44 bedarf. Lebt das Kind oder der Jugendliche bei einer Pflegeperson außerhalb des Bereichs des zuständigen Trägers der öffentlichen Jugendhilfe, so sind ortsnahe Beratung und Unterstützung sicherzustellen. Der zuständige Träger der öffentlichen Jugendhilfe hat die aufgewendeten Kosten einschließlich der Verwaltungskosten auch in den Fällen zu erstatten, in denen die Beratung und Unterstützung im Wege der Amtshilfe geleistet wird. § 23 Absatz 4 Satz 3 gilt entsprechend.

(2a) Die Art und Weise der Zusammenarbeit sowie die damit im Einzelfall verbundenen Ziele sind im Hilfeplan zu dokumentieren. Bei Hilfen nach den §§ 33, 35a Absatz 2 Nummer 3 und 41 zählen dazu auch der vereinbarte Umfang der Beratung der Pflegeperson sowie die Höhe der laufenden Leistungen zum Unterhalt des Kindes oder Jugendlichen. Eine Abweichung von den dort getroffenen Feststellungen ist nur bei einer Änderung des Hilfebedarfs und entsprechender Änderung des Hilfeplans zulässig.

(3) Das Jugendamt soll den Erfordernissen des Einzelfalls entsprechend an Ort und Stelle überprüfen, ob die Pflegeperson eine dem Wohl des Kindes oder des Jugendlichen förderliche Erziehung gewährleistet. Die Pflegeperson hat das Jugendamt über wichtige Ereignisse zu unterrichten, die das Wohl des Kindes oder des Jugendlichen betreffen.

**Aus der Gesetzesbegründung zum BKiSchG:**
**„Zu Buchstabe a (Absatz 2)**
Mit der Streichung der Sonderzuständigkeit am Ort der Pflegestelle für Neufälle (§ 86 Absatz 6) bleibt künftig der gewöhnliche Aufenthalt der Eltern auch bei Pflegeverhältnissen primärer Anknüpfungspunkt für dieört-

liche Zuständigkeit. Dies kann im Einzelfall dazu führen, dass die Pflegeperson weit entfernt vom zuständigen Jugendamt wohnt und ihr Anspruch auf Beratung und Unterstützung nach Absatz 2 in diesem Fall nicht angemessen von Fachkräften des örtlich zuständigen Jugendamts erfüllt werden kann. Der Grund dafür kann

- ein Umzug der Eltern oder des maßgeblichen Elternteils und damit ein Wechsel der örtlichen Zuständigkeit oder
- ein Umzug der Pflegepersonen (ohne Wechsel der örtlichen Zuständigkeit) sein.

Gleiches gilt, wenn die Vermittlung direkt in eine weit entfernt gelegene Pflegestelle erfolgt.

In diesen Fällen wird das Jugendamt künftig verpflichtet, die erforderliche Beratung und Unterstützung ortsnah sicherzustellen. Zur Erfüllung dieses Zwecks muss sich das zuständige Jugendamt gegebenenfalls der Unterstützung eines Trägers der freien Jugendhilfe oder des Jugendamts vor Ort bedienen (Absatz 2 Satz 2).

Findet sich ortsnah kein geeigneter Träger der freien Jugendhilfe als Leistungserbringer, kann für das Jugendamt am Ort der Pflegestelle eine Pflicht zur Amtshilfe bestehen, die entsprechenden Dienste zu erbringen (§§ 3 ff. SGB X). Dies hätte jedoch grundsätzlich zur Konsequenz, dass eine Verwaltungsgebühr nicht erhoben würde (§ 7 SGB X) und der öffentliche Träger vor Ort keinen finanziellen Ausgleich für seine Dienste erhielte, die möglicherweise fortwährend und über längere Dauer zu erbringen und mit erheblichem personellen Aufwand verbunden sind. Deshalb wird mit der Regelung in Satz 3 sichergestellt, dass auch der Träger der öffentlichen Jugendhilfe, der für seine Dienste der Beratung und Unterstützung im Wege der Amtshilfe in Anspruch genommen wird, in jedem Fall Anspruch auf eine Erstattung seiner Kosten hat. Die Verwaltungskosten im Sinne des § 109 SGB X sind ausdrücklich mit erfasst.

Die Verweisung in Satz 4 wird an den durch das Tagesbetreuungsausbaugesetz (TAG) geänderten § 23 Absatz 4 angepasst.

**Zu Buchstabe b (Absatz 2a – neu)**
Zur Sicherung der Hilfekontinuität in Vollzeitpflegeverhältnissen sollen zentrale Leistungsinhalte künftig im Hilfeplan dokumentiert werden. Damit wird auch für den Fall eines späteren Zuständigkeitswechsels im Hin-

blick auf den Hilfebedarf die notwendige Transparenz im Einzelfall geschaffen. Durch die Regelung in Satz 3 wird sichergestellt, dass Änderungen im Leistungsinhalt nur bei einer Änderung des Hilfebedarfs zulässig sind und nicht allein durch den Zuständigkeitswechsel legitimiert werden."

**Aus der Empfehlung des Ausschusses für Familie, Senioren, Frauen und Jugend des Bundestages:**

**„Zu Nummer 9 Buchstabe b (§ 37 Absatz 2a Satz 2):**
Vollzeitpflegeverhältnisse bestehen auch im Rahmen der Hilfe für junge Volljährige nach § 41 SGB VIII (vgl. § 41 Abs. 2 SGB VIII). Deshalb werden die in § 37 Absatz 2a zur Sicherung der Hilfekontinuität normierten Pflichten auch auf Hilfen nach § 41 SGB VIII bezogen."

## § 43 Erlaubnis zur Kindertagespflege

(1) Eine Person, die ein Kind oder mehrere Kinder außerhalb des Haushalts des Erziehungsberechtigten während eines Teils des Tages und mehr als 15 Stunden wöchentlich gegen Entgelt länger als drei Monate betreuen will, bedarf der Erlaubnis.

(2) Die Erlaubnis ist zu erteilen, wenn die Person für die Kindertagespflege geeignet ist. Geeignet im Sinne des Satzes 1 sind Personen, die

1. sich durch ihre Persönlichkeit, Sachkompetenz und Kooperationsbereitschaft mit Erziehungsberechtigten und anderen Tagespflegepersonen auszeichnen und
2. über kindgerechte Räumlichkeiten verfügen.

Sie sollen über vertiefte Kenntnisse hinsichtlich der Anforderungen der Kindertagespflege verfügen, die sie in qualifizierten Lehrgängen erworben oder in anderer Weise nachgewiesen haben. § 72a Absatz 1 und 5 gilt entsprechend.

(3) Die Erlaubnis befugt zur Betreuung von bis zu fünf gleichzeitig anwesenden, fremden Kindern. Im Einzelfall kann die Erlaubnis für eine geringere Zahl von Kindern erteilt werden. Landesrecht kann bestimmen, dass die Erlaubnis zur Betreuung von mehr als fünf gleichzeitig anwesenden, fremden Kindern erteilt werden kann, wenn die Person über eine pädagogische Ausbildung verfügt; in der Pflegestelle dürfen nicht mehr Kinder

betreut werden als in einer vergleichbaren Gruppe einer Tageseinrichtung. Die Erlaubnis ist auf fünf Jahre befristet. Sie kann mit einer Nebenbestimmung versehen werden. Die Tagespflegeperson hat den Träger der öffentlichen Jugendhilfe über wichtige Ereignisse zu unterrichten, die für die Betreuung des oder der Kinder bedeutsam sind.

(4) Erziehungsberechtigte und Tagespflegepersonen haben Anspruch auf Beratung in allen Fragen der Kindertagespflege.

(5) Das Nähere regelt das Landesrecht.

## § 44 Erlaubnis zur Vollzeitpflege

(1) Wer ein Kind oder einen Jugendlichen über Tag und Nacht in seinem Haushalt aufnehmen will (Pflegeperson), bedarf der Erlaubnis. Einer Erlaubnis bedarf nicht, wer ein Kind oder einen Jugendlichen

1. im Rahmen von Hilfe zur Erziehung oder von Eingliederungshilfe für seelisch behinderte Kinder und Jugendliche aufgrund einer Vermittlung durch das Jugendamt,
2. als Vormund oder Pfleger im Rahmen seines Wirkungskreises,
3. als Verwandter oder Verschwägerter bis zum dritten Grad,
4. bis zur Dauer von acht Wochen,
5. im Rahmen eines Schüler- oder Jugendaustausches,
6. in Adoptionspflege (§ 1744 des Bürgerlichen Gesetzbuchs)

über Tag und Nacht aufnimmt.

(2) Die Erlaubnis ist zu versagen, wenn das Wohl des Kindes oder des Jugendlichen in der Pflegestelle nicht gewährleistet ist. § 72a Absatz 1 und 5 gilt entsprechend.

(3) Das Jugendamt soll den Erfordernissen des Einzelfalls entsprechend an Ort und Stelle überprüfen, ob die Voraussetzungen für die Erteilung der Erlaubnis weiter bestehen. Ist das Wohl des Kindes oder des Jugendlichen in der Pflegestelle gefährdet und ist die Pflegeperson nicht bereit oder in der Lage, die Gefährdung abzuwenden, so ist die Erlaubnis zurückzunehmen oder zu widerrufen.

(4) Wer ein Kind oder einen Jugendlichen in erlaubnispflichtige Familienpflege aufgenommen hat, hat das Jugendamt über wichtige Ereignisse zu unterrichten, die das Wohl des Kindes oder des Jugendlichen betreffen.

**Aus der Gesetzesbegründung zum BKiSchG:**
**„Zu Nummer 11 und 12 (§§ 43, 44)**
Die Regelungen dienen dem Ausschluss einschlägig vorbestrafter und damit ungeeigneter Personen von einer Tätigkeit im Rahmen der Kindertagespflege (§ 43) und der Vollzeitpflege (§ 44) durch eine Versagung der Erlaubnis, soweit diese nicht bereits durch das Verbot der Vermittlung nach § 72a Absatz 1 erfasst werden. Dieser Ausschluss soll mittels einer Einsichtnahme in ein Führungszeugnis nach § 30 Absatz 5 und § 30a Absatz 1 des Bundeszentralregistergesetzes sichergestellt werden. Im Hinblick auf die Datenerhebung,
-verarbeitung und -nutzung im Zusammenhang mit dem vor Erlaubniserteilung in Einsicht genommenen Führungszeugnis finden die datenschutzrechtlichen Regelungen nach § 72a Absatz 5 entsprechend Anwendung."

## § 45 Erlaubnis für den Betrieb einer Einrichtung

(1) Der Träger einer Einrichtung, in der Kinder oder Jugendliche ganztägig oder für einen Teil des Tages betreut werden oder Unterkunft erhalten, bedarf für den Betrieb der Einrichtung der Erlaubnis. Einer Erlaubnis bedarf nicht, wer

1. eine Jugendfreizeiteinrichtung, eine Jugendbildungseinrichtung, eine Jugendherberge oder ein Schullandheim betreibt,
2. ein Schülerheim betreibt, das landesgesetzlich der Schulaufsicht untersteht,
3. eine Einrichtung betreibt, die außerhalb der Jugendhilfe liegende Aufgaben für Kinder oder Jugendliche wahrnimmt, wenn für sie eine entsprechende gesetzliche Aufsicht besteht oder im Rahmen des Hotel- und Gaststättengewerbes der Aufnahme von Kindern oder Jugendlichen dient.

(2) Die Erlaubnis ist zu erteilen, wenn das Wohl der Kinder und Jugendlichen in der Einrichtung gewährleistet ist. Dies ist in der Regel anzunehmen, wenn

1. die dem Zweck und der Konzeption der Einrichtung entsprechenden räumlichen, fachlichen, wirtschaftlichen und personellen Voraussetzungen für den Betrieb erfüllt sind,
2. die gesellschaftliche und sprachliche Integration in der Einrichtung unterstützt wird sowie die gesundheitliche Vorsorge und die medizinische Betreuung der Kinder und Jugendlichen nicht erschwert werden sowie

3. zur Sicherung der Rechte von Kindern und Jugendlichen in der Einrichtung geeignete Verfahren der Beteiligung sowie der Möglichkeit der Beschwerde in persönlichen Angelegenheiten Anwendung finden.

(3) Zur Prüfung der Voraussetzungen hat der Träger der Einrichtung mit dem Antrag

1. die Konzeption der Einrichtung vorzulegen, die auch Auskunft über Maßnahmen zur Qualitätsentwicklung und -sicherung gibt, sowie
2. im Hinblick auf die Eignung des Personals nachzuweisen, dass die Vorlage und Prüfung von aufgabenspezifischen Ausbildungsnachweisen sowie von Führungszeugnissen nach § 30 Absatz 5 und § 30a Absatz 1 des Bundeszentralregistergesetzes sichergestellt sind; Führungszeugnisse sind von dem Träger der Einrichtung in regelmäßigen Abständen erneut anzufordern und zu prüfen.

(4) Die Erlaubnis kann mit Nebenbestimmungen versehen werden. Zur Sicherung des Wohls der Kinder und der Jugendlichen können auch nachträgliche Auflagen erteilt werden.

(5) Besteht für eine erlaubnispflichtige Einrichtung eine Aufsicht nach anderen Rechtsvorschriften, so hat die zuständige Behörde ihr Tätigwerden zuvor mit der anderen Behörde abzustimmen. Sie hat den Träger der Einrichtung rechtzeitig auf weitergehende Anforderungen nach anderen Rechtsvorschriften hinzuweisen.

(6) Sind in einer Einrichtung Mängel festgestellt worden, so soll die zuständige Behörde zunächst den Träger der Einrichtung über die Möglichkeiten zur Beseitigung der Mängel beraten. Wenn sich die Beseitigung der Mängel auf Entgelte oder Vergütungen nach § 75 des Zwölften Buches auswirken kann, so ist der Träger der Sozialhilfe an der Beratung zu beteiligen, mit dem Vereinbarungen nach dieser Vorschrift bestehen. Werden festgestellte Mängel nicht behoben, so können dem Träger der Einrichtung Auflagen erteilt werden, die zur Beseitigung einer eingetretenen oder Abwendung einer drohenden Beeinträchtigung oder Gefährdung des Wohls der Kinder oder Jugendlichen erforderlich sind. Wenn sich eine Auflage auf Entgelte oder Vergütungen nach § 75 des Zwölften Buches auswirkt, so entscheidet die zuständige Behörde nach Anhörung des Trägers der Sozialhilfe, mit dem Vereinbarungen nach dieser Vorschrift bestehen,

über die Erteilung der Auflage. Die Auflage ist nach Möglichkeit in Übereinstimmung mit Vereinbarungen nach den §§ 75 bis 80 des Zwölften Buches auszugestalten.

(7) Die Erlaubnis ist zurückzunehmen oder zu widerrufen, wenn das Wohl der Kinder oder der Jugendlichen in der Einrichtung gefährdet und der Träger der Einrichtung nicht bereit oder nicht in der Lage ist, die Gefährdung abzuwenden. Widerspruch und Anfechtungsklage gegen die Rücknahme oder den Widerruf der Erlaubnis haben keine aufschiebende Wirkung.

**Aus der Gesetzesbegründung zum BKiSchG:**
„Der Erlaubnisvorbehalt für den Betrieb von Einrichtungen ist ein wichtiges Instrument der Gefahrenabwehr und trägt der besonderen Schutzbedürftigkeit von Kindern und Jugendlichen in Einrichtungen Rechnung. Dies gilt in besonderer Weise für solche Einrichtungen, in denen Kinder und Jugendliche über Tag und Nacht und nicht selten in größerer Entfernung vom Elternhaus untergebracht und damit der Wahrnehmung elterlicher Erziehungsverantwortung weitgehend entzogen sind. Gleichzeitig schafft das Zusammenleben mit anderen Kindern und Jugendlichen sowie dem Fachpersonal eine besondere Nähe und bietet die Gefahr für Machtmissbrauch und die Entstehung von Abhängigkeitsverhältnissen.

Die Qualität des Erlaubnisvorbehalts als präventivem Instrument der Gefahrenabwehr ermöglicht es einerseits bereits vor der Betriebsaufnahme die Erziehungsbedingungen in der Einrichtung zu prüfen. Anderseits sind die zuständigen Behörden aber auf die Vorlage von Konzepten und Qualifikationsnachweisen angewiesen, deren tatsächliche Relevanz sich erst im Alltagsbetrieb erweist. Die Erkenntnis- und Prüfmöglichkeiten der Behörde sind daher in diesem Stadium begrenzt und partiell eine Sache des Vertrauens auf die Realisierung der eingereichten Konzepte. Gleichzeitig fordert die Rechtsprechung eine intensivere Prüfung der Voraussetzungen (OVG NW v. 27.11.2007 – 12 A 4697/06).

Der Erlaubnisvorbehalt beschränkt sich nicht auf Einrichtungen, in denen Kinder und Jugendliche über das Jugendamt untergebracht werden; somit erstreckt sich die Schutzwirkung auch auf Internate, soweit diese nicht der Schulaufsicht unterliegen.

Die Voraussetzungen für die Erteilung der Erlaubnis (Absatz 2) werden neu gefasst. Gleichzeitig wird die Vorschrift systematisch bereinigt.

**Zu Absatz 1**
Der Anwendungsbereich entspricht Absatz 1 a. F.

**Zu Absatz 2**
Die Voraussetzungen für die Erlaubniserteilung werden weiterentwickelt und konkretisiert. Dabei werden auch die Erkenntnisse aus der Arbeit des Runden Tisches „Sexueller Kindesmissbrauch" aufgegriffen. Der Erlaubnistatbestand wird positiv formuliert. Damit kommt – entsprechend der bisherigen Auslegung – klarer zum Ausdruck, dass ein Rechtsanspruch auf Erteilung besteht, wenn bestimmte Mindestvoraussetzungen zum Zeitpunkt der Erteilung der Erlaubnis vorliegen.

Als Mindestvoraussetzung neu eingeführt wird der wichtige Aspekt der Partizipation von Kindern und Jugendlichen (Nummer 3). Hiermit wird auch eine Forderung des Abschlussberichts des Runden Tisches „Heimerziehung in den 50er und 60er Jahren" umgesetzt. Der Bericht weist auf die elementare Bedeutung der Beteiligung von Kindern und Jugendlichen hin und fordert Beschwerde- bzw. Partizipationsmöglichkeiten. Verfahren zu installieren und zu implementieren, durch die Kinder und Jugendliche als Experten in eigener Sache dort beteiligt werden, wo sie betroffen sind, muss ein wesentlicher Schritt bei der Entwicklung von Einrichtungskonzeptionen sein, gerade weil eine aktive Beteiligung für die Entwicklung der in der Einrichtung betreuten bzw. untergebrachten Kinder und Jugendlichen von zentraler Bedeutung ist. Die Regelung ist darüber hinaus auch als wichtiger Beitrag zur Umsetzung des Rechts auf Berücksichtigung des Kindeswillens (Artikel 12 der Kinderrechtskonvention) und der Empfehlungen des VN-Ausschusses für die Rechte des Kindes zu verstehen.

**Zu Absatz 3**
Künftig wird die Erlaubniserteilung von der Anwendung von Instrumenten zur Qualitätsentwicklung und -sicherung abhängig gemacht (Nummer 1), die abgestimmt auf den Aufenthalt und die Betreuung von Kindern und Jugendlichen im jeweiligen Einrichtungstyp entwickelt werden müssen. Dazu zählen auch Instrumente zur Sicherung der Rechte von Kindern und Jugendlichen in Einrichtungen und ihren Schutz vor Gewalt; insbesondere auch für die Prävention von Machtmissbrauch in Einrichtungen und Diensten sowie für die Intervention bei Verdacht auf Grenzverletzungen. Damit wird eine Forderung des Runden Tisches „Sexueller Kindesmissbrauch" aufgegriffen. Damit die Erlaubnisbehörde diese Faktoren bereits vor Erteilung der Erlaubnis prüfen kann, verlangt die Vorschrift entspre-

chende Aussagen über Maßnahmen zur Qualitätsentwicklung und -sicherung in der vorzulegenden Konzeption.

Schließlich setzt die Erteilung der Erlaubnis im Hinblick auf das Personal künftig auch einen Nachweis über die Vorlage aufgabenspezifischer Ausbildungsnachweise sowie erweiterter Führungszeugnisse voraus. Letztere sind in regelmäßigen Abständen erneut anzufordern (Nummer 2). Damit wird auch der Forderung des Runden Tisches „Heimerziehung in den 50er und 60er Jahren" nach einer bundesweit einheitlichen Handhabung der Prüfung des Personals hinsichtlich seiner fachlichen und persönlichen Eignung Rechnung getragen.

**Zu Absatz 4**
Die Regelungen entsprechen Absatz 2 Satz 1 und 6 a. F. und werden aus systematischen Gründen in einem eigenen Absatz zusammengefasst.

**Zu Absatz 5**
Die Regelung entspricht Absatz 4 a. F.

**Zu Absatz 6**
Die Vorschrift entspricht Absatz 3 a. F.

**Zu Absatz 7**
Die Regelung entspricht Absatz 2 Satz 5 und 7 a. F."

**Aus der Empfehlung des Ausschusses für Familie, Senioren, Frauen und Jugend des Bundestages:**

**„Zu Nummer 13 (§ 45)**
**a) Zu Absatz 2 Satz 2 Nummer 2**
Mit der Änderung wird der Bitte des Bundesrates entsprochen und klargestellt, dass mit erweiterten Anforderungen für die Erteilung einer Betriebserlaubnis im Hinblick auf eine gesicherte gesundheitlichen Vorsorge und medizinischen Betreuung keine wesentlich veränderte Aufgabenstellung für Kindertageseinrichtungen verbunden ist (Bundesrats-Drucksache 202/11 (Beschluss)).

**b) Zu Absatz 3 Nummer 2**
Zur Prüfung der Voraussetzungen für die Erlaubniserteilung müssen Träger von Einrichtungen künftig im Hinblick auf die Eignung des Personals auch einen Nachweis über die Vorlage aufgabenspezifischer Ausbildungs-

nachweise sowie erweiterter Führungszeugnisse erbringen. Ein Einrichtungsträger wartet in aller Regel zunächst die Erteilung der Betriebserlaubnis ab, bevor er Personal beschäftigt. Zum Zeitpunkt der Antragstellung wird er demnach keinen Nachweis dahingehend erbringen können, dass er die Eignung seines Personals anhand der Vorlage aufgabenspezifischer Ausbildungsnachweise sowie erweiterter Führungszeugnisse geprüft hat. Dies ist ihm grundsätzlich erst nach Betriebsaufnahme möglich. Gleichwohl ist es für die Erlaubniserteilung unabdingbar, dass die Erlaubnisbehörde prüfen kann, ob der Einrichtungsträger die mit Blick auf eine wirksame Gefahrenabwehr vorgegebenen Mindestvoraussetzungen für die Prüfung der Eignung seines (künftigen) Personals erfüllt.

Mit der Änderung in Absatz 3 Nummer 2 wird nunmehr klargestellt, dass der Einrichtungsträger zum Zeitpunkt der Antragstellung noch nicht eine bereits erfolgte Vorlage entsprechender Unterlagen nachweisen, sondern mit seinem Konzept eine Vorlage ab Betriebsaufnahme sicherstellen muss."

## § 47 Meldepflichten

(1) Der Träger einer erlaubnispflichtigen Einrichtung hat der zuständigen Behörde unverzüglich

1. die Betriebsaufnahme unter Angabe von Name und Anschrift des Trägers, Art und Standort der Einrichtung, der Zahl der verfügbaren Plätze sowie der Namen und der beruflichen Ausbildung des Leiters und der Betreuungskräfte,
2. Ereignisse oder Entwicklungen, die geeignet sind, das Wohl der Kinder und Jugendlichen zu beeinträchtigen, sowie
3. die bevorstehende Schließung der Einrichtung

anzuzeigen. Änderungen der in Nummer 1 bezeichneten Angaben sowie der Konzeption sind der zuständigen Behörde unverzüglich, die Zahl der belegten Plätze ist jährlich einmal zu melden.

**Aus der Gesetzesbegründung zum BKiSchG:**
„Dem Schutz von Kindern und Jugendlichen in Einrichtungen dienen neben dem Erlaubnisvorbehalt auch örtliche Prüfungen (§ 46) und Meldepflichten (§ 47). Damit soll die zuständige Behörde in die Lage versetzt werden, über Veränderungen rechtzeitig Kenntnis zu erhalten, um die geeigneten und notwendigen Maßnahmen zu treffen. Die Meldepflichten

beziehen sich bisher auf Betriebsaufnahme und Betriebsschließung sowie Änderungen im Platzangebot und beim Personal.

Zur Verbesserung des Kinderschutzes wird der Katalog der Meldepflichten analog zur Situation in der Vollzeitpflege (§ 44 Absatz 4) auf die Meldung von aktuellen Ereignissen und Entwicklungen, erweitert, die geeignet sind, das Wohl der Kinder und Jugendlichen zu beeinträchtigen. Damit wird die zuständige Behörde, in die Lage versetzt, auch auf negative Entwicklungsprozesse in der Einrichtung rechtzeitig zu reagieren."

### § 59 Beurkundung

(1) Die Urkundsperson beim Jugendamt ist befugt,

1. die Erklärung, durch die die Vaterschaft anerkannt oder die Anerkennung widerrufen wird, die Zustimmungserklärung der Mutter sowie die etwa erforderliche Zustimmung des Mannes, der im Zeitpunkt der Geburt mit der Mutter verheiratet ist, des Kindes, des Jugendlichen oder eines gesetzlichen Vertreters zu einer solchen Erklärung (Erklärungen über die Anerkennung der Vaterschaft) zu beurkunden,
2. die Erklärung, durch die die Mutterschaft anerkannt wird, sowie die etwa erforderliche Zustimmung des gesetzlichen Vertreters der Mutter zu beurkunden (§ 44 Abs. 2 des Personenstandsgesetzes),
3. die Verpflichtung zur Erfüllung von Unterhaltsansprüchen eines Abkömmlings zu beurkunden, sofern die unterhaltsberechtigte Person zum Zeitpunkt der Beurkundung das 21. Lebensjahr noch nicht vollendet hat,
4. die Verpflichtung zur Erfüllung von Ansprüchen auf Unterhalt (§ 1615l des Bürgerlichen Gesetzbuchs) zu beurkunden,
5. die Bereiterklärung der Adoptionsbewerber zur Annahme eines ihnen zur internationalen Adoption vorgeschlagenen Kindes (§ 7 Abs. 1 des Adoptionsübereinkommens-Ausführungsgesetzes) zu beurkunden,
6. den Widerruf der Einwilligung des Kindes in die Annahme als Kind (§ 1746 Abs. 2 des Bürgerlichen Gesetzbuchs) zu beurkunden,
7. die Erklärung, durch die der Vater auf die Übertragung der Sorge verzichtet (§ 1747 Abs. 3 Nr. 3 des Bürgerlichen Gesetzbuchs), zu beurkunden,

8. die Sorgeerklärungen (§ 1626a Abs. 1 Nr. 1 des Bürgerlichen Gesetzbuchs) sowie die etwa erforderliche Zustimmung des gesetzlichen Vertreters eines beschränkt geschäftsfähigen Elternteils (§ 1626c Abs. 2 des Bürgerlichen Gesetzbuchs) zu beurkunden,
9. eine Erklärung des auf Unterhalt in Anspruch genommenen Elternteils nach § 252 des Gesetzes über das Verfahren in Familiensachen und in den Angelegenheiten der freiwilligen Gerichtsbarkeit aufzunehmen; § 129a der Zivilprozessordnung gilt entsprechend.

Die Zuständigkeit der Notare, anderer Urkundspersonen oder sonstiger Stellen für öffentliche Beurkundungen bleibt unberührt.

(2) Die Urkundsperson soll eine Beurkundung nicht vornehmen, wenn ihr in der betreffenden Angelegenheit die Vertretung eines Beteiligten obliegt.

(3) Das Jugendamt hat geeignete Beamte und Angestellte zur Wahrnehmung der Aufgaben nach Absatz 1 zu ermächtigen. Die Länder können Näheres hinsichtlich der fachlichen Anforderungen an diese Personen regeln.

**Aus der Gesetzesbegründung zum BKiSchG:**
**„Zu Buchstabe a (Überschrift)**
Seit Inkrafttreten des Kindschaftsrechtsreformgesetzes und des Kindesunterhaltsgesetzes am 1. Juli 1998 enthält der Aufgabenkatalog der Urkundsperson beim Jugendamt keine Beglaubigungstatbestände mehr. Die Überschrift von § 59 ist daher entsprechend anzupassen.

**Zu Buchstabe b (Absatz 1)**
**Zu Doppelbuchstabe aa**
§ 648 der Zivilprozessordnung (ZPO) wurde mit Inkrafttreten des FGG-Reformgesetzes aufgehoben. An dessen Stelle ist § 252 des Gesetzes über das Verfahren in Familiensachen und in den Angelegenheiten der freiwilligen Gerichtsbarkeit (FamFG) getreten. Der Verweis in Absatz 1 Satz 1 Nummer 9 ist daher entsprechend anzupassen.

**Zu Doppelbuchstabe bb**
Seit Inkrafttreten des Kindschaftsrechtsreformgesetzes und des Kindesunterhaltsgesetzes am 1. Juli 1998 enthält der Aufgabenkatalog der Urkundsperson beim Jugendamt keine Beglaubigungstatbestände mehr. Die Formulierung von Absatz 1 Satz 2 ist daher entsprechend anzupassen."

## § 72a Tätigkeitsausschluss einschlägig vorbestrafter Personen

(1) Die Träger der öffentlichen Jugendhilfe dürfen für die Wahrnehmung der Aufgaben in der Kinder- und Jugendhilfe keine Person beschäftigen oder vermitteln, die rechtskräftig wegen einer Straftat nach den §§ 171, 174 bis 174c, 176 bis 180a, 181a, 182 bis 184f, 225, 232 bis 233a, 234, 235 oder 236 des Strafgesetzbuchs verurteilt worden ist. Zu diesem Zweck sollen sie sich bei der Einstellung oder Vermittlung und in regelmäßigen Abständen von den betroffenen Personen ein Führungszeugnis nach § 30 Abs. 5 und § 30a Absatz 1 des Bundeszentralregistergesetzes vorlegen lassen.

(2) Die Träger der öffentlichen Jugendhilfe sollen durch Vereinbarungen mit den Trägern der freien Jugendhilfe sicherstellen, dass diese keine Person, die wegen einer Straftat nach Absatz 1 Satz 1 rechtskräftig verurteilt worden ist, beschäftigen.

(3) Die Träger der öffentlichen Jugendhilfe sollen sicherstellen, dass unter ihrer Verantwortung keine neben- oder ehrenamtlich tätige Person, die wegen einer Straftat nach Absatz 1 Satz 1 rechtskräftig verurteilt worden ist, in Wahrnehmung von Aufgaben der Kinder- und Jugendhilfe Kinder oder Jugendliche beaufsichtigt, betreut, erzieht oder ausbildet oder einen vergleichbaren Kontakt hat. Hierzu sollen die Träger der öffentlichen Jugendhilfe über die Tätigkeiten entscheiden, die von den in Satz 1 genannten Personen auf Grund von Art, Intensität und Dauer des Kontakts dieser Personen mit Kindern und Jugendlichen nur nach Einsichtnahme in das Führungszeugnis nach Absatz 1 Satz 2 wahrgenommen werden dürfen.

(4) Die Träger der öffentlichen Jugendhilfe sollen durch Vereinbarungen mit den Trägern der freien Jugendhilfe sowie mit Vereinen im Sinne des § 54 sicherstellen, dass unter deren Verantwortung keine neben- oder ehrenamtlich tätige Person, die wegen einer Straftat nach Absatz 1 Satz 1 rechtskräftig verurteilt worden ist, in Wahrnehmung von Aufgaben der Kinder- und Jugendhilfe Kinder oder Jugendliche beaufsichtigt, betreut, erzieht oder ausbildet oder einen vergleichbaren Kontakt hat. Hierzu sollen die Träger der öffentlichen Jugendhilfe mit den Trägern der freien Jugendhilfe Vereinbarungen über die Tätigkeiten schließen, die von den in Satz 1 genannten Personen auf Grund von Art, Intensität und Dauer des Kontakts dieser Personen mit Kindern und Jugendlichen nur nach Einsichtnahme in das Führungszeugnis nach Absatz 1 Satz 2 wahrgenommen werden dürfen.

(5) Träger der öffentlichen und freien Jugendhilfe dürfen von den nach den Absätzen 3 und 4 eingesehenen Daten nur den Umstand, dass Einsicht in ein Führungszeugnis genommen wurde, das Datum des Führungszeugnisses und die Information erheben, ob die das Führungszeugnis betreffende Person wegen einer Straftat nach Absatz 1 Satz 1 rechtskräftig verurteilt worden ist. Die Träger der öffentlichen und freien Jugendhilfe dürfen diese erhobenen Daten nur speichern, verändern und nutzen, soweit dies zum Ausschluss der Personen von der Tätigkeit, die Anlass zu der Einsichtnahme in das Führungszeugnis gewesen ist, erforderlich ist. Die Daten sind vor dem Zugriff Unbefugter zu schützen. Sie sind unverzüglich zu löschen, wenn im Anschluss an die Einsichtnahme keine Tätigkeit nach Absatz 3 Satz 2 oder Absatz 4 Satz 2 wahrgenommen wird. Andernfalls sind die Daten spätestens drei Monate nach der Beendigung einer solchen Tätigkeit zu löschen.

**Aus der Gesetzesbegründung zum BKiSchG:**
„Die Änderungen in § 72a tragen dem besonderen Schutzbedürfnis von Kindern und Jugendlichen gerade mit Blick auf Sexualstraftaten Rechnung, die wegen der Art, Dauer und Intensität des Kontakts ein besonderes Vertrauensverhältnis zu Personen außerhalb der Familie aufbauen. Dies eröffnet möglichen Tätern „Zugänge" außerhalb des unmittelbaren elterlichen Einflussbereichs. Der Auftrag des Staates zum Schutz von Minderjährigen wird durch die Tatsache verstärkt, dass die Kontaktaufnahme zu Kindern und Jugendlichen im Kontext der Erbringung staatlicher Aufgaben und Leistungen erfolgt. In Umsetzung dieser besonderen staatlichen Schutzpflicht liegt der Regelung die Intention zugrunde, über die Vorlage von erweiterten Führungszeugnissen einschlägig vorbestrafte und damit ungeeignete Personen im Bereich der Kinder- und Jugendhilfe von der Beaufsichtigung, Betreuung, Erziehung oder Ausbildung von Kindern und Jugendlichen auszuschließen.

Im Sinne eines wirksamen Kinder- und Jugendschutzes ist es für die Frage des Ausschlusses einschlägig vorbestrafter Personen unerheblich, in welcher Funktion diese die benannten Tätigkeiten ausüben (hauptberuflich, nebenberuflich oder ehrenamtlich). Die Erfahrung hat gezeigt, dass Menschen mit pädophilen Neigungen („Präferenzstörungen") kinder- und jugendnahe Tätigkeiten mit intensiven Kontakten gezielt suchen. Die seinerzeitige Begründung zur Einführung der Vorschrift des § 72a SGB VIII durch das Tagesbetreuungsausbaugesetz (Bundestagsdrucksache 15/3676, S. 39) lautet: „Ihr liegt der Gedanke zugrunde, dass bestimmte Personen aufgrund ihres bisherigen Verhaltens als nicht geeignet gelten, Aufgaben in der Kinder- und Jugendhilfe wahrzunehmen. Praxisfälle belegen, dass beispielsweise Personen mit sog. pädophilen Neigungen sich ganz bewusst und zielgerichtet solche Arbeitsfelder suchen, die ihnen die Möglichkeit der Kontaktaufnahme zu Kindern und Jugendlichen verschaffen (vgl. Enders, Ursula, „Das geplante Verbrechen – Sexuelle Ausbeutung durch Mitarbeiterinnen und Mitarbeiter aus Institutionen", Köln 2002)."

Die Gefährdungslage für das Kind besteht unabhängig davon, ob diese Personen dem Kinde hauptberuflich, neben- oder ehrenamtlich gegenübertreten. Gefahrsteigernd für das Kind wirken sich alle Tätigkeiten aus, die es ermöglichen, ein besonderes Vertrauensverhältnis zu dem Kind oder Jugendlichen aufzubauen. Hierzu sind ehrenamtliche wie berufliche Tätigkeiten gleichermaßen geeignet. Der tatsächliche Zugang zu Tätigkeiten mit Kindern und Jugendlichen über das Neben- oder Ehrenamt ist nicht schwerer als über eine hauptamtliche Beschäftigung, die zunächst eine berufliche Qualifikation voraussetzt.

Angesichts der unterschiedlichen Formen und Einsatzmöglichkeiten neben- und ehrenamtlichen Engagements wird von einer generellen Regelung abgesehen und einer konkreten Betrachtungsweise der Vorzug gegeben, die auf Art, Intensität und Dauer des Kontakts mit Kindern und Jugendlichen abstellt und dem Grundsatz der Verhältnismäßigkeit entspricht. Damit wird dem Schutzbedürfnis von Kindern und Jugendlichen Rechnung getragen und gleichzeitig die begrenzte Schutzwirkung erweiterter Führungszeugnisse berücksichtigt. Notwendig ist darüber hinaus die Anwendung fachlicher Leitlinien insbesondere zur Sicherung des Kindeswohls und zum Schutz vor Gewalt, wie fachliche Leitlinien künftig auch Gegenstand der finanziellen Förderung sind (§ 74).

Um dem Auftrag des Staates im Sinne eines umfassenden Kinder- und Jugendschutzes gerecht zu werden und um der Vielgestaltigkeit der Ehrenamts Rechnung zu tragen, sehen die Regelungen zur Vorlage von erweiterten Führungszeugnissen in § 72a eine Verpflichtung des öffentlichen Trägers in drei Fallgruppen vor:

- Eine Überprüfungspflicht anhand von erweiterten Führungszeugnissen durch den öffentlichen Träger ist ausschließlich im Hinblick auf die Feststellung der persönlichen Eignung für eine Beschäftigung und Vermittlung im Rahmen eines Hauptamtes nach § 72a Absatz 1 vorgesehen.
- Eine Verpflichtung des öffentlichen Trägers zur Entscheidung über die Tätigkeiten, für deren Wahrnehmung durch eine unter seiner

Verantwortung neben- oder ehrenamtlich tätige Person die Einsichtnahme in ein erweitertes Führungszeugnis erforderlich ist (§ 72a Absatz 3).

- Eine Verpflichtung des öffentlichen Trägers zum Abschluss von Vereinbarungen mit dem freien Träger
  - zur Sicherstellung der persönlichen Eignung der beim freien Träger hauptberuflich Beschäftigten (§ 72a Absatz 2); sowie
  - über die Tätigkeiten, für deren Wahrnehmung durch eine unter der Verantwortung des freien Trägers neben- oder ehrenamtlich tätige Person die Einsichtnahme in ein erweitertes Führungszeugnis erforderlich ist (§ 72a Absatz 4).

Ehrenamtliche und nebenamtliche Tätigkeiten werden folglich nur insoweit einbezogen, als Aufgaben der Kinder- und Jugendhilfe unter der Verantwortung des Trägers der öffentlichen (§ 72a Absatz 3) oder eines Trägers der freien (§ 72a Absatz 4) Jugendhilfe wahrgenommen werden. Unter Berücksichtigung der Vielgestaltigkeit von neben- und ehrenamtlichen Tätigkeiten bleibt dabei die Entscheidung, bei welchen Tätigkeiten eine nicht hauptberuflich beschäftigte Personen vor deren Aufnahme ein erweitertes Führungszeugnissen vorlegen muss, den Trägern der Jugendhilfe vor Ort vorbehalten. Die Entscheidung, ob eine Tätigkeit den Grad der Kinder- und Jugendnähe erreicht hat, der ggf. die Vorlage eines erweiterten Führungszeugnisses erforderlich macht, hängt davon ab, wie im Einzelfall der tatsächliche Kontakt der Person zu Kindern und Jugendlichen ausgestaltet ist. Ein Vorlageerfordernis ist dann gegeben, wenn die Kontakte von einer gewissen Intensität, Art und Dauer sind. Dies sind solche Kontakte, die grundsätzlich geeignet sind, ein besonderes Vertrauensverhältnis zu Kindern und Jugendlichen aufzubauen.

Zur Vorlage eines Führungszeugnisses auffordern können grundsätzlich nach § 72a Absatz 1 und 3 die Träger der öffentlichen Jugendhilfe sowie die Träger der freien Jugendhilfe aufgrund der nach § 72a Absatz 2 und Absatz 4 mit dem öffentlichen Träger abzuschließenden Vereinbarung.

Die Vorlage bzw. Einsichtnahme der erweiterten Führungszeugnisse ist nur zulässig zur Sicherstellung des Ausschlusses einschlägig vorbestrafter Personen von der Betreuung, Beaufsichtigung, Erziehung und Ausbildung von Kindern oder Jugendlichen oder von Tätigkeiten mit vergleichbarem Kontakt zu Kindern und Jugendlichen.

**Zur Überschrift**

Die geänderte Überschrift verdeutlicht besser als die alte Überschrift, dass § 72a eine besondere Form der Eignungsprüfung regelt. Anders als die alte Überschrift vermuten ließ, enthält Sie jedoch keine Voraussetzungen für die persönliche Eignung einer oder eines in der Kinder- und Jugendhilfe Beschäftigten insgesamt.

**Zu Absatz 1**

Die zuletzt durch das Kinderförderungsgesetz vom 10.12.2008 (BGBl. I S. 2403) geänderte Vorschrift enthält die notwendigen Folgeänderungen im Hinblick auf die zwischenzeitliche Änderung des Bundeszentralregistergesetzes (Einführung des erweiterten Führungszeugnisses nach § 30a BZRG). Aus systematischen Gründen wurde der Regelungsinhalt des § 72 a. F. auf zwei Absätze aufgeteilt.

**Zu Absatz 2**

Die Regelung entspricht Satz 3 der alten Fassung.

**Zu Absatz 3**

Die Vorschrift verlangt vom öffentlichen Träger sicherzustellen, dass unter seiner Verantwortung keine neben- oder ehrenamtlich tätigen Personen zum Einsatz kommen, die einschlägig vorbestraft sind. Die Einsichtnahme in ein einfaches oder erweitertes Führungszeugnisses soll aber nicht pauschal hinsichtlich sämtlicher neben- oder ehrenamtlicher Mitarbeiter verlangt werden, die Aufgaben der Kinder- und Jugendhilfe wahrnehmen. Vielmehr soll der öffentliche Träger vor Ort anhand einer aufgabenspezifischen Beurteilung entscheiden, für welche Tätigkeiten unter Berücksichtigung von Art, Intensität und Dauer des Kontakts zu Kindern und Jugendlichen die Einsichtnahme in ein erweitertes Führungszeugnis erforderlich ist. Hierunter fallen beispielsweise Aushilfen für Kinderbetreuung in Kindertageseinrichtungen in öffentlicher Trägerschaft, die im Hinblick auf Regelmäßigkeit und Dauer vergleichbar einer hauptberuflich beschäftigten Person zum Einsatz kommen.

**Zu Absatz 4**

Für den Einsatz neben- oder ehrenamtlich tätiger Personen bei Trägern der freien Jugendhilfe sieht Absatz 4 Vereinbarungen zwischen dem Träger der öffentlichen Jugendhilfe und dem Träger der freien Jugendhilfe vor, unter dessen Verantwortung die Personen tätig werden. Sie beziehen sich nur auf die Erbringung von Leistungen der Kinder- und Jugendhilfe (§ 3 Absatz 2 Satz 1) oder auf die Beteiligung an der Erfüllung anderer Aufgaben seitens des Trägers der öffentlichen Jugendhilfe (§§ 42, 43, 50 bis 52a und 53 Absatz 2 und § 76 Absatz 1). Erfasst werden hierbei nur diejenigen Leistungen, die auch von der öffentlichen Jugendhilfe finanziert werden.

Das Gesetz erfasst ferner nur diejenigen Tätigkeiten, die in einem pädagogischen Kontext erbracht werden und wegen der Art, Dauer und Intensität des Kontakts den Aufbau eines besonderen Vertrauensverhältnisses ermöglichen. Hierunter fallen beispielsweise Aushilfen für Kinderbetreuung, die im Hinblick auf Regelmäßigkeit und Dauer vergleichbar einer hauptberuflich beschäftigten Person zum Einsatz kommen, oder für dauerhafte und regelmäßige Essensausgabe in Kindertageseinrichtungen in freier Trägerschaft, die unmittelbaren Kontakt mit Kindern und Jugendlichen haben, Jugendgruppenleiter, die mit Kindern und Jugendlichen zusammenarbeiten, oder Familienpaten.

Es fallen zum Beispiel nicht hierunter Eltern, die punktuell und vereinzelt die Essensausgabe in Kindertagesstätten unterstützen, Eltern, die gelegentlich Kinder und Jugendliche bei Ausflügen begleiten oder Elternvereine/Elternvorstände in Kindertagesstätten. Entsprechend dem Anwendungsbereich des SGB VIII ist mit den Tätigkeiten der Kinder- und Jugendhilfe nur ein ganz bestimmter Bereich des Ehrenamtes oder der nebenberuflichen Tätigkeit betroffen. Die übrigen Bereiche fallen nicht hierunter, wie z. B. die Tätigkeiten der Freiwilligen Feuerwehr, der Kirchenchorleiter oder die „klassischen" Sportvereine außerhalb der Jugendarbeit.

Mit den Absätzen 3 und 4 wird auch der Diskussion in den Arbeitsgruppen zur Vorbereitung des Neuentwurfs des Kinderschutzgesetzes und im Rahmen der „AG Prävention" des Runden Tisches Missbrauch Rechnung getragen. Dort bestand weitgehende Einigkeit, dass ehrenamtliche ebenso wie hauptamtliche Personen für Kinder und Jugendliche Verantwortung tragen und deshalb auch für diese Tätigkeiten in bestimmten Bereichen vergleichbare Regelungen zum Schutz von Kindern geschaffen werden müssen. Hierzu heißt es im Zwischenbericht des Runden Tisches „Sämtliche Formen des Machtmissbrauchs und der (sexuellen) Gewalt gegenüber Kindern und Jugendlichen können von allen Personen ausgehen, die für das Aufwachsen und den Schutz von Kindern in förderlichen Beziehungen in besonderer Weise Sorge und Verantwortung tragen. Sie können sowohl dem familiären Nah- und Fernbereich als auch dem professionellen und ehrenamtlichen Umfeld angehören." (Band II, Seite 6). Die bisherigen Erkenntnisse des Runden Tisches rechtfertigen dementsprechend die Einbeziehung des Ehrenamtes im Bereich der Kinder- und Jugendhilfe.

Durch die Absätze 3 und 4 wird zudem sichergestellt, dass in der Kinder- und Jugendhilfe neben- oder ehrenamtlich tätige Personen den gleichen Anforderungen unterliegen unabhängig davon, ob sie unter der Verantwortung eines öffentlichen oder freien Trägers zum Einsatz kommen.

**Zu Absatz 5**
Die Vorschrift regelt die Datenerhebung, -verarbeitung und -nutzung im Zusammenhang mit dem nach Absatz 3 und 4 in Einsicht genommenen Führungszeugnis und knüpft die Zulässigkeit der Erhebung, Verarbeitung und Nutzung an die Erforderlichkeit für die Sicherstellung des Ausschlusses einschlägig vorbestrafter Personen von der Betreuung, Beaufsichtigung, Erziehung und Ausbildung von Kindern oder Jugendlichen oder von Tätigkeiten mit vergleichbarem Kontakt zu Kindern und Jugendlichen. Es darf nur der Umstand, dass Einsicht in ein Führungszeugnis genommen wurde, das Datum des Führungszeugnisses und die Information, ob die das Führungszeugnis betreffende Person wegen einer Straftat nach Absatz 1 Satz 1 rechtskräftig verurteilt worden ist, erhoben werden. Die Daten dürfen nicht übermittelt werden. Eine Übermittlung personenbezogener Daten ist nur zulässig, wenn der Betroffene eingewilligt hat oder eine Rechtsvorschrift dies vorsieht. Absatz 5 enthält keine neue Befugnis zur Übermittlung der "Führungszeugnis-Daten" an andere Träger.

Die Daten sind vor dem Zugriff Unbefugter zu schützen. Sie sind im Falle der Nichtbeschäftigung der Bewerberin oder des Bewerbers unverzüglich und im Falle der Beschäftigung der Bewerberin oder des Bewerbers spätestens nach drei Monaten nach der Beendigung der Tätigkeit zu löschen.

Verstöße gegen Absatz 5 sind nach § 85 Absatz 2 Nummer 1 des SGB I (sofern die Daten von einem öffentlichen Träger erhoben wurden) bzw. § 43 Absatz 2 Nummer 1 des Bundesdatenschutzgesetzes (sofern die Daten von einem freien Träger erhoben wurden) bußgeldbewehrt."

## § 74 Förderung der freien Jugendhilfe

(1) Die Träger der öffentlichen Jugendhilfe sollen die freiwillige Tätigkeit auf dem Gebiet der Jugendhilfe anregen; sie sollen sie fördern, wenn der jeweilige Träger

1. die fachlichen Voraussetzungen für die geplante Maßnahme erfüllt und die Beachtung der Grundsätze und Maßstäbe der Qualitätsentwicklung und Qualitätssicherung nach § 79a gewährleistet,

2. die Gewähr für eine zweckentsprechende und wirtschaftliche Verwendung der Mittel bietet,
3. gemeinnützige Ziele verfolgt,
4. eine angemessene Eigenleistung erbringt und
5. die Gewähr für eine den Zielen des Grundgesetzes förderliche Arbeit bietet.

Eine auf Dauer angelegte Förderung setzt in der Regel die Anerkennung als Träger der freien Jugendhilfe nach § 75 voraus.

(2) Soweit von der freien Jugendhilfe Einrichtungen, Dienste und Veranstaltungen geschaffen werden, um die Gewährung von Leistungen nach diesem Buch zu ermöglichen, kann die Förderung von der Bereitschaft abhängig gemacht werden, diese Einrichtungen, Dienste und Veranstaltungen nach Maßgabe der Jugendhilfeplanung und unter Beachtung der in § 9 genannten Grundsätze anzubieten. § 4 Abs. 1 bleibt unberührt.

(3) Über die Art und Höhe der Förderung entscheidet der Träger der öffentlichen Jugendhilfe im Rahmen der verfügbaren Haushaltsmittel nach pflichtgemäßem Ermessen. Entsprechendes gilt, wenn mehrere Antragsteller die Förderungsvoraussetzungen erfüllen und die von ihnen vorgesehenen Maßnahmen gleich geeignet sind, zur Befriedigung des Bedarfs jedoch nur eine Maßnahme notwendig ist. Bei der Bemessung der Eigenleistung sind die unterschiedliche Finanzkraft und die sonstigen Verhältnisse zu berücksichtigen.

(4) Bei sonst gleich geeigneten Maßnahmen soll solchen der Vorzug gegeben werden, die stärker an den Interessen der Betroffenen orientiert sind und ihre Einflussnahme auf die Ausgestaltung der Maßnahme gewährleisten.

(5) Bei der Förderung gleichartiger Maßnahmen mehrerer Träger sind unter Berücksichtigung ihrer Eigenleistungen gleiche Grundsätze und Maßstäbe anzulegen. Werden gleichartige Maßnahmen von der freien und der öffentlichen Jugendhilfe durchgeführt, so sind bei der Förderung die Grundsätze und Maßstäbe anzuwenden, die für die Finanzierung der Maßnahmen der öffentlichen Jugendhilfe gelten.

(6) Die Förderung von anerkannten Trägern der Jugendhilfe soll auch Mittel für die Fortbildung der haupt-, neben- und ehrenamtlichen Mitarbeiter sowie im Bereich der Jugendarbeit Mittel für die Errichtung und Unterhaltung von Jugendfreizeit- und Jugendbildungsstätten einschließen.

**Aus der Gesetzesbegründung zum BKiSchG:**
„Der Katalog der Fördervoraussetzungen wird um den Abschluss von Vereinbarungen über Maßnahmen zur Qualitätsentwicklung nach § 79a Absatz 2 erweitert. Damit gewinnt der Qualitätsaspekt, der bei der Entgeltfinanzierung nach §§ 78a ff. bereits Berücksichtigung findet, auch bei der Finanzierungsform der Förderung in Form von Zuwendungen an Bedeutung."

**Zum Verfahren im Vermittlungsausschuss[3]:**
Nachdem der Bundesrat in seiner 890. Sitzung am 25. November 2011 (BR-Drs. 670/11 (Beschluss)) beschlossen hat, dem vom Deutschen Bundestag am 27. Oktober 2011 verabschiedeten Gesetz nicht zuzustimmen, ist eine Anrufung des Vermittlungsausschusses durch die Bundesregierung erfolgt. Die Beschlussempfehlung des Vermittlungsausschusses bezog sich in Folge der empfohlenen Änderung des § 79a SGB VIII auf § 74 Absatz 1 Satz 1 Nummer 1 SGB VIII. Die Formulierung „die Beachtung der Grundsätze und Maßstäbe der Qualitätsentwicklung und Qualitätssicherung nach § 79a gewährleistet" in der nun vorliegenden Fassung hat die Formulierung „eine Vereinbarung nach § 79a Absatz 2 abgeschlossen hat" ersetzt.

## § 79 Gesamtverantwortung, Grundausstattung

(1) Die Träger der öffentlichen Jugendhilfe haben für die Erfüllung der Aufgaben nach diesem Buch die Gesamtverantwortung einschließlich der Planungsverantwortung.

(2) Die Träger der öffentlichen Jugendhilfe sollen gewährleisten, dass zur Erfüllung der Aufgaben nach diesem Buch

1. die erforderlichen und geeigneten Einrichtungen, Dienste und Veranstaltungen den verschiedenen Grundrichtungen der Erziehung entsprechend rechtzeitig und ausreichend zur Verfügung stehen; hierzu zählen insbesondere auch Pfleger, Vormünder und Pflegepersonen;
2. eine kontinuierliche Qualitätsentwicklung nach Maßgabe von § 79a erfolgt.

---

3 Anmerkung der Redaktion

Von den für die Jugendhilfe bereitgestellten Mitteln haben sie einen angemessenen Anteil für die Jugendarbeit zu verwenden.

(3) Die Träger der öffentlichen Jugendhilfe haben für eine ausreichende Ausstattung der Jugendämter und der Landesjugendämter zu sorgen; hierzu gehört auch eine dem Bedarf entsprechende Zahl von Fachkräften.

**Aus der Gesetzesbegründung zum BKiSchG:**
**„Zu § 79 Absatz 2**
Die aktuelle Diskussion über die Verbesserung des Kinderschutzes, aber auch die Diskussion über die weitere Qualifizierung der Förderung von Kindern in Tageseinrichtungen und in Kindertagespflege sowie die Ergebnisse des Modellprojekts „Wirkungsorientierte Jugendhilfe" machen die große Bedeutung der Qualitätsentwicklung in der Kinder- und Jugendhilfe deutlich. Dies gilt insbesondere deshalb, weil Gegenstand des Leistungsspektrum in erster Linie personenbezogen soziale Dienstleistungen sind, die im Gegensatz zu Geldleistungen gesetzlich nicht abschließend definierbar sind und deren konkreter Inhalt erst im Einzelfall unter aktiver Beteiligung der Leistungsadressaten bestimmt werden kann. Umso wichtiger ist es deshalb, dass die Ausgestaltung dieser Leistungen auch den „Regeln der fachlichen Kunst" und dem Stand der fachlichen Diskussion entspricht.

Anders als etwa das Gesundheitssystem kennt die Kinder- und Jugendhilfe keine allgemein verbindlichen Grundsätze, deren Einhaltung und Weiterentwicklung durch ein fachliches Gremium gesteuert wird. Dies bedeutet, dass es kein geschlossenes Kompendium fachlicher Standards gibt, sondern örtlich und regional unterschiedliche Handlungsleitlinien.

Zudem werden die Aufgaben der Kinder- und Jugendhilfe im Rahmen kommunaler Selbstverwaltung wahrgenommen, was eine Zurückhaltung des Gesetzgebers hinsichtlich der Art und Weise des Vollzugs gesetzlicher Vorschriften nahe legt.

Deshalb wird grundsätzlich davon abgesehen, fachliche Leitlinien per Gesetz zu dekretieren. Stattdessen wird den Trägern der öffentlichen Jugendhilfe auferlegt, im Rahmen ihrer Gesamtverantwortung für die Erfüllung der eigenen Aufgaben Grundsätze und Maßstäbe für die Bewertung der Qualität sowie Maßnahmen zur Qualitätssicherung zu entwickeln, anzuwenden und regelmäßig zu überprüfen. Im Hinblick auf die Tätigkeit der freien Träger erfolgen Qualitätsentwicklung und -sicherung über das Instrument vertraglicher Regelungen (§ 79a Absatz 2).

Zu diesem Zweck wird die Gesamtverantwortung in § 79 in Absatz 2 auf eine kontinuierliche Qualitätsentwicklung ausgedehnt, deren Durchführung in § 79a geregelt wird."

## § 79a Qualitätsentwicklung in der Kinder- und Jugendhilfe

Um die Aufgaben der Kinder- und Jugendhilfe nach § 2 zu erfüllen, haben die Träger der öffentlichen Jugendhilfe Grundsätze und Maßstäbe für die Bewertung der Qualität sowie geeignete Maßnahmen zu ihrer Gewährleistung für

5. die Gewährung und Erbringung von Leistungen,
6. die Erfüllung anderer Aufgaben,
7. den Prozess der Gefährdungseinschätzung nach § 8a,
8. die Zusammenarbeit mit anderen Institutionen

weiterzuentwickeln, anzuwenden und regelmäßig zu überprüfen. Dazu zählen auch Qualitätsmerkmale für die Sicherung der Rechte von Kindern und Jugendlichen in Einrichtungen und ihren Schutz vor Gewalt. Die Träger der öffentlichen Jugendhilfe orientieren sich dabei an den fachlichen Empfehlungen der nach § 85 Absatz 2 zuständigen Behörden und an bereits angewandten Grundsätzen und Maßstäben für die Bewertung der Qualität sowie Maßnahmen zu ihrer Gewährleistung.

**Aus der Gesetzesbegründung zum BKiSchG:**
**„Zu § 79a (neu)**
Die Vorschrift ergänzt und konkretisiert die Vorgaben in § 79 Absatz 2 Nummer 2.

In Absatz 1 wird das Spektrum der Aufgaben und Prozesse näher spezifiziert, die Gegenstand der Qualitätsentwicklung und -sicherung des Trägers der öffentlichen Jugendhilfe sind.

Die Instrumente der Qualitätsentwicklung und -sicherung sind aber nicht auf den Tätigkeitsbereich der öffentlichen Jugendhilfe begrenzt, sondern müssen – ungeachtet der Autonomie freier Träger – auch für deren Tätigkeit prägend sein. Dies entspricht zum einen dem Selbstverständnis freier Träger und ihrem Anspruch fachlich qualifizierte Arbeit zu leisten, zum anderen kann die staatliche Gemeinschaft erwarten, dass aus öffentlichen Mitteln finanzierte Leistungen fachlichen Anforderungen entsprechen. Deshalb sieht Absatz 2 eine entsprechende Verpflichtung des öffentlichen Trägers zum Vertragsabschluss mit den freien Trägern vor.

Gegenstand vertraglicher Vereinbarungen mit den Trägern der freien Jugendhilfe sind die Maßstäbe für die Bewertung der Qualität sowie Instrumente zur Sicherung der Qualität ihrer Leistungsangebote. Einen ersten Schritt hat der Gesetzgeber bereits bei der Einführung der §§ 78a ff. im Rahmen des zweiten SGB XI-Änderungsgesetzes vom 29. Mai 1998 (BGBl. I S. 1188) getan. So ist Gegenstand der Leistungsvereinbarung nach § 78b Absatz 1 Nummer 1 auch die Qualität der Leistungsangebote. Darüber hinaus sind nach § 78b Absatz1 Nummer 3 Qualitätsentwicklungsvereinbarungen zur Fortentwicklung der Qualitätsstandards abzuschließen.

Damit wird aber nur ein Teil des Leistungsspektrums der freien Träger und nicht zwangsläufig die Art und Weise der Zusammenarbeit im sozialrechtlichen Dreieck Leistungsberechtigter-Jugendamt-Leistungserbringer erfasst. Zudem gelten die Vorschriften nur für den Bereich der Entgeltfinanzierung, nicht den Bereich der Subventionsfinanzierung (Förderung nach § 74) oder die den Finanzierungsregelungen der Länder zugewiesene Förderung in Tageseinrichtungen (§ 74a).

Mit der Verankerung in § 79 und der Verpflichtung zum Abschluss von Vereinbarungen in § 79a Absatz 2 wird eine lückenlose Anwendung der Vorschriften über das Qualitätsmanagement auf alle Träger der freien Jugendhilfe – unabhängig vom Arbeitsfeld und unabhängig von der Art und Weise der Finanzierung – erreicht. Als ein zentraler Gegenstand der Vereinbarungen werden Qualitätsmerkmale für die Sicherung des Kindeswohls und den Schutz von Kindern und Jugendlichen vor Gewalt genannt (Absatz 2 Satz 2). Damit wird einer Forderung der Unterarbeitsgruppe der AG I „Prävention – Intervention – Information" des Runden Tisches „Sexueller Kindesmissbrauch" Rechnung getragen.

Nach dem Muster von § 78f sieht Absatz 3 Satz 2 den Abschluss von Rahmenverträgen auf Landesebene vor, um grundsätzliche Fragen vorzuklären und damit die örtliche Ebene zu entlasten. Dies gilt in besonderem Maße für kleinere freie Träger und (selbstorganisierte) örtliche Jugendverbände oder Jugendgruppen. Hier gilt es, die Rahmenverträge auf Landesebene so auszugestalten, dass sie auf örtlicher Ebene mittels einfacher Bestätigung Anwendung finden können.

Verbindliche Grundlage dieser Rahmenverträge sind die von den Landesjugendämtern im Rahmen ihrer Zuständigkeit nach § 85 Absatz 2 Nummer 1 entwickelten fachlichen Empfehlungen."

**Aus der Empfehlung des Ausschusses für Familie, Senioren, Frauen und Jugend des Bundestages:**

**„Zu § 79a Absatz 1**

Im Hinblick auf die Wahrnehmung der in § 79a Absatz 1 spezifizierten Aufgaben der Kinder- und Jugendhilfe finden in der Praxis der öffentlichen wie auch der freien Kinder- und Jugendhilfe bereits Qualitätsgrundsätze, Maßstäbe für die Bewertung der Qualität sowie Instrumente zur Qualitätssicherung Anwendung. Mit der Ergänzungen in Satz 1 und 2 wird zum Ausdruck gebracht, dass die Verpflichtung des öffentlichen Trägers der Jugendhilfe zu einer kontinuierlichen Qualitätsentwicklung und -sicherung an bereits entwickelte Qualitätsmerkmale und angewandte Qualitätssicherungsinstrumente anknüpft. Dies gilt auch für die vertraglichen Vereinbarungen, die der öffentliche Träger der Jugendhilfe mit den freien (freigemeinnützigen und privat-gewerblichen) Trägern der Jugendhilfe abzuschließen hat. Auch diese Vereinbarungen können an bereits entwickelte und angewandte Qualitätsentwicklungs- und Qualitätssicherungsinstrumente anknüpfen.

**Zu § 79a Absatz 2 Satz 5**

Die nach § 85 Absatz 2 zuständigen Behörden(Landesjugendämter) sind weder übergeordnete Behörden der Jugendämter noch können deren fachliche Empfehlungen grundsätzlich rechtverbindlichen Charakter gegenüber dem örtlichen Träger der öffentlichen Jugendhilfe entfalten. Die fachlichen Empfehlungen der Landesjugendämter können daher nicht als „verbindliche" Grundlage der auf Landesebene abzuschließenden Rahmenverträge über die Gegenstände und Inhalte der auf der örtlichen Ebene zu treffenden Qualitätsentwicklungsvereinbarungen bezeichnet werden."

**Zum Verfahren im Vermittlungsausschuss[4]:**

Nachdem der Bundesrat in seiner 890. Sitzung am 25. November 2011 (BR-Drs. 670/11 (Beschluss)) beschlossen hat, dem vom Deutschen Bundestag am 27. Oktober 2011 verabschiedeten Gesetz nicht zuzustimmen, ist eine Anrufung des Vermittlungsausschusses durch die Bundesregierung erfolgt. Die Beschlussempfehlung des Vermittlungsausschusses bezog sich (neben § 3 Absatz 4 KKG und § 74 Absatz 1 Satz 1 Nummer 1 SGB VIII) auf § 79a SGB VIII in der vorliegenden Fassung. Der im Regierungsentwurf vorgesehene und nun gestrichene Absatz 2 betraf die Verpflichtung

4 Anmerkung der Redaktion

für die örtlichen Träger der öffentlichen Jugendhilfe, mit den Trägern der freien Jugendhilfe Vereinbarungen über Grundsätze und Maßstäbe für die Bewertung der Qualität der Leistungsangebote sowie über geeignete Maßnahmen zur ihrer Gewährleistung zu treffen. Entsprechend bezog sich die Folgeänderung auf § 74 Absatz 1 Satz 1 Nummer 1 SGB VIII.

## § 81 Strukturelle Zusammenarbeit mit anderen Stellen und öffentlichen Einrichtungen

Die Träger der öffentlichen Jugendhilfe haben mit anderen Stellen und öffentlichen Einrichtungen, deren Tätigkeit sich auf die Lebenssituation junger Menschen und ihrer Familien auswirkt, insbesondere mit

1. den Trägern von Sozialleistungen nach dem Zweiten, Dritten, Vierten, Fünften, Sechsten und dem Zwölften Buch sowie Trägern von Leistungen nach dem Bundesversorgungsgesetz,
2. den Familien- und Jugendgerichten, den Staatsanwaltschaften sowie den Justizvollzugsbehörden,
3. Schulen und Stellen der Schulverwaltung,
4. Einrichtungen und Stellen des öffentlichen Gesundheitsdienstes und sonstigen Einrichtungen und Diensten des Gesundheitswesens,
5. den Beratungsstellen nach den §§ 3 und 8 des Schwangerschaftskonfliktgesetzes und Suchtberatungsstellen,
6. Einrichtungen und Diensten zum Schutz gegen Gewalt in engen sozialen Beziehungen,
7. den Stellen der Bundesagentur für Arbeit,
8. Einrichtungen und Stellen der beruflichen Aus- und Weiterbildung,
9. den Polizei- und Ordnungsbehörden,
10. der Gewerbeaufsicht und
11. Einrichtungen der Ausbildung für Fachkräfte, der Weiterbildung und der Forschung

im Rahmen ihrer Aufgaben und Befugnisse zusammenzuarbeiten.

**Aus der Gesetzesbegründung zum BKiSchG:**
„In die Liste der Kooperationspartner werden im Hinblick auf die Verantwortungsgemeinschaft für den Schutz des Kindeswohls die Familien- und Jugendgerichte (Nummer 2) sowie im Hinblick auf die stärkere gesetzliche Ausgestaltung der Frühen Hilfen die Schwangerschaftsberatungsstellen (Nummer 4) und Einrichtungen und Dienste zum Schutz gegen Gewalt in enge soziale Bindungen, wie z.B. Frauenhäuser (Nummer 5), aufgenommen. In der Überschrift wird klargestellt, dass Gegenstand der Vorschrift

(nur) die strukturelle Zusammenarbeit zwischen der Kinder- und Jugendhilfe und den im Einzelnen aufgeführten Institutionen ist. Die Zusammenarbeit im Einzelfall richtet sich nach den konkreten einschlägigen gesetzlichen Vorschriften und den dort eingeräumten Befugnissen."

**Aus der Empfehlung des Ausschusses für Familie, Senioren, Frauen und Jugend des Bundestages:**

**„Zu Nummer 22 (§ 81)**
**a) Zu Nummer 2**
Eine enge strukturelle Zusammenarbeit der Träger der öffentlichen Jugendhilfe mit den Staatsanwaltschaften kann zu einem wirksameren Schutz junger Menschen beitragen, insbesondere weil dadurch ein frühzeitig abgestimmtes Vorgehen im Kontext von Jugenddelinquenz ermöglicht wird. Dem Vorschlag des Bundesrates entsprechend (Bundesrats-Drucksache 202/11 (Beschluss)) werden daher die Staatsanwaltschaften in die Liste der Kooperationspartner der Kinder- und Jugendhilfe aufgenommen. Dabei ist ausdrücklich darauf hinzuweisen, dass Gegenstand der Vorschrift (nur) die strukturelle Zusammenarbeit ist. Die Zusammenarbeit im Einzelfall richtet sich nach den konkreten einschlägigen gesetzlichen Vorschriften und den dort eingeräumten Befugnissen.

**b) Zu Nummer 5**
Die Beratungsstellen nach den §§ 3 und 8 des Schwangerschaftskonfliktgesetzes sind – wie der Bundesrat in seiner Stellungnahme (Bundesrats-Drucksache 202/11 (Beschluss)) zu Recht angemerkt hat – kein Bestandteil des Gesundheitswesens und daher gesondert als Kooperationspartner der Kinder- und Jugendhilfe im Rahmen der strukturellen Zusammenarbeit anzuführen.

Darüber hinaus kann auch die Einbindung der Suchtberatungsstellen in die Kooperationsstrukturen der Kinder- und Jugendhilfe zu einem wirksameren Schutz junger Menschen beitragen. Weil eine Suchterkrankung der Eltern ein schwerwiegendes Risiko für das Wohl ihrer Kinder darstellt, werden insbesondere auch im Hinblick auf die stärkere gesetzliche Ausgestaltung der Frühen Hilfen Suchtberatungsstellen in die Liste der Kooperationspartner aufgenommen."

## § 86 Örtliche Zuständigkeit für Leistungen an Kinder, Jugendliche und ihre Eltern

(1) Für die Gewährung von Leistungen nach diesem Buch ist der örtliche Träger zuständig, in dessen Bereich die Eltern ihren gewöhnlichen Aufenthalt haben. An die Stelle der Eltern tritt die Mutter, wenn und solange die Vaterschaft nicht anerkannt oder gerichtlich festgestellt ist. Lebt nur ein Elternteil, so ist dessen gewöhnlicher Aufenthalt maßgebend.

(2) Haben die Elternteile verschiedene gewöhnliche Aufenthalte, so ist der örtliche Träger zuständig, in dessen Bereich der personensorgeberechtigte Elternteil seinen gewöhnlichen Aufenthalt hat; dies gilt auch dann, wenn ihm einzelne Angelegenheiten der Personensorge entzogen sind. Steht die Personensorge im Fall des Satzes 1 den Eltern gemeinsam zu, so richtet sich die Zuständigkeit nach dem gewöhnlichen Aufenthalt des Elternteils, bei dem das Kind oder der Jugendliche vor Beginn der Leistung zuletzt seinen gewöhnlichen Aufenthalt hatte. Hatte das Kind oder der Jugendliche im Fall des Satzes 2 zuletzt bei beiden Elternteilen seinen gewöhnlichen Aufenthalt, so richtet sich die Zuständigkeit nach dem gewöhnlichen Aufenthalt des Elternteils, bei dem das Kind oder der Jugendliche vor Beginn der Leistung zuletzt seinen tatsächlichen Aufenthalt hatte. Hatte das Kind oder der Jugendliche im Fall des Satzes 2 während der letzten sechs Monate vor Beginn der Leistung bei keinem Elternteil einen gewöhnlichen Aufenthalt, so ist der örtliche Träger zuständig, in dessen Bereich das Kind oder der Jugendliche vor Beginn der Leistung zuletzt seinen gewöhnlichen Aufenthalt hatte; hatte das Kind oder der Jugendliche während der letzten sechs Monate keinen gewöhnlichen Aufenthalt, so richtet sich die Zuständigkeit nach dem tatsächlichen Aufenthalt des Kindes oder des Jugendlichen vor Beginn der Leistung.

(3) Haben die Elternteile verschiedene gewöhnliche Aufenthalte und steht die Personensorge keinem Elternteil zu, so gilt Absatz 2 Satz 2 und 4 entsprechend.

(4) Haben die Eltern oder der nach den Absätzen 1 bis 3 maßgebliche Elternteil im Inland keinen gewöhnlichen Aufenthalt, oder ist ein gewöhnlicher Aufenthalt nicht feststellbar, oder sind sie verstorben, so richtet sich die Zuständigkeit nach dem gewöhnlichen Aufenthalt des Kindes oder des Jugendlichen vor Beginn der Leistung. Hatte das Kind oder der Jugendliche während der letzten sechs Monate vor Beginn der Leistung keinen gewöhnlichen Aufenthalt, so ist der örtliche Träger zuständig, in dessen

Bereich sich das Kind oder der Jugendliche vor Beginn der Leistung tatsächlich aufhält.

(5) Begründen die Elternteile nach Beginn der Leistung verschiedene gewöhnliche Aufenthalte, so wird der örtliche Träger zuständig, in dessen Bereich der personensorgeberechtigte Elternteil seinen gewöhnlichen Aufenthalt hat; dies gilt auch dann, wenn ihm einzelne Angelegenheiten der Personensorge entzogen sind. Solange die Personensorge beiden Elternteilen gemeinsam oder keinem Elternteil zusteht, bleibt die bisherige Zuständigkeit bestehen. Absatz 4 gilt entsprechend.

(6) Lebt ein Kind oder ein Jugendlicher zwei Jahre bei einer Pflegeperson und ist sein Verbleib bei dieser Pflegeperson auf Dauer zu erwarten, so ist oder wird abweichend von den Absätzen 1 bis 5 der örtliche Träger zuständig, in dessen Bereich die Pflegeperson ihren gewöhnlichen Aufenthalt hat. Er hat die Eltern und, falls den Eltern die Personensorge nicht oder nur teilweise zusteht, den Personensorgeberechtigten über den Wechsel der Zuständigkeit zu unterrichten. Endet der Aufenthalt bei der Pflegeperson, so endet die Zuständigkeit nach Satz 1.

(7) Für Leistungen an Kinder oder Jugendliche, die um Asyl nachsuchen oder einen Asylantrag gestellt haben, ist der örtliche Träger zuständig, in dessen Bereich sich die Person vor Beginn der Leistung tatsächlich aufhält; geht der Leistungsgewährung eine Inobhutnahme voraus, so bleibt die nach § 87 begründete Zuständigkeit bestehen. Unterliegt die Person einem Verteilungsverfahren, so richtet sich die örtliche Zuständigkeit nach der Zuweisungsentscheidung der zuständigen Landesbehörde; bis zur Zuweisungsentscheidung gilt Satz 1 entsprechend. Die nach Satz 1 oder 2 begründete örtliche Zuständigkeit bleibt auch nach Abschluss des Asylverfahrens so lange bestehen, bis die für die Bestimmung der örtlichen Zuständigkeit maßgebliche Person einen gewöhnlichen Aufenthalt im Bereich eines anderen Trägers der öffentlichen Jugendhilfe begründet. Eine Unterbrechung der Leistung von bis zu drei Monaten bleibt außer Betracht.

**Aus der Gesetzesbegründung zum BKiSchG:**
„Mit dem Wechsel der örtlichen Zuständigkeit an den Ort der Pflegestelle (§ 86 Absatz 6 a. F.) wollte der Gesetzgeber die Hilfekontinuität in der Vollzeitpflege sichern. Diese Regelung hat sich jedoch in der Praxis nicht bewährt. Vielmehr hat sich der Zuständigkeitswechsel an den Ort des gewöhnlichen Aufenthalts der Pflegepersonen zu einer der umstrittensten Vorgaben im gesamten Kinder- und Jugendhilferecht entwickelt. Die Re-

gelung knüpft die Zuständigkeit in Fällen, in denen der Verbleib des Kindes bei der Pflegefamilie auf Dauer zu erwarten ist, nach zwei Jahren am Lebensort der Pflegefamilie an und will damit eine Begleitung des Pflegeverhältnisses vor Ort sichern. Mit diesem Zuständigkeitswechsel sind jedoch gleichzeitig strukturelle Diskontinuitäten verbunden. Die Hilfe wird in vielen Fällen von einem örtlichen Träger initiiert, für den von Beginn an absehbar ist, dass er sie längstens zwei Jahre leisten wird. Der in der Regel ungleich länger zuständige Träger am Ort des gewöhnlichen Aufenthalts der Pflegeperson übernimmt dagegen regelhaft eine Leistungsbeziehung, auf deren Zustandekommen und Aushandlung er keinen Einfluss hatte.

Das angestrebte Ziel der Hilfekontinuität wird in der Praxis nicht erreicht. Der Sondertatbestand des § 86 Absatz 6 bisheriger Fassung wird in Umsetzung einer Empfehlung der Expertengruppe zu dem seitens des Bundesministeriums für Familien, Senioren, Frauen und Jugend geförderten Projekt „Neuregelung der Vorschriften zur örtlichen Zuständigkeit und Kostenerstattung in der Kinder- und Jugendhilfe" aufgehoben. Damit entfällt allerdings der ortsnahe Zugang der Pflegeperson zum „zuständigen Jugendamt". Um diesen Nachteil zu vermeiden, wird durch eine Änderung von § 37 Absatz 2 (Nummer 8) das zuständige Jugendamt am Ort des gewöhnlichen Aufenthaltshalts der Herkunftseltern verpflichtet, Beratung und Unterstützung ortsnah sicherzustellen. Im neu in § 37 eingefügten Absatz 2a wird sichergestellt, dass Änderungen im Leistungsinhalt nur bei einer Änderung des Hilfebedarfs zulässig sind und nicht allein durch den Zuständigkeitswechsel legitimiert werden.

Infolge der Aufhebung der Sonderzuständigkeit für Dauerpflegeverhältnisse nach § 86 Absatz 6 bisheriger Fassung bleibt der gewöhnliche Aufenthalt der Eltern primärer Anknüpfungspunkt für die örtliche Zuständigkeit bei einer Vollzeitpflege, die auf Dauer angelegt ist und mit einem dauerhaften Verbleib des Kindes in derselben Pflegefamilie einhergeht.

Um jedoch für Pflegeverhältnisse, bei denen eine Zuständigkeit nach § 86 Absatz 6 bisheriger Fassung besteht, keine unerwarteten Zuständigkeitsfolgen zu schaffen, ist mit der Neufassung der Norm eine Übergangsregelung geschaffen worden, die bestehend Pflegeverhältnisse in ihrem Vertrauen auf die geltende Zuständigkeit dauerhaft schützt."

**Aus der Empfehlung des Ausschusses für Familie, Senioren, Frauen und Jugend des Bundestages:**

**„Zu Nummer 23 (§ 86 Absatz 6)**
Die Aufhebung der Sonderzuständigkeit für Dauerpflegeverhältnisse wird insbesondere vor dem Hintergrund der im Bundestagsausschuss für Familie, Senioren, Frauen und Jugend durchgeführten öffentlichen Anhörung am 26. September 2011 und den hierzu vorgelegten schriftlichen Stellungnahmen zurückgenommen. Infolge der ursprünglich vorgesehenen Aufhebung der Sonderzuständigkeit für Dauerpflegeverhältnisse wäre der gewöhnliche Aufenthalt der Eltern bzw. des maßgeblichen Elternteils primärer Anknüpfungspunkt für die örtliche Zuständigkeit. Es kann nicht ausgeschlossen werden, dass der mit der ursprünglich vorgesehenen Aufhebung der Sonderzuständigkeit für Dauerpflegeverhältnisse verbundene Abbau struktureller Diskontinuitäten in der Vollzeitpflege ein im Vergleich dazu deutlich größerer Umfang an Diskontinuitäten aufgrund Wohnortswechsels der Eltern gegenüberstehen und damit das Ziel der Hilfekontinuität konterkariert würde. Diese Frage gilt es, im Rahmen der vom Bundesministerium für Familien, Senioren, Frauen und Jugend zur Überprüfung der Regelungen zur örtlichen Zuständigkeit und zur Kostenerstattung eingerichteten Bund-Länder-Arbeitsgruppe eingehend zu erörtern. Darüber hinaus sollte die Sicherstellung kontinuitätssichernder Lebensumstände für Pflegekinder in Dauerpflegeverhältnissen auch Gegenstand einer vertieften Befassung der in Artikel 4 geregelten Evaluation sein."

## § 86c Fortdauernde Leistungsverpflichtung und Fallübergabe bei Zuständigkeitswechsel

(1) Wechselt die örtliche Zuständigkeit für eine Leistung, so bleibt der bisher zuständige örtliche Träger so lange zur Gewährung der Leistung verpflichtet, bis der nunmehr zuständige örtliche Träger die Leistung fortsetzt. Dieser hat dafür Sorge zu tragen, dass der Hilfeprozess und die im Rahmen der Hilfeplanung vereinbarten Hilfeziele durch den Zuständigkeitswechsel nicht gefährdet werden.

(2) Der örtliche Träger, der von den Umständen Kenntnis erhält, die den Wechsel der Zuständigkeit begründen, hat den anderen davon unverzüglich zu unterrichten. Der bisher zuständige örtliche Träger hat dem nunmehr zuständigen örtlichen Träger unverzüglich die für die Hilfegewährung sowie den Zuständigkeitswechsel maßgeblichen Sozialdaten zu übermitteln. Bei

der Fortsetzung von Leistungen, die der Hilfeplanung nach § 36 Absatz 2 unterliegen, ist die Fallverantwortung im Rahmen eines Gespräches zu übergeben. Die Personensorgeberechtigten und das Kind oder der Jugendliche sowie der junge Volljährige oder der Leistungsberechtigte nach § 19 sind an der Übergabe angemessen zu beteiligen.

**Aus der Gesetzesbegründung zum BKiSchG:**
„Die Überschrift wurde geändert, um klarzustellen, dass die Vorschrift neben der Verpflichtung zum vorläufigen Tätigwerden auch Verfahrensregelungen zum Vorgehen bei Zuständigkeitswechseln enthält.

Die Ergebnisse aus dem Projekt „Neuregelung der Vorschriften zur örtlichen Zuständigkeit und Kostenerstattung in der Kinder- und Jugendhilfe" des Bundesministeriums für Familie, Senioren, Frauen und Jugend haben gezeigt, dass ambulante Hilfefälle beim Zuständigkeitswechsel häufig nicht an den neu zuständigen Träger übergeben werden, sondern die Hilfe stattdessen eingestellt wird. Die fortdauernde Leistungsverpflichtung gilt indes uneingeschränkt für ambulante, teilstationäre und vollstationäre Leistungen. Durch die Umformulierung des Absatzes 1 und die Anfügung des Absatzes 2 wird die Regelung zur Leistungspflicht bei Zuständigkeitswechseln präzisiert und erweitert. Das SGB VIII enthält bislang keine Regelungen zum Verfahren bei einer Fallübergabe. Auch in der Praxis existieren keine bundeseinheitlichen Standards zur Fallübergabe bei einem Zuständigkeitswechsel. Deshalb entscheiden die jeweiligen Träger der öffentlichen Jugendhilfe bislang über die Art und Weise der Übergabe in eigener Verantwortung.

Der mit dem Zuständigkeitswechsel verbundene Wechsel in der Fallsteuerung kann sich auf die Kontinuität des Hilfeprozesses und die damit verbundene Zielerreichung auswirken und ggf. zu Leistungsverzögerungen oder sogar zum Leistungsabbruch führen. Dies gilt insbesondere, wenn es um die Fortsetzung von Leistungen der Hilfe zur Erziehung (§§ 27 ff. SGB VIII) oder der Eingliederungshilfe für seelisch behinderte Kinder und Jugendliche (§ 35a SGB VIII) geht – also um Leistungen bzw. Verfahrensschritte, die eine enge und kontinuierliche Kooperation aller Verfahrensbeteiligten erfordern. Diese Risiken sollen durch eine qualifizierte Fallübergabe gemindert werden.

**Zu Absatz 1**
Satz 1 enthält den Text des bisherigen § 86c Satz 1.

Satz 2 verpflichtet den zuständig gewordenen Träger der Kinder- und Jugendhilfe, Belastungen des Hilfeprozesses durch den Zuständigkeitswechsel zu vermeiden. Für das Kindeswohl ist in der Regel förderlich, dass die Hilfekontinuität im Sinne einer Beständigkeit nicht nur im Ob, sondern auch im Wie einer rechtmäßigen Leistungserbringung nicht ohne Not gestört wird, wenn die örtliche Zuständigkeit wechselt (vgl. BGH 21.10.2004, III ZR 254/03, JAmt 2005, 35, 39). Dies gilt in besonderem Maße für Hilfe zur Erziehung in Vollzeitpflege, aber auch für andere Hilfeprozesse. Daher soll nach einem Zuständigkeitswechsel die bisherige Zielrichtung des gemeinsamen Hilfeprozesses nur dann geändert werden, wenn das Wohl des Kindes oder Jugendlichen dies erfordert.

**Zu Absatz 2**

Der neue Absatz 2 enthält Regelungen zum Verfahrensablauf beim Zuständigkeitswechsel. Satz 1 enthält den Wortlaut des bisherigen § 86c Abs. 1 Satz 2, der eine Unterrichtungspflicht begründet und eine zeitnahe Fallübergabe ermöglichen soll.

Satz 2 verpflichtet zur Weitergabe der Informationen, die für die Gewährung und Erbringung der Leistung sowie für den Wechsel der Zuständigkeit maßgeblich sind. Wie sich aus einer Umfrage bezogen auf das Jahr 2007 ergibt, werden nach Einschätzung der Jugendämter Fallübergaben besonders häufig durch unvollständige Unterlagen verzögert. Die Erfahrungen der Praxis haben gezeigt, dass häufig zwar die Tatsache des Zuständigkeitswechsels mitgeteilt wird, der nunmehr zuständige Träger aber nicht immer die erforderlichen Informationen zu den Umständen erhält, die die Grundlage für den Wechsel der Zuständigkeit bilden und den Hilfebedarf begründen. Dieses Informationsdefizit soll nun beseitigt werden

Satz 3 verpflichtet bei der Fortsetzung von Leistungen, die der Hilfeplanung nach § 36 Abs. 2 unterliegen, zur Übergabe der Fallverantwortung im Rahmen eines Gesprächs. Damit sollen die mit einer schriftlichen Informationsweitergabe häufig verbundenen Missverständnisse und Unklarheiten vermieden werden. Das Gespräch kann im persönlichen Kontakt oder fernmündlich erfolgen.

Durch Satz 4 wird die aktive Einbeziehung und Beteiligung der Leistungsadressaten als zentraler fachlicher Standard auch beim Zuständigkeitswechsel gesichert. Die konkrete Ausgestaltung erfolgt nach den Erfordernissen des Einzelfalles.“

## § 98 Zweck und Umfang der Erhebung

(1) Zur Beurteilung der Auswirkungen der Bestimmungen dieses Buches und zu seiner Fortentwicklung sind laufende Erhebungen über

1. Kinder und tätige Personen in Tageseinrichtungen,
2. Kinder und tätige Personen in öffentlich geförderter Kindertagespflege,
3. Personen, die mit öffentlichen Mitteln geförderte Kindertagespflege gemeinsam oder auf Grund einer Erlaubnis nach § 43 Abs. 3 Satz 3 in Pflegestellen durchführen, und die von diesen betreuten Kinder,
4. die Empfänger
   a) der Hilfe zur Erziehung,
   b) der Hilfe für junge Volljährige und
   c) der Eingliederungshilfe für seelisch behinderte Kinder und Jugendliche,
5. Kinder und Jugendliche, zu deren Schutz vorläufige Maßnahmen getroffen worden sind,
6. Kinder und Jugendliche, die als Kind angenommen worden sind,
7. Kinder und Jugendliche, die unter Amtspflegschaft, Amtsvormundschaft oder Beistandschaft des Jugendamts stehen,
8. Kinder und Jugendliche, für die eine Pflegeerlaubnis erteilt worden ist,
9. Maßnahmen des Familiengerichts,
10. mit öffentlichen Mitteln geförderte Angebote der Jugendarbeit,
11. die Einrichtungen mit Ausnahme der Tageseinrichtungen, Behörden und Geschäftsstellen in der Jugendhilfe und die dort tätigen Personen sowie
12. die Ausgaben und Einnahmen der öffentlichen Jugendhilfe
13. Gefährdungseinschätzung nach § 8a

als Bundesstatistik durchzuführen.

(2) Zur Verfolgung der gesellschaftlichen Entwicklung im Bereich der elterlichen Sorge sind im Rahmen der Kinder- und Jugendhilfestatistik auch laufende Erhebungen über Sorgeerklärungen durchzuführen.

**Aus der Gesetzesbegründung zum BKiSchG:**
„Durch die Änderungen werden bestehende Erhebungstatbestände präzisiert (Buchstabe – Nummer 3), an die neuen Formulierung der Erhebungsmerkmale angepasst (Buchstabe b – Nummer 9). Durch die Anfügung von Nummer 13 wird ein neuer Erhebungstatbestand zur

statistischen Erfassung der Gefährdungseinschätzung nach § 8a Absatz 1 eingeführt. Für die Beurteilung der Auswirkungen dieser Vorschrift, der eine zentrale Bedeutung für einen wirksamen Kinderschutz zukommt, sind aktuelle Daten über die Einschätzungspraxis in den Jugendämtern und die Ergebnisse der Gefährdungseinschätzung unverzichtbar (Buchstabe c)."

## § 99 Erhebungsmerkmale

(1) Erhebungsmerkmale bei den Erhebungen über Hilfe zur Erziehung nach den §§ 27 bis 35, Eingliederungshilfe für seelisch behinderte Kinder und Jugendliche nach § 35a und Hilfe für junge Volljährige nach § 41 sind

1. im Hinblick auf die Hilfe
   a) Art des Trägers des Hilfe durchführenden Dienstes oder der Hilfe durchführenden Einrichtung,
   b) Art der Hilfe,
   c) Ort der Durchführung der Hilfe,
   d) Monat und Jahr des Beginns und Endes sowie Fortdauer der Hilfe,
   e) familienrichterliche Entscheidungen zu Beginn der Hilfe,
   f) Intensität der Hilfe,
   g) Hilfe anregende Institutionen oder Personen,
   h) Gründe für die Hilfegewährung,
   i) Grund für die Beendigung der Hilfe,
   j) vorangegangene Gefährdungseinschätzung nach § 8a Absatz 1 sowie
2. im Hinblick auf junge Menschen
   a) Geschlecht,
   b) Geburtsmonat und Geburtsjahr,
   c) Lebenssituation bei Beginn der Hilfe,
   d) anschließender Aufenthalt,
   e) nachfolgende Hilfe;
3. bei sozialpädagogischer Familienhilfe nach § 31 und anderen familienorientierten Hilfen nach § 27 zusätzlich zu den unter den Nummern 1 und 2 genannten Merkmalen
   a) Geschlecht, Geburtsmonat und Geburtsjahr der in der Familie lebenden jungen Menschen sowie
   b) Zahl der außerhalb der Familie lebenden Kinder und Jugendlichen.

(2) Erhebungsmerkmale bei den Erhebungen über vorläufige Maßnahmen zum Schutz von Kindern und Jugendlichen sind Kinder und Jugendliche, zu deren Schutz Maßnahmen nach § 42 getroffen worden sind, gegliedert nach

1) Art des Trägers der Maßnahme, Art der Maßnahme, Form der Unterbringung während der Maßnahme, Institution oder Personenkreis, die oder der die Maßnahme angeregt hat, Zeitpunkt des Beginns und Dauer der Maßnahme, Durchführung auf Grund einer vorangegangenen Gefährdungseinschätzung nach § 8a Absatz 1, Maßnahmeanlass, Art der anschließenden Hilfe,
2) bei Kindern und Jugendlichen zusätzlich zu den unter Nummer 1 genannten Merkmalen nach Geschlecht, Altersgruppe, Staatsangehörigkeit, Art des Aufenthalts vor Beginn der Maßnahme.

(3) Erhebungsmerkmale bei den Erhebungen über die Annahme als Kind sind

1. angenommene Kinder und Jugendliche, gegliedert
   a) nach Geschlecht, Geburtsmonat und Geburtsjahr, Staatsangehörigkeit und Art des Trägers des Adoptionsvermittlungsdienstes,
   b) nach Herkunft des angenommenen Kindes, Art der Unterbringung vor der Adoptionspflege, Familienstand der Eltern oder des sorgeberechtigten Elternteils oder Tod der Eltern zu Beginn der Adoptionspflege sowie Ersetzung der Einwilligung zur Annahme als Kind,
   c) nach Staatsangehörigkeit der oder des Annehmenden und Verwandtschaftsverhältnis zu dem Kind,
2. die Zahl der
   a) ausgesprochenen und aufgehobenen Annahmen sowie der abgebrochenen Adoptionspflegen, gegliedert nach Art des Trägers des Adoptionsvermittlungsdienstes,
   b) vorgemerkten Adoptionsbewerber, die zur Annahme als Kind vorgemerkten und in Adoptionspflege untergebrachten Kinder und Jugendlichen zusätzlich nach ihrem Geschlecht, gegliedert nach Art des Trägers des Adoptionsvermittlungsdienstes.

(4) Erhebungsmerkmal bei den Erhebungen über die Amtspflegschaft und die Amtsvormundschaft sowie die Beistandschaft ist die Zahl der Kinder und Jugendlichen unter

1. gesetzlicher Amtsvormundschaft,
2. bestellter Amtsvormundschaft,
3. bestellter Amtspflegschaft sowie

4. Beistandschaft,

gegliedert nach Geschlecht, Art des Tätigwerdens des Jugendamts sowie nach deutscher und ausländischer Staatsangehörigkeit (Deutsche/Ausländer).

(5) Erhebungsmerkmal bei den Erhebungen über
1. die Pflegeerlaubnis nach § 43 ist die Zahl der Tagespflegepersonen,
2. die Pflegeerlaubnis nach § 44 ist die Zahl der Kinder und Jugendlichen, gegliedert nach Geschlecht und Art der Pflege.

(6) Erhebungsmerkmale bei der Erhebung zum Schutzauftrag bei Kindeswohlgefährdung nach § 8a sind Kinder und Jugendliche, bei denen eine Gefährdungseinschätzung nach Absatz 1 vorgenommen worden ist, gegliedert
1. nach der Art des Trägers, bei dem der Fall bekannt geworden ist, der die Gefährdungseinschätzung anregenden Institution oder Person, der Art der Kindeswohlgefährdung sowie dem Ergebnis der Gefährdungseinschätzung,
2. bei Kindern und Jugendlichen zusätzlich zu den in Nummer 1 genannten Merkmalen nach Geschlecht, Alter und Aufenthaltsort des Kindes oder Jugendlichen zum Zeitpunkt der Meldung sowie dem Alter der Eltern und der Inanspruchnahme einer Leistung gemäß den §§ 16 bis 19 sowie 27 bis 35a und der Durchführung einer Maßnahme nach § 42.

(6a) Erhebungsmerkmal bei den Erhebungen über Sorgeerklärungen ist die gemeinsame elterliche Sorge nicht verheirateter Eltern, gegliedert danach, ob Sorgeerklärungen beider Eltern vorliegen oder eine Sorgeerklärung ersetzt worden ist.

(6b) Erhebungsmerkmal bei den Erhebungen über Maßnahmen des Familiengerichts ist die Zahl der Kinder und Jugendlichen, bei denen wegen einer Gefährdung ihres Wohls das familiengerichtliche Verfahren auf Grund einer Anrufung durch das Jugendamt nach § 8a Absatz 2 Satz 1 oder § 42 Absatz 3 Satz 2 Nummer 2 oder auf andere Weise eingeleitet worden ist und
1. den Personensorgeberechtigten auferlegt worden ist, Leistungen nach diesem Buch in Anspruch zu nehmen,
2. andere Gebote oder Verbote gegenüber den Personensorgeberechtigten oder Dritten ausgesprochen worden sind,
3. Erklärungen der Personensorgeberechtigten ersetzt worden sind,

4. die elterliche Sorge ganz oder teilweise entzogen und auf das Jugendamt oder einen Dritten als Vormund oder Pfleger übertragen worden ist,

gegliedert nach Geschlecht, Alter und zusätzlich bei Nummer 4 nach dem Umfang der übertragenen Angelegenheit.

(7) Erhebungsmerkmale bei den Erhebungen über Kinder und tätige Personen in Tageseinrichtungen sind

1. die Einrichtungen, gegliedert nach
   a) der Art des Trägers und der Rechtsform sowie besonderen Merkmalen,
   b) der Zahl der verfügbaren Plätze sowie
   c) der Art und Anzahl der Gruppen,
2. für jede dort haupt- und nebenberuflich tätige Person
   a) Geschlecht und Beschäftigungsumfang,
   b) für das pädagogisch und in der Verwaltung tätige Personal zusätzlich Geburtsmonat und Geburtsjahr, die Art des Berufsausbildungsabschlusses, Stellung im Beruf und Arbeitsbereich,
3. für die dort geförderten Kinder
   a) Geschlecht, Geburtsmonat und Geburtsjahr sowie Schulbesuch,
   b) Migrationshintergrund,
   c) Betreuungszeit und Mittagsverpflegung,
   d) erhöhter Förderbedarf
   e) Gruppenzugehörigkeit.

(7a) Erhebungsmerkmale bei den Erhebungen über Kinder in mit öffentlichen Mitteln geförderter Kindertagespflege sowie die die Kindertagespflege durchführenden Personen sind:

1. für jede tätige Person
   a) Geschlecht, Geburtsmonat und Geburtsjahr,
   b) Art und Umfang der Qualifikation, Anzahl der betreuten Kinder (Betreuungsverhältnisse am Stichtag) insgesamt und nach dem Ort der Betreuung,
2. für die dort geförderten Kinder
   a) Geschlecht, Geburtsmonat und Geburtsjahr sowie Schulbesuch,
   b) Migrationshintergrund,
   c) Betreuungszeit und Mittagsverpflegung,

d) Art und Umfang der öffentlichen Finanzierung und Förderung,
e) erhöhter Förderbedarf,
f) Verwandtschaftsverhältnis zur Pflegeperson,
g) gleichzeitig bestehende andere Betreuungsarrangements.

(7b) Erhebungsmerkmale bei den Erhebungen über Personen, die mit öffentlichen Mitteln geförderte Kindertagespflege gemeinsam oder auf Grund einer Erlaubnis nach § 43 Absatz 3 Satz 3 durchführen und die von diesen betreuten Kinder sind die Zahl der Tagespflegepersonen und die Zahl der von diesen betreuten Kinder jeweils gegliedert nach Pflegestellen.

(8) Erhebungsmerkmale bei den Erhebungen über die Angebote der Jugendarbeit nach § 11 sind die mit öffentlichen Mitteln geförderten Maßnahmen im Bereich

1. der außerschulischen Jugendbildung (§ 11 Abs. 3 Nr. 1),
2. der Kinder- und Jugenderholung (§ 11 Abs. 3 Nr. 5),
3. der internationalen Jugendarbeit (§ 11 Abs. 3 Nr. 4) sowie
4. der Fortbildungsmaßnahmen für Mitarbeiter (§ 74 Abs. 6),

gegliedert nach Art des Trägers, Dauer der Maßnahme sowie Zahl und Geschlecht der Teilnehmer, zusätzlich bei der internationalen Jugendarbeit nach Partnerländern und Maßnahmen im In- und Ausland.

(9) Erhebungsmerkmale bei den Erhebungen über die Einrichtungen, soweit sie nicht in Absatz 7 erfasst werden, sowie die Behörden und Geschäftsstellen in der Jugendhilfe und die dort tätigen Personen sind

1. die Einrichtungen, gegliedert nach der Art der Einrichtung, der Art des Trägers, der Rechtsform sowie der Art und Zahl der verfügbaren Plätze,
2. die Behörden der öffentlichen Jugendhilfe sowie die Geschäftsstellen der Träger der freien Jugendhilfe, gegliedert nach der Art des Trägers und der Rechtsform,
3. für jede haupt- und nebenberuflich tätige Person
   a) (weggefallen)
   b) (weggefallen)
   c) Geschlecht und Beschäftigungsumfang,
   d) für das pädagogische und in der Verwaltung tätige Personal zusätzlich Geburtsmonat und Geburtsjahr, Art des Berufsausbildungsabschlusses, Stellung im Beruf und Arbeitsbereich.

(10) Erhebungsmerkmale bei der Erhebung der Ausgaben und Einnahmen der öffentlichen Jugendhilfe sind

1. die Art des Trägers,
2. die Ausgaben für Einzel- und Gruppenhilfen, gegliedert nach Ausgabe- und Hilfeart sowie die Einnahmen nach Einnahmeart,
3. die Ausgaben und Einnahmen für Einrichtungen nach Arten gegliedert nach der Einrichtungsart,
4. die Ausgaben für das Personal, das bei den örtlichen und den überörtlichen Trägern sowie den kreisangehörigen Gemeinden und Gemeindeverbänden, die nicht örtliche Träger sind, Aufgaben der Jugendhilfe wahrnimmt.

**Aus der Gesetzesbegründung zum BKiSchG:**
**„Zu den Buchstaben a und b (Absatz 1, 2)**
Durch eine Änderung der Erhebungsmerkmale wird erfasst, ob eine Hilfe zur Erziehung (Absatz 1) oder eine Inobhutnahme (Absatz 6) die Folge einer Gefährdungseinschätzung nach § 8a Absatz 1 ist.

**Zu Buchstabe c (Absatz 6)**
In diesem Absatz werden künftig zentrale Daten zum Prozess der Gefährdungseinschätzung nach § 8a Absatz 1 erfasst. So sind etwa Informationen darüber, wer die Gefährdungseinschätzung anregt (z.B. Kita/Schule, Polizei, Sozialer Dienst), von großem fachpolitischen Interesse.

**Zu Buchstabe d (Absatz 6b)**
Die Vorschrift enthält die bisher in Absatz 6 geregelten Erhebungsmerkmale zu den Maßnahmen des Familiengerichts nach § 1666 BGB. Dabei wird auch die Konkretisierung des Rechtsfolgenkatalogs in § 1666 Absatz 3 BGB, der neben der Einschränkung und dem Entzug des Sorgerechts auch Ge- und Verbote gegenüber den Eltern enthält, berücksichtigt.

**Zu Buchstabe e (Absatz 7)**
Im Hinblick auf den Ausbau und die Qualifizierung der Tagesbetreuung für Kinder sind Daten über die Struktur und die altersmäßige Zusammensetzung von Gruppen in Einrichtungen unerlässlich. Entsprechende Erhebungen sind gängige Praxis. Allerdings sind Erhebungsmerkmale zu den Gruppenarten in den Einrichtungen und der Gruppenzugehörigkeit der dort geförderten Kinder bislang nicht explizit in Absatz 7 geregelt und nur im Wege der Auslegung ableitbar. Zur Klarstellung werden die betreffenden Erhebungsmerkmale konkretisiert.

**Zu Buchstabe f (Absatz 7b)**
Die Erhebungen über die während der Ausbauphase der Kindertagesbetreuung bestehenden Versorgungsdefizite werden mangels aussagekräftiger Daten nicht fortgesetzt. Im Hinblick auf die wachsende Bedeutung der Großtagespflege wird die Nummer 7 b mit entsprechenden Erhebungsmerkmalen belegt."

**Aus der Empfehlung des Ausschusses für Familie, Senioren, Frauen und Jugend des Bundestages:**

**„Zu Nummer 27 Buchstabe c (§ 99 Absatz 6 Nummer 2)**
Die Leistungen nach § 20 SGB VIII (Betreuung und Versorgung des Kindes in Notsituationen) und§ 21 SGB VIII (Unterstützung bei notwendiger Unterbringung zur Erfüllung der Schulpflicht) spielen im Kontext von Kindeswohlgefährdungen keine Rolle. Die Erhebungsmerkmale in Bezug auf Kinder und Jugendliche bei der Erhebung zum Schutzauftrag bei Kindeswohlgefährdung werden daher auf die Inanspruchnahme von Leistungen nach §§ 16 bis 19 sowie §§ 27 bis 35a begrenzt.

Unabdingbar ist es hingegen, im Rahmen dieser Erhebung weitere Aufgaben nach § 42 SGB VIII (Inobhutnahme) aufzunehmen."

## § 101 Periodizität und Berichtszeitraum

(1) Die Erhebungen nach § 99 Absatz 1 bis 5 sowie nach Absatz 6b bis 7b und 10 sind jährlich durchzuführen, die Erhebungen nach § 99 Absatz 1, soweit sie die Eingliederungshilfe für seelisch behinderte Kinder und Jugendliche betreffen, beginnend 2007. Die Erhebung nach § 99 Absatz 6 erfolgt laufend. Die übrigen Erhebungen nach § 99 sind alle vier Jahre durchzuführen, die Erhebungen nach Absatz 8 beginnend 1992, die Erhebungen nach Absatz 9 beginnend mit 2006. Die Erhebung nach § 99 Absatz 8 wird für das Jahr 2012 ausgesetzt.

(2) Die Angaben für die Erhebung nach
1. § 99 Abs. 1 sind zu dem Zeitpunkt, zu dem die Hilfe endet, bei fortdauernder Hilfe zum 31. Dezember,
2. bis 5. (weggefallen)
6. § 99 Abs. 2 sind zum Zeitpunkt des Endes einer vorläufigen Maßnahme,

7. § 99 Abs. 3 Nr. 1 sind zum Zeitpunkt der rechtskräftigen gerichtlichen Entscheidung über die Annahme als Kind,
8. § 99 Abs. 3 Nr. 2 Buchstabe a und Abs. 6a, 6b und 8 und 10 sind für das abgelaufene Kalenderjahr,
9. § 99 Abs. 3 Nr. 2 Buchstabe b und Abs. 4, 5 und 9 sind zum 31. Dezember,
10. § 99 Abs. 7, 7a und 7b sind zum 1. März,
11. § 99 Absatz 6 sind zum Zeitpunkt des Abschlusses der Gefährdungseinschätzung

zu erteilen.

**Aus der Gesetzesbegründung zum BKiSchG:**
**„Zu Buchstabe a (Absatz 1)**
Die Vorschrift regelt die Aussetzung der Erhebung über die Angebote der Jugendarbeit nach § 11, die grundsätzlich alle vier Jahre durchzuführen ist und aufgrund der gegebenen Periodizität für das Jahr 2012 anstehen würde. Anlass für die Aussetzung sind die Schwachstellen der bestehenden Erhebungsinstrumente, die zu erheblichen Erfassungslücken und damit einer weder aussagekräftigen noch tragfähigen Datenlage im Bereich der Jugendarbeit führen.

**Zu Buchstabe b (Absatz 2)**
Die Änderung in Absatz 2 Nummer 8 stellt eine Folgeänderung zur Verortung der bisher in § 99 Absatz 6 geregelten Erhebungsmerkmale zu den Maßnahmen des Familiengerichts nach § 1666 BGB in § 99 Absatz 6b dar.

Absatz 2 Nummer 11 regelt den Erhebungsmodus für die in § 99 Absatz 6 neu eingeführte Erhebung zum Prozess der Gefährdungseinschätzung nach § 8a Absatz 1."

**Aus der Empfehlung des Ausschusses für Familie, Senioren, Frauen und Jugend des Bundestages:**

**„Zu Nummer 28 Buchstabe a (§ 101 Absatz 1)**
Die Erhebung nach § 99 Absatz 6 SGB VIII zum Schutzauftrag bei Kindeswohlgefährdung soll zum 1.1.2012 neu durchgeführt werden. Durch eine laufende Meldung der Auskunftspflichtigen ist damit zu rechnen, dass die Datenqualität höher sein wird als bei einer jährlichen Erhebung. Eine Mehrbelastung der Auskunftspflichtigen ist nicht gegeben, da die Zahl der zu meldenden Fällen gleich bleibt, jedoch auf das Jahr verteilt

wird. Zudem wird durch eine laufende Erhebung eine schnellere Ergebnisbereitstellung erreicht."

## § 103 Übermittlung

(1) An die fachlich zuständigen obersten Bundes- oder Landesbehörden dürfen für die Verwendung gegenüber den gesetzgebenden Körperschaften und für Zwecke der Planung, jedoch nicht für die Regelung von Einzelfällen, vom Statistischen Bundesamt und den statistischen Ämtern der Länder Tabellen mit statistischen Ergebnissen übermittelt werden, auch soweit Tabellenfelder nur einen einzigen Fall ausweisen. Tabellen, deren Tabellenfelder nur einen einzigen Fall ausweisen, dürfen nur dann übermittelt werden, wenn sie nicht differenzierter als auf Regierungsbezirksebene, im Fall der Stadtstaaten auf Bezirksebene, aufbereitet sind.

(2) Für ausschließlich statistische Zwecke dürfen den zur Durchführung statistischer Aufgaben zuständigen Stellen der Gemeinden und Gemeindeverbände für ihren Zuständigkeitsbereich Einzelangaben aus der Erhebung nach § 99 mit Ausnahme der Hilfsmerkmale übermittelt werden, soweit die Voraussetzungen nach § 16 Abs. 5 des Bundesstatistikgesetzes gegeben sind.

(3) Die Ergebnisse der Kinder- und Jugendhilfestatistiken gemäß den §§ 98 und 99 dürfen auf der Ebene der einzelnen Gemeinde oder des einzelnen Jugendamtsbezirkes veröffentlicht werden.

**Aus der Gesetzesbegründung zum BKiSchG:**
„Die Ergebnisse der Kinder- und Jugendhilfestatistiken sind insbesondere auf kleinräumiger Ebene von hoher Bedeutung, um die Auswirkungen des SGB VIII detailliert beschreiben zu können. Die Regelung in Absatz 3 soll eine Veröffentlichung von Angaben auf der Ebene einer Gemeinde oder eines Jugendamtsbezirkes ermöglichen, auch wenn dort weniger als drei Träger der Kinder- und Jugendhilfe tätig sind. Die Vorschrift lässt nur in Bezug auf die befragte Gemeinde selbst bzw. die durch einen freien Träger erbrachten Leistungen eine Ausnahme von der statistischen Geheimhaltung zu, nicht aber hinsichtlich der betroffenen Leistungsempfängerinnen und -empfänger. Das schutzwürdige Interesse der Leistungsempfängerinnen und -empfänger an der Geheimhaltung der sie betreffenden Daten bleibt daher gewahrt."

# Besonderer Teil 3

# Artikel 3

# Änderungen anderer Gesetze

**§ 21 des Neunten Buches Sozialgesetzbuch – Rehabilitation und Teilhabe behinderter Menschen erhält folgende Fassung:**

**§ 21 Verträge mit Leistungserbringern**

(1) Die Verträge über die Ausführung von Leistungen durch Rehabilitationsdienste und -einrichtungen, die nicht in der Trägerschaft eines Rehabilitationsträgers stehen, enthalten insbesondere Regelungen über

1. Qualitätsanforderungen an die Ausführung der Leistungen, das beteiligte Personal und die begleitenden Fachdienste,
2. Übernahme von Grundsätzen der Rehabilitationsträger zur Vereinbarung von Vergütungen,
3. Rechte und Pflichten der Teilnehmer, soweit sich diese nicht bereits aus dem Rechtsverhältnis ergeben, das zwischen ihnen und dem Rehabilitationsträger besteht,
4. angemessene Mitwirkungsmöglichkeiten der Teilnehmer an der Ausführung der Leistungen,
5. Geheimhaltung personenbezogener Daten sowie
6. die Beschäftigung eines angemessenen Anteils behinderter, insbesondere schwerbehinderter Frauen,
7. das Angebot, Beratung durch den Träger der öffentlichen Jugendhilfe bei gewichtigen Anhaltspunkten für eine Kindeswohlgefährdung in Anspruch zu nehmen.

(2) Die Rehabilitationsträger wirken darauf hin, dass die Verträge nach einheitlichen Grundsätzen abgeschlossen werden; sie können über den Inhalt der Verträge gemeinsame Empfehlungen nach § 13 sowie Rahmenverträge mit den Arbeitsgemeinschaften der Rehabilitationsdienste und -einrichtungen vereinbaren. Der Bundesbeauftragte für den Datenschutz wird beteiligt.

(3) Verträge mit fachlich nicht geeigneten Diensten oder Einrichtungen werden gekündigt. Stationäre Rehabilitationseinrichtungen sind nur dann als geeignet anzusehen, wenn sie nach § 20 Abs. 2 Satz 2 zertifiziert sind.

(4) Absatz 1 Nr. 1 und 3 bis 6 wird für eigene Einrichtungen der Rehabilitationsträger entsprechend angewendet.

**Aus der Gesetzesbegründung zum BKiSchG:**
**„Zu Nummer 1 (§ 21 Nummer 7 SGB IX)**
In § 21 Absatz 1 Ziffer 7 wird explizit klargestellt, dass in den zwischen Leistungserbringern und Rehabilitationsträgern abzuschließenden Verträgen der Sicherung des Kindeswohls Rechnung zu tragen ist.

Notwendiger Inhalt der Verträge ist damit die Einbindung des Jugendamtes zur fachlichen Beratung und zur Sicherstellung der Wahrnehmung des dem Jugendamt obliegenden Schutzauftrags nach § 8a SGB VIII. Ziffer 7 korrespondiert insofern mit dem in § 8b Absatz 1 SGB VIII geregelten Anspruch auf Beratung zum Schutz von Kindern und Jugendlichen gegenüber dem örtlichen Träger der Jugendhilfe. Die Beratung kann daher auch durch eine bei einem freien Träger der Jugendhilfe angesiedelte, im Kinderschutz erfahrene Fachkraft erfolgen.

Nummer 7 schließt damit eine Lücke im Kinderschutz, indem Rehabilitationsdienste und -einrichtungen im Rahmen der Wahrnehmung ihrer Aufgaben eine positive Aufmerksamkeitskultur im Hinblick auf die Sicherung des Kindeswohls der von ihnen betreuten behinderten und von Behinderung bedrohten Kinder oder Jugendlichen entwickeln und die fachliche Expertise der Jugendhilfe im Gefährdungskontext einbeziehen."

## §§ 2 und 4 des Schwangerschaftskonfliktgesetzes erhalten folgende Fassung:

### § 2 Beratung

(1) Jede Frau und jeder Mann hat das Recht, sich zu den in § 1 Abs. 1 genannten Zwecken in Fragen der Sexualaufklärung, Verhütung und Familienplanung sowie in allen eine Schwangerschaft unmittelbar oder mittelbar berührenden Fragen von einer hierfür vorgesehenen Beratungsstelle auf Wunsch anonym informieren und beraten zu lassen.

(2) Der Anspruch auf Beratung umfaßt Informationen über
1. Sexualaufklärung, Verhütung und Familienplanung,
2. bestehende familienfördernde Leistungen und Hilfen für Kinder und Familien, einschließlich der besonderen Rechte im Arbeitsleben,
3. Vorsorgeuntersuchungen bei Schwangerschaft und die Kosten der Entbindung,
4. soziale und wirtschaftliche Hilfen für Schwangere, insbesondere finanzielle Leistungen sowie Hilfen bei der Suche nach Wohnung, Arbeits- oder Ausbildungsplatz oder deren Erhalt,
5. die Hilfsmöglichkeiten für behinderte Menschen und ihre Familien, die vor und nach der Geburt eines in seiner körperlichen, geistigen oder seelischen Gesundheit geschädigten Kindes zur Verfügung stehen,
6. die Methoden zur Durchführung eines Schwangerschaftsabbruchs, die physischen und psychischen Folgen eines Abbruchs und die damit verbundenen Risiken,
7. Lösungsmöglichkeiten für psychosoziale Konflikte im Zusammenhang mit einer Schwangerschaft,
8. die rechtlichen und psychologischen Gesichtspunkte im Zusammenhang mit einer Adoption.

Die Schwangere ist darüber hinaus bei der Geltendmachung von Ansprüchen sowie bei der Wohnungssuche, bei der Suche nach einer Betreuungsmöglichkeit für das Kind und bei der Fortsetzung ihrer Ausbildung zu unterstützen. Auf Wunsch der Schwangeren sind Dritte zur Beratung hinzuzuziehen.

(3) Zum Anspruch auf Beratung gehört auch die Nachbetreuung nach einem Schwangerschaftsabbruch oder nach der Geburt des Kindes.

**Aus der Gesetzesbegründung zum BKiSchG:**
**„Zu Nummer 2 (SchKG)**
Schwangerschaftsberatung wird von einem sehr großen Teil der Frauen in Anspruch genommen. Nicht zuletzt da die Schwangerschaftsberatungsstellen die Anträge auf Mittel der Bundesstiftung „Mutter und Kind – Schutz des ungeborenen Lebens“ und z. T. auch auf Mittel entsprechender Landesstiftungen bearbeiten, erreichen sie die Zielgruppen, die im Fokus der Frühen Hilfen stehen, besonders erfolgreich. In den Arbeitsgruppen zur Diskussion des Regelungsbedarfs für ein neues Kinderschutzgesetz ist daher gefordert worden, das Angebot der Schwangerschafts-

beratungsstellen enger mit dem anderer Einrichtungen und Dienste zu vernetzen, die Aufgaben bei Förderung und Entwicklung von Kindern in den ersten Lebensjahren wahrnehmen. Eine korrespondierende Vorschrift enthält § 81 SGB VIII für die örtlichen Träger der Jugendhilfe. Darüber hinaus sollen in den Ländern nach § 3 KKG flächendeckend verbindliche Strukturen der Zusammenarbeit vor allem im Bereich Früher Hilfen aufgebaut und weiterentwickelt werden.

Im Hinblick auf die Akzeptanz und das Potential der Schwangerschaftsberatungsstellen ist sicherzustellen, dass diese in die Kooperationsnetzwerke eingebunden sind. Der Struktur des Schwangerschaftskonfliktgesetzes entsprechend soll diese Aufgabe den Ländern übertragen werden (§ 3 Absatz 2 – neu). Gegenstand der Zusammenarbeit sind strukturelle Fragen der Angebotsgestaltung und -entwicklung und der Verzahnung mit den Aufgaben der anderen Einrichtungen und Dienste, keinesfalls aber die Zusammenarbeit in konkreten Einzelfällen. Diese richtet sich nach den Vorgaben § 4 KKG, die als Befugnisnorm ausgestaltet und in keiner Hinsicht die Beratungsstellen zur Kooperation im Einzelfall verpflichtet.

**Zu Nummer 1 (§ 2 SchKG)**
Für einen wirksamen und aktiven Kinderschutz ist es besonders wichtig, die im Fokus der Frühen Hilfen stehenden Zielgruppen möglichst frühzeitig, schon in der Schwangerschaft zu erreichen. Insbesondere gilt es, Beratungswege auch zu denjenigen Schwangeren in besonders prekären Notlagen und Konfliktsituationen zu finden, die bislang den Zugang zum öffentlich finanzierten Hilfesystem nicht gefunden haben. Dazu zählen auch Frauen, die ihre Schwangerschaft verdrängen oder gegenüber ihrem Umfeld verheimlichen. Sie sind teilweise besonders sensibel für Stigmatisierung und Reglementierung und haben Angst vor Sanktionen und Abwertung. Sie verdrängen ihre Probleme, überschätzen ihre Fähigkeiten, sind zum Teil überfordert und bevorzugen als Strategie der Problemlösung den Rückzug. Je größer das Vertrauen ist, dass das Klientel der Beratungsstelle entgegenbringt, desto leichter wird es sein, die bisher nicht erreichten Zielgruppen für Beratung zu gewinnen. Durch die unbedingte Zusage anonymer Beratung können das Vertrauen gestärkt und Zugangshindernisse abgebaut werden.

Das geltende Recht garantiert bereits für die nach § 219 des Strafgesetzbuches notwendige Schwangerschaftskonfliktberatung den Anspruch der Schwangeren auf Anonymität gegenüber der sie beratenden Person (§ 6 Absatz 2 des Gesetzes zur Vermeidung von Schwangerschaftskonflikten).

Zwar kann auch eine allgemeine Schwangerschaftsberatung nach § 2 SchKG anonym durchgeführt werden. Ein Rechtsanspruch auf eine anonyme Beratung besteht in diesen Fällen jedoch nicht, obwohl gerade durch die allgemeine Schwangerschaftsberatung ein guter Zugang zu den Zielgruppen möglich ist. Ein Rechtsanspruch auf auch anonyme Beratung ist unverzichtbare Voraussetzung, um Zugangshindernisse zu Beratung abzubauen und die Möglichkeit einer anonymen Beratung verbindlich anzubieten sowie in der Öffentlichkeit besser bekannt zu machen.

Die Anonymitätszusage ist zudem erforderlich, um etwaigen Befürchtungen der Ratsuchenden entgegenzuwirken, die die zukünftige Mitwirkung der Schwangerschaftsberatungsstellen im Netzwerk Frühe Hilfen dahingehend auslösen kann, die Kooperation erstrecke sich nicht nur auf strukturelle Fragen, sondern auch auf Einzelfälle. Es gilt, das Vertrauen des Klientels in die Beratungsstelle nicht zu gefährden. Gerade Frauen und Männer mit besonders schweren Problemen sollen nicht aufgrund einer solchen Fehlvorstellung Abstand von der Beratung nehmen. Auch um einem solchen neuen Zugangshindernis vorzubeugen, ist die Anonymität der Schwangerschaftsberatung in das Gesetz aufzunehmen."

### § 4 Öffentliche Förderung der Beratungsstellen

(1) Die Länder tragen dafür Sorge, dass den Beratungsstellen nach den §§ 3 und 8 für je 40 000 Einwohner mindestens eine Beraterin oder ein Berater vollzeitbeschäftigt oder eine entsprechende Zahl von Teilzeitbeschäftigten zur Verfügung steht. Von diesem Schlüssel soll dann abgewichen werden, wenn die Tätigkeit der Beratungsstellen mit dem vorgesehenen Personal auf Dauer nicht ordnungsgemäß durchgeführt werden kann. Dabei ist auch zu berücksichtigen, dass Schwangere in angemessener Entfernung von ihrem Wohnort eine Beratungsstelle aufsuchen können.

(2) Zur Information über die Leistungsangebote im örtlichen Einzugsbereich und zur Sicherstellung einer umfassenden Beratung wirken die Beratungsstellen in den Netzwerken nach § 3 des Gesetzes zur Kooperation und Information im Kinderschutz mit.

(3) Die zur Sicherstellung eines ausreichenden Angebotes nach den §§ 3 und 8 erforderlichen Beratungsstellen haben Anspruch auf eine angemessene öffentliche Förderung der Personal- und Sachkosten.

(4) Näheres regelt das Landesrecht.

**Aus der Gesetzesbegründung zum BKiSchG:**
**„Zu Nummer 2 (§ 4 SchKG)**
Schwangerschaftsberatungsstellen können aufgrund ihres Kontakts zu schwangeren Frauen Gefährdungslagen noch vor der Geburt erkennen und daran ausgerichtete Hilfen besonders früh und effektiv anbieten. Das klientinnenorientierte Beratungsverständnis der Beraterinnen, ihre fachlichen Kompetenzen in psychosozialen, sozialrechtlichen und gesundheitlich-medizinischen Fragen, die Vertraulichkeit der Beratungsbeziehung sowie die Kenntnis regionaler Hilfsangebote und die Unterstützung bei der Geltendmachung von Ansprüchen bilden eine gute Grundlage für umfassende Hilfe und Beratung.

Schwangerschaftsberatung wird von einem sehr großen Teil der Frauen in Anspruch genommen. Nicht zuletzt da die Schwangerschaftsberatungsstellen die Anträge auf Mittel der Bundesstiftung „Mutter und Kind – Schutz des ungeborenen Lebens" und z. T. auch auf Mittel entsprechender Landesstiftungen bearbeiten, erreichen sie die Zielgruppen, die im Fokus der Frühen Hilfen stehen, besonders erfolgreich. Schwangerschaftsberatungsstellen sind daher durch den neuen Satz 4 als unverzichtbare Einrichtungen in die Netzwerke Frühe Hilfen einzubeziehen. Der Struktur des Gesetzes zur Vermeidung von Schwangerschaftskonflikten entsprechend soll die Verantwortung für die Mitarbeit der Beratungsstellen im Netzwerk Frühe Hilfen den Ländern übertragen werden."

# Artikel 4

# Evaluation

Die Bundesregierung hat die Wirkungen dieses Gesetzes unter Beteiligung der Länder zu untersuchen und dem Deutschen Bundestag bis zum 31. Dezember 2015 über die Ergebnisse dieser Untersuchung zu berichten.

**Aus der Empfehlung des Ausschusses für Familie, Senioren, Frauen und Jugend des Bundestages:**

**„Zu Artikel 4 (neu) – Wirkungsforschung**
Um der großen gesellschaftspolitischen Bedeutung der mit dem Gesetz intendierten Stärkung des Kinderschutzes Rechnung zu tragen und der gesetzgeberischen Verantwortung in diesem Bereich nachhaltig nachkommen zu können, wird die Bundesregierung verpflichtet, die Wirkungen dieses Gesetzes mit Blick auf die in Artikel 1 § 1 dargelegte Zielrichtung zu untersuchen und dem Deutschen Bundestag sowie dem Bundesrat über die Ergebnisse dieser Untersuchung zu berichten.

Für die Berichterstattung wird eine Frist bis zum 31. Dezember 2015 gesetzt, um einen angemessenen Zeitraum für Gesetzesanwendung und Evaluation, die mit Ablauf von zwei Jahren nach Inkrafttreten des Gesetzes beginnen sollte, einzuräumen. Da nach der Kompetenzordnung des Grundgesetzes (Artikel 83 GG) die Ausführung des Gesetzes den Ländern obliegt, sind diese – insbesondere auch unter Berücksichtigung der landesrechtlichen Anstrengungen zur Verbesserung des Kinderschutzes – in die Entwicklung der Untersuchungsansätze und in die Untersuchungsauswertung einzubeziehen.

Die Untersuchungsergebnisse sollen insbesondere auch Aussagen dazu treffen, ob das Ziel der Hilfekontinuität mit den in § 37 Absatz 2 und 2a SGB VIII (Artikel 2 Nummer 9) vorgenommenen Änderungen bzw. Ergänzungen zur Sicherstellung ortsnaher Beratung und Unterstützung der Pflegepersonen und zur Zulässigkeit der Hilfeplanänderung bei Zuständigkeitswechsel erreicht wird oder weiterer gesetzlicher Änderungsbedarf besteht.

Der Gesetzgeber wird dann auf der Grundlage der Untersuchungsergebnisse entscheiden, ob ggf. Nachjustierungen der gesetzlichen Regelungen oder weitere Anpassungen an neue Entwicklungen und Erfordernisse im Kinderschutz notwendig erscheinen."

## Artikel 5

## Neufassung des Achten Buches Sozialgesetzbuch

Das Bundesministerium für Familie, Senioren, Frauen und Jugend kann den Wortlaut des Achten Buches Sozialgesetzbuch in der vom 1. Januar 2012 an geltenden Fassung im Bundesgesetzblatt bekannt machen.

**Aus der Gesetzesbegründung zum BKiSchG:**
„Die Vorschrift enthält die Erlaubnis zur Neubekanntmachung des Achten Buches Sozialgesetzbuch – Kinder- und Jugendhilfe."

## Artikel 6

## Inkrafttreten

Dieses Gesetz tritt am 1. Januar 2012 in Kraft.

**Aus der Gesetzesbegründung zum BKiSchG:**
„Die Vorschrift regelt das Inkrafttreten des Gesetzes."

# Neuregelung im SGB VIII durch das Gesetz zur Änderung des Vormundschafts- und Betreuungsrechts

# Neuregelung im SGB VIII durch das Gesetz zur Änderung des Vormundschafts- und Betreuungsrechts

## § 55 SGB VIII erhält folgende Fassung und tritt am 5. Juli 2012 in Kraft:

### § 55 Beistandschaft, Amtspflegschaft und Amtsvormundschaft

(1) Das Jugendamt wird Beistand, Pfleger oder Vormund in den durch das Bürgerliche Gesetzbuch vorgesehenen Fällen (Beistandschaft, Amtspflegschaft, Amtsvormundschaft).

(2) Das Jugendamt überträgt die Ausübung der Aufgaben des Beistands, des Amtspflegers oder des Amtsvormunds einzelnen seiner Beamten oder Angestellten. Vor der Übertragung der Aufgaben des Amtspflegers oder des Amtsvormunds soll das Jugendamt das Kind oder den Jugendlichen zur Auswahl des Beamten oder Angestellten mündlich anhören, soweit dies nach Alter und Entwicklungsstand des Kindes oder Jugendlichen möglich ist. Eine ausnahmsweise vor der Übertragung unterbliebene Anhörung ist unverzüglich nachzuholen. Ein vollzeitbeschäftigter Beamter oder Angestellter, der nur mit der Führung von Vormundschaften oder Pflegschaften betraut ist, soll höchstens 50 und bei gleichzeitiger Wahrnehmung anderer Aufgaben entsprechend weniger Vormundschaften oder Pflegschaften führen.

(3) Die Übertragung gehört zu den Angelegenheiten der laufenden Verwaltung. In dem durch die Übertragung umschriebenen Rahmen ist der Beamte oder Angestellte gesetzlicher Vertreter des Kindes oder des Jugendlichen. Amtspfleger und Amtsvormund haben den persönlichen Kontakt zu diesem zu halten sowie dessen Pflege und Erziehung nach Maßgabe des § 1793 Absatz 1a und § 1800 des Bürgerlichen Gesetzbuchs persönlich zu fördern und zu gewährleisten.

**Aus der Gesetzesbegründung (BT-Drs. 17/3617):**
**Zu Nummer 1 (§ 55 Absatz 2)**
„Durch die Einfügung wird eine Verpflichtung zur Anhörung des Mündels/Pfleglings vor Übertragung der Aufgaben des Vormunds/Pflegers auf einen einzelnen Mitarbeiter des Jugendamtes begründet sowie eine Begrenzung der Fallzahlen in der Amtsvormundschaft und Amtspflegschaft auf 50 Vor- mundschaften und Pflegschaften je vollzeittätigem Mitarbeiter des Jugendamtes vorgenommen. Die Pflicht zur Anhörung soll die Interessen des Mündels/Pfleglings und seinen Einfluss auf das Verfahren stärken. Sie soll nur dann entfallen, wenn der Mündel/Pflegling aufgrund seines Alters und Entwicklungsstandes nicht zu einer Äußerung imstande ist. Auch in Fällen, in denen die Auswahlmöglichkeiten hinsichtlich der personellen Ressourcen des Jugendamtes begrenzt oder nicht vorhanden sind, soll eine Anhörung des Mündels/Pfleglings stattfinden, um seine Stellung als Subjekt des Verfahrens zu verdeutlichen. Die festgesetzte Fallzahl entspricht einer Empfehlung der Arbeitsgruppe „Familiengerichtliche Maßnahmen bei Gefährdung des Kindeswohls – § 1666 BGB“, die sich wiederum bei ihren Untersuchungen auf eine Empfehlung der Bundesarbeitsgemeinschaft der Landesjugendämter („Dresdner Erklärung“ in: Der Amtsvormund 2000, S. 437) gestützt hat. Sind den Mitarbeitern weitere Aufgaben übertragen, ist die Anzahl der zu übernehmenden Vormundschaften oder Pflegschaften entsprechend zu reduzieren.“

**Zu Nummer 2 (§ 55 Absatz 3)**
„Nach der Konzeption des BGB wird das Jugendamt als Behörde zum Vormund bestellt. Der Amtsvormund selbst er- scheint im BGB nicht. Bei wörtlicher Auslegung der neuen Vorschriften wären die Pflichten zur persönlichen Kontaktaufnahme in § 1793 Absatz 1a – neu – BGB und zur persönlichen und Gewährleistung der Pflege und Erziehung des Mündels in § 1800 Satz 2 – neu – BGB auch erfüllt, wenn statt des bestellten Amtsvormundes ein Mitarbeiter des all- gemeinen Sozialen Dienstes des Jugendamtes den Kontakt pflegte oder sich um die Erziehung des Mündels kümmerte. Um eine solche Auslegung zu vermeiden, wird in der neuen Nummer 2 klargestellt, dass der Amtsvormund diese Aufgabe persönlich zu erfüllen hat.“

## Aus der Empfehlung des Rechtsausschusses (BT-Drs. 17/5512):

**„Zu Nummer 1 Buchstabe a (Änderung von § 55 Absatz 2)**
Mit der Ergänzung „der Aufgaben des Amtspflegers oder des Amtsvormunds" in Satz 2 soll klargestellt werden, dass eine Anhörung des Kindes oder Jugendlichen vor der Übertragung der Beistandschaft nicht erforderlich ist. Bei der Übertragung dieser Aufgaben ist eine Anhörung des Kindes oder Jugendlichen im Regelfall nicht erforderlich, weil es sich bei den Aufgaben des Beistandes nach § 1712 BGB (Beistand für die Feststellung der Vaterschaft oder für die Geltendmachung von Unterhaltsansprüchen sowie die Verfügung über diese) um vorrangig rechtliche Aufgaben handelt, die in einem begrenzten Zeitraum ausgeübt werden und für die eine persönliche Nähebeziehung bzw. ein besonderes Vertrauensverhältnis zwischen Beistand und Kind oder Jugendlichem nicht erforderlich ist. Im Übrigen erfolgt die Vaterschaftsfeststellung und Geltendmachung des Unterhaltes regelmäßig so früh wie möglich nach der Geburt des Kindes, so dass eine Anhörung aus Altersgründen ohnehin nicht möglich ist.

Die weitere Ergänzung durch den neuen Satz 3, wonach eine ausnahmsweise unterbliebene Anhörung unverzüglich nachzuholen ist, greift einen Vorschlag des Bundesrates auf. Eine solche Ausnahme, die ein Abweichen vom Grundsatz der vorherigen Anhörung rechtfertigt, kommt insbesondere bei Gefahr im Verzug in Betracht, wenn also schnelles Eingreifen und Handeln des Amtsvormundes bzw. Amtspflegers notwendig sind. In diesen Fällen ist die Anhörung aber unverzüglich nachzuholen.

**Zu Nummer 2 (Anfügung § 55 Absatz 3)**
Durch die Ersetzung der Wörter „er hat" durch die Wörter „Amtsvormund und Amtspfleger haben" in Satz 3 wird klar- gestellt, dass der Beistand von der Regelung ausgenommen ist. Die Änderung greift eine Anregung der Sachverständigen in der öffentlichen Anhörung auf. Sie ist notwendig, weil die in § 1712 BGB geregelten Aufgaben des Beistandes die in § 55 Absatz 3 – neu – Satz 3 des Achten Buches Sozialgesetzbuch genannten Pflichten zum persönlichen Kontakt sowie zur persönlichen Förderung und Gewährleistung der Pflege und Erziehung nicht umfassen."

# Anhang

- **Stellungnahme des Bundesrates zum Bundeskinderschutzgesetz**
- **Gegenäußerung der Bundesregierung**
- **Kostenbeitragsverordnung**
- **Abkürzungsverzeichnis**

# Stellungnahme des Bundesrates zum Bundeskinderschutzgesetz
## (Anlage 3 der BT-Drs. 17/6256)

Der Bundesrat hat in seiner 883. Sitzung am 27. Mai 2011 beschlossen, zu dem Gesetzentwurf gemäß Artikel 76 Absatz 2 des Grundgesetzes wie folgt Stellung zu nehmen:

### 1. Zum Gesetzentwurf allgemein

a) Der Bundesrat begrüßt die generelle Zielsetzung des Regierungsentwurfs für ein Bundeskinderschutzgesetz, insbesondere das ausgewogene Verhältnis zwischen der Stärkung des Schutzauftrags und dem präventiven Schutz von Kindern und Jugendlichen. Gleichzeitig bedauert er jedoch ausdrücklich, dass der Gesetzentwurf Prävention in diesem Sinne als alleinige Aufgabe der öffentlichen Jugendhilfe im Rahmen des Achten Buches Sozialgesetzbuch (SGB VIII) – Kinder- und Jugendhilfe – ausgestaltet. Der eigenständige rechtliche und politische Stellenwert des Gesetzes zur Kooperation und Information im Kinderschutz (KKG) als Teil des Bundeskinderschutzgesetzes begründet sich vor allem dadurch, dass „Frühe Hilfen" gemeinsame Aufgabe sowohl der Kinder- und Jugendhilfe als auch des Gesundheitsbereichs sind.

Im Rahmen der „Frühen Hilfen" spielt die gesunde Entwicklung von Kindern eine wesentliche Rolle. Insofern wäre es konsequent und notwendig, auch die Rahmenbedingungen des Gesundheitswesens im Fünften Buch Sozialgesetzbuch (SGB V) – Gesetzliche Krankenversicherung – zur frühzeitigen Unterstützung von Familien in belasteten Lebenssituationen zu verbessern. Hierzu legte eine gemeinsam von Gesundheitsministerkonferenz (GMK) und Jugend- und Familienministerkonferenz (JFMK) eingesetzte Arbeitsgruppe im Jahr 2009 einen Bericht vor, der Regelungslücken an der Schnittstelle von SGB V und SGB VIII benennt und entsprechende Änderungsvorschläge aufzeigt. Die Vorschläge wurden im Gesetzentwurf größtenteils nicht aufgegriffen, obwohl er selbst die Notwendigkeit der Verbesserung der Rechtsgrundlagen in der Kinder- und Jugendhilfe und im Bereich der Schnittstelle zum Gesundheitswesen konstatiert. Sie sollten daher weiterverfolgt werden.

b) Der Bundesrat unterstützt die Intention des Gesetzes, die lokalen Netzwerke „Früher Hilfen" durch den Einsatz von Hebammen zu stärken. Er teilt die Haltung der Bundesregierung, dass Hebammenleistungen im Zusammenhang mit der Geburt und unmittelbar danach für Prävention und Gesundheitsförderung bei dem Neugeborenen und der Mutter wichtig sind. Hebammen können Familien, zu denen sie typischerweise einen guten Zugang haben, frühzeitig unterstützen; damit können sie eine wichtige Brückenfunktion zur Jugendhilfe erfüllen. Der auf der Rechtsgrundlage des § 134a SGB V zwischen den Berufsverbänden der Hebammen und den Spitzenverbänden der Krankenkassen abgeschlossene Vertrag über die Versorgung mit Hebammenhilfe enthält in der als Anlage 1 zu diesem Vertrag beigefügten Hebammen-Vergütungsvereinbarung Bestimmungen über die gegenüber der Krankenkasse abrechnungsfähigen Leistungen. Ohne eine ärztliche Anordnung sind innerhalb der ersten zehn Tage maximal 20 Leistungen (Wochenbettbetreuung und Beratung) abrechnungsfähig, zwischen dem elften Tag nach der Geburt bis zum Ablauf von acht Wochen nach der Geburt sind insgesamt bis zu 16 weitere Leistungen abrechnungsfähig.

Da viele gesundheitliche Schwierigkeiten (Wochenbett-Depressionen, Schreikinder, Fragen der Ernährung des Kindes usw.) erst nach dem zweiten Monat auftreten, ist die Ausweitung der Hebammenleistungen seit einigen Jahren immer wieder ein Thema in der Fachdiskussion. Eine bei Bedarf mögliche zeitliche Verlängerung der Hebammenleistungen kann einen wichtigen Beitrag zur Prävention vor gesundheitlichen Schäden des Kindes auch durch Vernachlässigung oder Misshandlung leisten. Die Ausweitung zielt auf die Förderung des gesunden Aufwachsens des Kindes. Sie erspart gesundheitliche Folgekosten und ist daher gesundheitspolitisch sinnvoll und geboten. Der Bundesrat fordert daher, die Kostenerstattung durch die gesetzliche Krankenversicherung nach dem SGB V für Hebammenleistungen zeitlich auf sechs Monate zu verlängern (ohne die Zahl der 36 abrechenbaren Besuche zu erhöhen).

## 2. Zu Artikel 1 (§ 1 Überschrift, Absatz 1 und 4 und § 3 Überschrift, Absatz 1 und 4 KKG)

Artikel 1 ist wie folgt zu ändern:

a) § 1 ist wie folgt zu ändern:

aa) Die Überschrift ist wie folgt zu fassen:
„Förderung von Kindeswohl und Kindergesundheit in staatlicher Mitverantwortung".

bb) In Absatz 1 sind nach dem Wort „Entwicklung" die Wörter „und Gesundheit" einzufügen.

cc) Absatz 4 ist wie folgt zu fassen:
„Zu diesem Zweck umfasst die Unterstützung der Eltern bei der Wahrnehmung ihres Erziehungsrechts und ihrer Erziehungsverantwortung durch die staatliche Gemeinschaft insbesondere auch Information, Familienbildung, Beratung, Förderung von Kindergesundheit und Hilfe. Kern ist die Vorhaltung eines möglichst frühzeitigen, koordinierten und multiprofessionellen Angebots im Hinblick auf die Entwicklung von Kindern und ihrer Gesundheit, vor allem in den ersten Lebensjahren für Mütter und Väter sowie schwangere Frauen und werdende Väter (Frühe Hilfen), insbesondere durch Leistungen der Geburts- und Kinderkliniken, der Hebammen, der Frauenarzt- und Kinderarztpraxen sowie der Schwangerenberatungsstellen."

b) § 3 ist wie folgt zu ändern:

aa) Die Überschrift ist wie folgt zu fassen:
„Rahmenbedingungen für verbindliche Netzwerkstrukturen im Kinderschutz und zum Erhalt von Kindergesundheit".

bb) In § 3 Absatz 1 sind nach den Wörtern „zu klären" die Wörter „, primärpräventive Leistungen zum Erhalt von Kindergesundheit zu fördern" einzufügen.

cc) § 3 Absatz 4 ist zu streichen.

**Begründung:**
Kinderschutz setzt die Förderung von Kindeswohl und Kindergesundheit voraus. Deshalb sollte dieses Ziel auch in § 1 KKG benannt werden. Der Entwurf des Gesetzes zur Kooperation und Information im Kinderschutz ist dann sinnvoll, wenn auch andere als die Jugendhilfe einen Beitrag zur staatlichen Mitverantwortung übernehmen – besonders das Gesundheitswesen. Das wird durch die Einfügung des Wortes „Gesundheit" in Absatz 1 verdeutlicht. In Absatz 4 werden die vorrangigen Akteure für den Vorhalt der multiprofessionellen Angebote genannt. Die Singularität der „Familienhebammen" in § 3 Absatz 4 kann dann entfallen. Dieser Satz ist auch in § 3 nicht zielführend, da die Arbeit der Netzwerke nicht durch Familienhebammen befördert werden kann. Deren Aufgabe ist es vielmehr, die Kindergesundheit zu fördern und bestimmte Angebote zusammenzuführen.

**3. Zu Artikel 1 (§ 3 Absatz 2 Satz 1 KKG)**

In Artikel 1 ist § 3 Absatz 2 Satz 1 wie folgt zu ändern:

a) Die Angabe „Schwangerschafts- und" ist zu streichen.

b) Nach dem Wort „Problemlagen," sind die Wörter „Beratungsstellen nach den §§ 3 und 8 des Schwangerschaftskonfliktgesetzes," einzufügen.

c) Nach den Wörtern „Angehörige der Heilberufe" sind die Wörter „und der Gesundheitsfachberufe" einzufügen.

**Begründung:**
Um sicherzustellen, dass ausschließlich fachlich qualifizierte Schwangeren- und Schwangerschaftskonfliktberatungsstellen einen Anspruch auf Mitwirkung in den Netzwerken vor Ort geltend machen können, ist ein expliziter Verweis auf die §§ 3 und 8 des Schwangerschaftskonfliktgesetzes unerlässlich. Diese Konkretisierung vereinfacht die Netzwerkbildung vor Ort und sichert die Mitarbeit der anerkannten Beratungsstellen ab. Diese Beratungsstellen sind auch sprachlich von Beratungsstellen für soziale Problemlagen wie beispielsweise Schuldnerberatungsstellen oder Beratungsstellen bei sexuellem Missbrauch zu trennen.

Mit der Bezeichnung „Heilberufe" werden nur die akademischen Heilberufe (Arzt, Zahnarzt, Psychotherapeut, Apotheker) erfasst, während die „nichtärztlichen Heilberufe" (wie z. B. Gesundheits- und (Kinder-) Krankenpfleger und Hebammen) als „Gesundheitsfachberufe“ oder „Medizinalfachberufe“ bezeichnet werden. Da in das Netzwerk gerade auch Gesundheits- und (Kinder-)Krankenpfleger und Hebammen als Partner im Gesundheitswesen eingebunden werden sollen, muss dies durch die Einfügung zum Ausdruck gebracht werden.

**4. Zu Artikel 1 (§ 3 Absatz 2 Satz 2 und 3, Absatz 3 Satz 1 und Satz 1a – neu – KKG)**

In Artikel 1 ist § 3 wie folgt zu ändern:

a) In Absatz 2 sind Satz 2 und 3 zu streichen.

b) Absatz 3 ist wie folgt zu ändern:

aa) In Satz 1 sind die Wörter „auf der Ebene der“ durch die Wörter „durch den“ zu ersetzen.

bb) Nach Satz 1 ist folgender Satz einzufügen:
„Die Beteiligten sollen die Grundsätze für eine verbindliche Zusammenarbeit in Vereinbarungen festlegen.“
<entspricht Artikel 1 § 3 Absatz 2 Satz 3 des Gesetzentwurfs>

**Begründung:**
Die Formulierung, dass die verbindliche Zusammenarbeit im Kinderschutz als Netzwerk „auf der Ebene“ der örtlichen Jugendhilfeträger zu organisieren ist, lässt die Verantwortlichkeit für die Organisation des Netzwerks völlig offen, sofern Landesrecht keine Regelung trifft. Dies ist unzulänglich, weil es im Interesse des Kinderschutzes wichtig ist, auf jeden Fall die grundsätzliche Verantwortlichkeit klar zu regeln.

Die Verantwortung für Kinderschutznetzwerke ist Aufgabe der Jugendhilfe und sollte daher auch eindeutig beim örtlichen Jugendhilfeträger liegen. Dieser wäre dann auch für eine eventuelle Übertragung der Planung und Steuerung auf eine andere beteiligte Institution zuständig. Bei der derzeitigen Regelung in § 3 Absatz 2 KKG bleibt unklar, wer für die Planung und Steuerung von Netzwerken übertragungsbefugt ist.

Eine andere landesrechtliche Regelung bliebe davon unberührt.

Ob die Organisation der Netzwerke „auf der Ebene" der örtlichen Träger der Jugendhilfe organisiert wird, oder welche überregionalen Zusammenschlüsse sinnvoll sind, sollte der Organisationshoheit der örtlichen Träger der Jugendhilfe überlassen bleiben.

**5. Zu Artikel 1 (§ 4 Absatz 1 Nummer 7 und 8 – neu – KKG)**

In Artikel 1 ist § 4 Absatz 1 wie folgt zu ändern:

a) In Nummer 7 sind die Wörter „öffentlichen Schulen" durch die Wörter „öffentlichen und privaten Schulen oder" zu ersetzen.

b) Nach Nummer 7 ist folgende Nummer 8 einzufügen:
„8. sozialpädagogische und therapeutische Fachkräfte in Einrichtungen der Jugendhilfe und der Eingliederungshilfe".

**Begründung:**
Die bisherige Aufzählung der betroffenen Berufsgruppen ist unvollständig. Die vorgenommenen Ergänzungen sind im Hinblick auf die in den Nummern 1 bis 7 ausgeblendeten relevanten Berufsgruppen sachlich unverzichtbar.

**6. Zu Artikel 1 (§ 4 Absatz 1 KKG), Artikel 2 Nummer 4 Buchstabe a Doppelbuchstabe bb (§ 8a Absatz 1 Satz 2 SGB VIII) und Buchstabe b (§ 8a Absatz 4 Nummer 3 SGB VIII)**

Der Gesetzentwurf ist wie folgt zu ändern:

a) In Artikel 1 sind in § 4 Absatz 1 jeweils nach dem Wort „Personensorgeberechtigten" die Wörter „oder den Erziehungsberechtigten" einzufügen.

b) Artikel 2 Nummer 4 ist wie folgt zu ändern:

aa) In Buchstabe a Doppelbuchstabe bb sind in § 8a Absatz 1 Satz 2 nach dem Wort „Erziehungsberechtigten" die Wörter „oder die Personensorgeberechtigten" einzufügen.

bb) In Buchstabe b sind in § 8a Absatz 4 Nummer 3 nach dem Wort „Erziehungsberechtigten" die Wörter „oder Personensorgeberechtigten" einzufügen.

**Begründung:**
Im Gesetzentwurf werden die Begriffe „Personensorgeberechtigte" und „Erziehungsberechtigte" wechselnd und teilweise synonym verwandt. Personensorgeberechtigte und Erziehungsberechtigte sind aber nicht immer identisch. Wer im Kinderschutz in die Erörterung der Anhaltspunkte für eine Kindeswohlgefährdung einzubeziehen ist, hängt von den individuellen Lebensbedingungen des Minderjährigen ab. So kann z. B. die Einbeziehung des Vormunds als Personensorgeberechtigter nachrangig gegenüber denjenigen Personen sein, die den alltäglichen Umgang mit dem Kind und damit tatsächlichen Einfluss auf die Gefährdungssituation haben.

Für Geheimnisträger ist in der Praxis nicht selten der Erziehungsberechtigte der Kontaktpartner. Es kann von dem Geheimnisträger nicht erwartet werden, dass er jeweils klärt, wer für das Kind der Personensorgeberechtigte ist, um mit diesem entsprechend der gesetzlichen Regelung die Situation zu erörtern und auf die Inanspruchnahme von Hilfen hinzuwirken.

Es ist daher erforderlich, immer beide Berechtigte zu nennen. Die Einbeziehung von Personensorgeberechtigten oder Erziehungsberechtigten entspricht auch den bewährten Regelungen in § 8a Absatz 2 und 3 SGB VIII.

**7. Zu Artikel 1 (§ 4 Absatz 4 – neu – KKG)**

In Artikel 1 ist dem § 4 folgender Absatz 4 anzufügen:

„(4) Weitergehendes Landesrecht bleibt unberührt."

**Begründung:**
In mehreren Ländern existiert bereits eine gesetzliche Pflicht, wonach die in § 4 Absatz 1 KKG genannten Personen nicht nur befugt, sondern verpflichtet sind, dem Jugendamt entsprechende Anhaltspunkte mitzuteilen. Nur eine solche Regelung wird dem in der Begründung des Gesetzentwurfs angesprochenen aktiven Kinderschutz gerecht und schafft die dringend erforderliche Rechtssicherheit. Durch den angefügten Absatz 4 wird klargestellt, dass weitergehendes Landesrecht die entsprechenden bundesrechtlichen Regelungen insoweit ergänzen kann.

**8. Zu Artikel 2 Nummer 4 Buchstabe b (§ 8a Absatz 4 Satz 2 SGB VIII)**

In Artikel 2 Nummer 4 Buchstabe b sind in § 8a Absatz 4 Satz 2 nach dem Wort „hinzuziehenden" die Wörter „insoweit erfahrenen" und nach dem Wort „Fachkräfte" die Wörter „der Träger" einzufügen.

**Begründung:**
§ 8a Absatz 4 Satz 2 SGB VIII enthält verschiedene Begrifflichkeiten, die im Hinblick auf Verantwortlichkeiten und Aufgaben missverständlich sind. Wenn die „insoweit erfahrene Fachkraft" gemeint ist, sollte sie durchgängig auch so bezeichnet werden.

Die Änderung dient der Klarstellung, dass nur eine im Kinderschutz erfahrene Fachkraft als „insoweit erfahren" gelten kann, als die insoweit erfahrene Fachkraft in beratender Funktion tätig ist, und dass das Hinwirken auf die Inanspruchnahme von Hilfen bei den Sorgeberechtigten nicht zu ihren Aufgaben gehört, sondern zu den Aufgaben der jeweiligen Fachkraft des Trägers von Einrichtungen und Diensten.

**9. Zu Artikel 2 Nummer 8 (§ 17 Absatz 2 – neu – und 3 SGB VIII)**

Artikel 2 Nummer 8 ist wie folgt zu fassen:

‚8. § 17 wird wie folgt geändert:

a) Absatz 2 wird wie folgt geändert:

aa) Nach dem Wort „Sorge" werden die Wörter „und der elterlichen Verantwortung" eingefügt.

bb) Der zweite Halbsatz wird wie folgt gefasst: „dieses Konzept kann auch als Grundlage für einen Vergleich oder eine gerichtliche Entscheidung im familiengerichtlichen Verfahren dienen".

b) In Absatz 3 wird … <weiter wie Gesetzentwurf >.'

**Begründung:**
Zu Buchstabe a
Es handelt sich um eine notwendige klarstellende Ergänzung vor dem Hintergrund der Änderungen durch das Gesetz über das Verfahren in Fa-

miliensachen und in den Angelegenheiten der freiwilligen Gerichtsbarkeit (FamFG).

Im familiengerichtlichen Verfahren, in dem das Jugendamt mitwirkt, wird auf die Möglichkeiten der Beratung in der Kinder- und Jugendhilfe, insbesondere zur Entwicklung eines einvernehmlichen Konzepts für die Wahrnehmung der elterlichen Sorge und der elterlichen Verantwortung, hingewiesen (§ 156 FamFG). Ziel ist dabei, grundsätzlich ein Einvernehmen der Beteiligten zu erreichen.

Aus diesem Grund ist es erforderlich, § 17 Absatz 2 SGB VIII deckungsgleich zu formulieren. Für bestimmte Streitfälle über die Wahrnehmung der elterlichen Verantwortung, z. B. beim vom Sorgerecht unabhängigen Umgangsrecht, muss eindeutig sein, dass auch hier eine Konzeptentwicklung eingeschlossen ist.

Bei Einvernehmen über den Umgang oder die Herausgabe des Kindes, ist die einvernehmliche Regelung nach § 156 Absatz 2 FamFG als Vergleich aufzunehmen, wenn das Gericht diese billigt. Es kommt daher nicht immer zu einer gerichtlichen Entscheidung. Der zweite Halbsatz von § 17 Absatz 2 SGB VIII ist entsprechend zu ergänzen.

**10. Zu Artikel 2 Nummer 13 (§ 45 Absatz 2 Nummer 2 SGB VIII)**

Der Bund wird gebeten, im weiteren Gesetzgebungsverfahren klarzustellen, dass Trägern von Kindertageseinrichtungen durch die in Artikel 2 Nummer 13 (§ 45 Absatz 2 Nummer 2 SGB VIII) für Kinderheime vorgesehene Verschärfung der Anforderung zur Sicherstellung der gesundheitlichen Vorsorge und medizinischen Betreuung nicht eine originäre Handlungsverpflichtung auferlegt wird.

**Begründung:**
Der Gesetzentwurf erweitert die Anforderungen für die Erteilung einer Betriebserlaubnis, die sowohl Kindertageseinrichtungen als auch Heime benötigen.

Die Begründung des Entwurfs verdeutlicht, dass der Fokus der geplanten Änderung des § 45 SGB VIII auf dem Schutz derjenigen Kinder und Jugendlichen liegt, die der elterlichen Erziehungsverantwortung aufgrund räumlicher Distanz oder aus anderen Gründen durch Betreuung „Tag und Nacht“ entzogen sind. Dies trifft auf die Betreuung in einer Kindertageseinrichtung gerade nicht zu. Nichtsdestotrotz ist von der derzeitigen Formulierung des Gesetzentwurfs jede Einrichtung erfasst, für die ein Erlaubnisvorbehalt nach § 45 Absatz 1 SGB VIII besteht.

Im Aufgabenkanon der Kindertageseinrichtungen, den §§ 22, 22a Absatz 1 SGB VIII, wird deren Förderauftrag bundesrechtlich abschließend mit Erziehung, Bildung und Betreuung festgelegt. Hierin wird die pädagogische Grundkonzeption deutlich. Die in § 22 Absatz 3 Satz 1 SGB VIII genannte Förderung der körperlichen Entwicklung eines Kindes umfasst dementsprechend nicht die Übernahme der medizinischen Verantwortung.

Die Sicherstellung der gesundheitlichen Vorsorge und medizinischen Betreuung durch Kindertageseinrichtungen ist durch die genannten gesetzlichen Aufgaben nicht erfasst. In Artikel 2 Nummer 13 (§ 45 Absatz 2 Nummer 2 SGB VIII) ist darauf zu achten, dass durch die Voraussetzungen für die Erteilung einer Betriebserlaubnis für Kindertageseinrichtungen die gesetzlichen Aufgaben nicht erweitert und keine neuen Standards gesetzt werden, die Kindertageseinrichtungen im Rahmen ihres Auftrags nicht erfüllen können. Zudem sind Dritte – Gesundheitsämter, Ärzte – für die gesundheitliche Vorsorge und die medizinische Betreuung primär verantwortlich. Das Personal der Kindertageseinrichtungen ist dafür hingegen nicht ausreichend ausgebildet.

Der Bundesrat geht daher davon aus, dass mit der im Gesetzentwurf vorgesehenen Formulierung „die gesundheitliche Vorsorge und die medizinische Betreuung … gesichert sind“ keine wesentlich veränderte Aufgabenstellung der Kindertageseinrichtungen verbunden ist. Dies ist im weiteren Gesetzgebungsverfahren klarzustellen.

**11. Zu Artikel 2 Nummer 16 Buchstabe b (§ 59 Absatz 1 Satz 1 Nummer 3 und 4 – neu – , 9 und Satz 2 SGB VIII)**

Artikel 2 Nummer 16 Buchstabe b ist wie folgt zu fassen:

‚b) Absatz 1 wird wie folgt geändert:

aa) Satz 1 wird wie folgt geändert:

aaa) In Nummer 3 werden nach dem Wort „hat“ die Wörter „; die Befugnis zur Beurkundung gilt auch für die Zeit nach einem gesetzlichen Übergang dieser Unterhaltsansprüche auf einen Rechtsnachfolger fort" eingefügt.

bbb) In Nummer 4 werden nach dem Wort „beurkunden" die Wörter „; die Befugnis zur Beurkundung gilt auch für die Zeit nach einem gesetzlichen Übergang dieser Unterhaltsansprüche auf einen Rechtsnachfolger fort" eingefügt.

ccc) In Nummer 9 … <weiter wie Gesetzentwurf>.

bb) In Satz 2 … <weiter wie Gesetzentwurf>.'

**Begründung:**
Zu Buchstabe b Doppelbuchstabe aa Dreifachbuchstabe aaa und bbb
Die vorgeschlagenen Änderungen korrespondieren mit den aktuellen gemeinsamen Bemühungen des Bundes und der Länder um eine Entbürokratisierung des Unterhaltsvorschussgesetzes. Sind Unterhaltsansprüche des Kindes auf den Träger der Unterhaltsvorschussleistungen oder anderer Sozialleistungen, etwa nach dem SGB II, übergegangen, erleichtert die Erweiterung der Beurkundungsbefugnis der Urkundsperson im Jugendamt an dieser Stelle die Geltendmachung und Durchsetzung der Ansprüche.

**12. Zu Artikel 2 Nummer 19 (§ 74 Absatz 1 Satz 1 Nummer 1 SGB VIII), Nummer 20 (§ 79 Absatz 2 Satz 1 Nummer 2 SGB VIII) und Nummer 21 (§ 79a SGB VIII)**

Artikel 2 ist wie folgt zu ändern:

a) Nummer 19 ist zu streichen.

b) In Nummer 20 sind in § 79 Absatz 2 Satz 1 Nummer 2 die Wörter „nach Maßgabe von § 79a" zu streichen.

c) Nummer 21 ist zu streichen.

**Begründung:**
Um den Kinder- und Jugendschutz zu stärken, ist unstrittig eine weitere Qualitätsentwicklung in der Kinder- und Jugendhilfe erforderlich. Entsprechend hatte sich beispielsweise schon die Unterarbeitsgruppe der AG I „Prävention – Intervention – Information" des Runden Tisches „Sexueller Kindesmissbrauch" geäußert und eine Verankerung von Mindeststandards,

ausdrücklich aber nicht von überkomplexen und detailreichen arbeitsfeldspezifischen Standards gefordert. Die Bundesregierung setzt mit dem vorgelegten Gesetzentwurf auf eine staatliche Definition fachlicher Standards und deren Vereinbarung mit den Trägern der freien Jugendhilfe bzw. auf Landesebene auf Rahmenverträge zwischen den kommunalen Spitzenverbänden und den Wohlfahrtsverbänden sowie sonstigen Vereinigungen von Leistungserbringern.

Dies erscheint nicht sachgerecht. Insbesondere das Arbeitsfeld der Kinder- und Jugendarbeit ist so vielgestaltig, dass generelle Vorgaben für alle Arbeitsfelder zu wenig sinnvollen und praxisnahen Vorgaben führen würden. Andererseits würden differenzierte, an die Unterschiede der Arbeitsfelder der Kinder- und Jugendarbeit angepasste Vorgaben voraussichtlich sehr detailliert und tendenziell überkomplex geraten. Dieses Problem stellt sich in ähnlicher Form auch in anderen Leistungs- und Aufgabenbereichen. Der Notwendigkeit von Qualitätsentwicklung und insbesondere den Schutzinteressen der Kinder und Jugendlichen kann so nicht angemessen Rechnung getragen werden. Alternativ besteht – ohne dass es dazu gesetzlicher Änderungen bedürfte – die Möglichkeit, sinnvolle einzelfallbezogende Vorgaben in Zuwendungsbescheide aufzunehmen. Dies wäre eine arbeitsökonomische und unbürokratische Möglichkeit, die gebotene Qualitätsentwicklung und den Schutz der Kinder und Jugendlichen sicherzustellen, zumal eingespielte Prüfverfahren die konkrete Umsetzung der Vorgaben begleiten. Bei kommunaler Trägerschaft kann alles Erforderliche in eigener Verantwortung der Kommunen durchgeführt werden. Nach allem ist zur Förderung der Qualitätsentwicklung und des damit verbundenen Schutzes von Kindern und Jugendlichen keine gesetzliche Regelung erforderlich. Auf § 79a SGB VIII kann verzichtet werden.

### 13. Zu Artikel 2 Nummer 22 (§ 81 Nummer 2 SGB VIII)

In Artikel 2 Nummer 22 sind in § 81 Nummer 2 nach dem Wort „Jugendgerichten" die Wörter „, den Staatsanwaltschaften" einzufügen.

**Begründung:**
Staatliche Reaktionen auf abweichendes oder delinquentes Verhalten junger Menschen sind nach wie vor vielfach dadurch gekennzeichnet, dass sie mit Verzögerungen und nicht aufeinander abgestimmt erfolgen. Dabei wird verkannt, dass die Gründe, warum junge Menschen strafrechtlich in Erscheinung treten, sehr vielschichtig und komplex sind und entsprechend differenzierter Lösungsansätze bedürfen. Erforderlich sind eine enge Ver-

netzung und ein abgestimmtes Vorgehen aller am Reaktions- und Interventionsprozess beteiligten Organisationen und Einrichtungen, und zwar sowohl für den Bereich des Strafverfahrens als auch für den Bereich der Jugendhilfe, um auf diese Weise zum Schutz der betroffenen jungen Menschen ein weiteres Abgleiten in die Kriminalität zu verhindern. Eine Zusammenarbeit der Jugendhilfebehörden im Rahmen ihrer Aufgaben und Befugnisse auch mit den Staatsanwaltschaften ist hier von grundlegender Bedeutung, da gerade durch die Staatsanwaltschaften im Rahmen des Ermittlungsverfahrens vielfach schon die Weichen für den weiteren Verfahrensgang gestellt werden.

**14. Zu Artikel 2 Nummer 22 (§ 81 Nummer 4 und Nummer 4a – neu – SGB VIII)**

In Artikel 2 Nummer 22 ist § 81 wie folgt zu ändern:

a) In Nummer 4 werden das Komma nach dem Wort „Gesundheitsdienstes" und die Wörter „den Schwangerschaftsberatungsstellen" gestrichen.

b) Nach Nummer 4 ist folgende Nummer 4a einzufügen:
„4a. den Beratungsstellen nach den §§ 3 und 8 des Schwangerschaftskonfliktgesetzes,".

**Begründung:**
Die Beratungsstellen nach den §§ 3 und 8 des Schwangerschaftskonfliktgesetzes sind kein Bestandteil des Gesundheitswesens und deshalb gesondert zu benennen.

**15. Zu Artikel 2 Nummer 24a – neu – (§ 87c Absatz 2 Satz 1, Absatz 3 Satz 3 und Satz 3a – neu – SGB VIII)**

In Artikel 2 ist nach Nummer 24 folgende Nummer 24a einzufügen:

‚24a. § 87c wird wie folgt geändert:

a) Absatz 2 Satz 1 wird wie folgt gefasst:
„Sobald im Fall des Absatzes 1 die Mutter oder im Fall des Absatzes 4 die annehmende Person ihren gewöhnlichen Aufenthalt im Bereich eines anderen Jugendamtes nimmt, beantragt das die Amtsvormundschaft führende Jugendamt bei dem anderen Jugendamt die Weiterführung der

Amtsvormundschaft, sofern das Wohl des Kindes oder Jugendlichen dem nicht entgegensteht."

b) Absatz 3 wird wie folgt geändert:

aa) Satz 3 wird wie folgt gefasst:
„Sobald das Kind oder der Jugendliche seinen gewöhnlichen Aufenthalt wechselt, stellt das Jugendamt beim Familiengericht einen Antrag auf Entlassung, sofern das Wohl des Kindes oder Jugendlichen dem nicht entgegensteht."

bb) Nach Satz 3 wird folgender Satz eingefügt:
„Im Fall des Satzes 2 stellt es den Antrag sobald das Wohl des Kindes oder Jugendlichen es erfordert."'

**Begründung:**
Zu Buchstabe a
Nach der geltenden Rechtslage hat bei einem Wechsel des gewöhnlichen Aufenthaltes der Mutter das bisher zuständige Jugendamt zwingend die Weiterführung der Amtsvormundschaft beim Jugendamt des anderen Bereichs zu beantragen. Aufgrund der Änderungen ist dieser Antrag bei der Neubegründung eines gewöhnlichen Aufenthaltes in einem anderen Zuständigkeitsbereich künftig nicht mehr zwingend zu stellen, sondern nur dann, wenn das Kindeswohl dem nicht entgegensteht. Der Anwendungsbereich dieser Regelung wird außerdem auf die in Absatz 4 geregelten Vormundschaften, die im Rahmen des Verfahrens zur Annahme als Kind eintreten (Adoptionsvormundschaften nach § 1751 Absatz 4 BGB), erstreckt.

Zu Buchstabe b Doppelbuchstabe aa
Nach der geltenden Rechtslage hat bei einem Wechsel des gewöhnlichen Aufenthaltes des Kindes oder Jugendlichen das bisher zuständige Jugendamt zwingend beim Familiengericht einen Antrag auf Entlassung zu stellen. Durch die Änderungen ist für den Zuständigkeitswechsel künftig nicht mehr der Aufenthaltswechsel, sondern das Kindeswohl maßgebliches Kriterium. Künftig ist der Entlassungsantrag bei der Neubegründung eines gewöhnlichen Aufenthaltes in einem anderen Zuständigkeitsbereich nur dann zu stellen, wenn das Kindeswohl dem nicht entgegensteht.

Zu Buchstabe b Doppelbuchstabe bb
Diese Formulierung entspricht inhaltlich der geltenden Regelung des § 87c Absatz 3 Satz 3 SGB VIII, nach der das Jugendamt „im Fall des Satzes 2“ (Kind oder Jugendlicher ohne gewöhnlichen Aufenthalt) zwingend einen Entlassungsantrag beim Familiengericht zu stellen hat, sobald es das Wohl des Kindes oder Jugendlichen erfordert.

**16. Zu Artikel 2 Nummer 27 Buchstabe e Doppelbuchstabe bb Dreifachbuchstabe aaa und Buchstabe e1 – neu – (§ 99 Absatz 7 Nummer 3 Buchstabe c und Absatz 7a Nummer 2 Buchstabe c SGB VIII)**

Artikel 2 Nummer 27 ist wie folgt zu ändern:

a) In Buchstabe e Doppelbuchstabe bb ist in Dreifachbuchstabe aaa das Wort „tägliche“ durch das Wort „wöchentliche“ zu ersetzen.

b) Nach Buchstabe e ist folgender Buchstabe e1 einzufügen:

‚e1) In Absatz 7a Nummer 2 Buchstabe c wird vor dem Wort „Betreuungszeit“ das Wort „wöchentliche“ eingefügt.‘

**Begründung:**
Die Erhebung der wöchentlichen Betreuungszeit der in Tageseinrichtungen und in Kindertagespflege geförderten Kinder ist in Anbetracht der Vielzahl von Betreuungszeitmodellen mit unterschiedlichsten wöchentlichen Betreuungszeiten (z. B. nur tageweise Betreuung oder Betreuung an sechs Tagen pro Woche) erforderlich, um einen umfassenden Überblick über den Betreuungsumfang der einzelnen Kindern zu erhalten.

**17. Zu Artikel 3 Nummer 01 – neu – (§ 11 Absatz 4 Satz 4 und § 39 Absatz 1 Satz 3 SGB V) und Nummer 3 – neu – (§ 3 Nummer 6 – neu – KHEntgG)**

Artikel 3 ist wie folgt zu ändern:

a) Der Nummer 1 ist folgende Nummer 01 voranzustellen:

‚01. Das Fünfte Buch Sozialgesetzbuch – Gesetzliche Krankenversicherung – (Artikel 1 des Gesetzes vom 20. Dezember 1988, BGBl. I S. 2477, 2482), das zuletzt durch … geändert worden ist, wird wie folgt geändert:

aa) In § 11 Absatz 4 Satz 4 werden nach den Wörtern „In das Versorgungsmanagement sind" die Wörter „die Träger der Leistungen (Frühe Hilfen) nach § 16 Absatz 3 des Achten Buches sowie nach § 1 Absatz 4 des Gesetzes zur Kooperation und Information im Kinderschutz und" eingefügt.

bb) In § 39 Absatz 1 Satz 3 werden nach den Wörtern „die akutstationäre Behandlung umfasst auch die im Einzelfall" die Wörter „erforderlichen Leistungen zum Erhalt der Kindergesundheit sowie die" eingefügt.`

b) Es ist folgende Nummer 3 anzufügen:

‚3. In § 3 Nummer 5 des Gesetzes über die Entgelte für voll- und teilstationäre Krankenhausleistungen (Krankenhausentgeltgesetz – KHEntgG) vom 23. April 2002 (BGBl. I S. 1412, 1422), das zuletzt durch ... geändert worden ist, wird der Punkt am Ende durch ein Komma ersetzt und folgende Nummer 6 angefügt:

„6. Zusatzentgelte für die im Einzelfall erforderlichen Leistungen zum Erhalt der Kindergesundheit."

**Begründung:**
Die Geburts- und Kinderkliniken sind nach § 3 Absatz 2 des Entwurfs des Gesetzes zur Kooperation und Information im Kinderschutz Teil der verbindlichen Netzwerkstruktur im Kinderschutz. Geburts- und Kinderkliniken können die an sie gestellte Erwartung dann erfüllen, wenn die dafür notwendig zu erbringenden Leistungen zum Erhalt der Kindergesundheit auch finanziert werden.

Von den Geburts- und Kinderkliniken ist zu erwarten, dass sie künftig stärker Leistungen zum Erhalt der Kindergesundheit erbringen, z. B. bei der Anamnese auf kritische und riskante Lebensverhältnisse zu achten, um in der Behandlung Konsequenzen daraus ziehen, die betroffenen Familien entsprechend zu beraten, weitergehende Unterstützung und Förderung anzunehmen. Weiterhin brauchen sie zeitliche und personelle Ressourcen, um sich effektiv an der Netzwerkarbeit zu beteiligen.

Damit die Kosten der Krankenhäuser für Leistungen zum Erhalt der Kindergesundheit künftig abgegolten werden, sind entsprechende Regelungen im Fünften Buch Sozialgesetzbuch und im Krankenhausentgeltgesetz erforderlich.

## 18. Zu Artikel 3 Nummer 02 – neu – (§ 20e – neu – SGB V)

In Artikel 3 ist der Nummer 1 folgende Nummer 02 voranzustellen:

‚02. Im Fünften Buch Sozialgesetzbuch – Gesetzliche Krankenversicherung – (Artikel 1 des Gesetzes vom 20. Dezember 1988, BGBl. I S. 2477, 2482), das zuletzt durch ... geändert worden ist, wird nach § 20d folgender § 20e eingefügt:

„§ 20e Primäre Prävention für Kinder durch regionale Netzwerke

(1) Die Krankenkassen fördern im Zusammenwirken mit den zuständigen Stellen in den Ländern und Kommunen, unbeschadet der Aufgaben Anderer, gemeinsam und einheitlich regionale Netzwerke nach § 3 des Gesetzes zur Kooperation und Information im Kinderschutz und die von dem Netzwerk erbrachten primärpräventiven Leistungen zum Erhalt von Kindergesundheit. Zu den Leistungen dieser Netzwerke können auch unterstützende und entlastende Leistungen, die von qualifizierten ehrenamtlich tätigen Personen zugunsten von Schwangeren, Kindern, Müttern und Familien aufsuchend in der Lebenswelt des Kindes erbracht werden, gehören.

(2) Der Spitzenverband Bund der Krankenkassen beschließt gemeinsam und einheitlich unter Einbeziehung unabhängigen Sachverstandes Grundsätze zu den Inhalten der Förderung von regionalen Netzwerken. § 20 Absatz 1 Satz 3 gilt entsprechend. Zur Durchführung der Aufgaben nach Absatz 1 schließen die Landesverbände der Krankenkassen und die Verbände der Ersatzkassen des Landes gemeinsam und einheitlich Rahmenvereinbarungen mit den in den Ländern dafür zuständigen Stellen. Die Ausgaben der Krankenkassen und ihrer Verbände für die Wahrnehmung der Aufgaben nach Absatz 1 sollen insgesamt im Jahr 2012 für jeden ihrer Versicherten einen Betrag von 0,25 Euro umfassen; sie sind in den Folgejahren entsprechend der prozentualen Veränderung der monatlichen Bezugsgröße nach § 18 Absatz 1 SGB IV anzupassen.“‘

**Begründung:**
Während der letzten Jahre haben sich in allen Ländern regionale Netzwerke gebildet, die mit unterschiedlichen Schwerpunkten und nicht selten ohne gesicherte finanzielle Absicherung der Verbesserung der Kindergesundheit und der Sicherung des Kindeswohls dienen. In einigen dieser Netzwerke leisten gut geschulte ehrenamtlich tätige Personen einen we-

sentlichen Beitrag zur Unterstützung und Entlastung von Schwangeren, Müttern und Familien. Insbesondere der präventive Hausbesuch in der Lebenswelt des Kindes ist ein sehr geeignetes Instrument, um die gesundheitliche Entwicklung von Kindern in den ersten Lebensjahren nachhaltig zu fördern. Durch diesen primärpräventiven, sozial nicht diskriminierenden Ansatz können auch Kindesgefährdungen vermieden bzw. frühzeitig erkannt werden.

Um diese präventiven Leistungen regionaler Netzwerke finanziell abzusichern und den Aufbau weiterer regionaler Netzwerke zur Förderung der Gesundheit und des Wohls von Kindern zu ermöglichen, ist eine gesetzliche Regelung im Fünften Buch Sozialgesetzbuch unerlässlich, welche die Krankenkassen zu einem angemessenen Zuschuss zu den von diesen Netzwerken erbrachten präventiven Leistungen verpflichtet. Durch diesen Zuschuss soll insbesondere die professionelle Gewinnung, Schulung, Koordination und Unterstützung der ehrenamtlich tätigen Personen sichergestellt werden.

Das Bundeskinderschutzgesetz bestätigt die Bedeutung „Früher Hilfen" im präventiven Kinderschutz und für eine gesunde Entwicklung des Kindes während der Schwangerschaft und in den ersten Lebensjahren. Die Überführung entsprechender Netzwerke in die Regelpraxis durch Verbesserung der Rechtsgrundlagen auch im Bereich der Schnittstelle zum Gesundheitssystem wird mit dem Bundeskinderschutzgesetz für erforderlich gehalten. Damit wird insbesondere anerkannt, dass der staatliche Schutzauftrag systemübergreifend auch die im Rahmen der von regionalen Netzwerken für Kindergesundheit erbrachten präventiven Leistungen umfasst. Mithin gehört es zu den primären Aufgaben der gesetzlichen Krankenversicherung, diesen Teil des Leistungstatbestandes abzusichern, zumal bei den von den Netzwerken auf Grundlage besonderer Qualitätsanforderungen und -standards angebotenen Leistungen gesundheitliche Belange objektiv im Vordergrund stehen. Diese passgenauen, auf die Befähigung und Motivation zur Aneignung gesundheitlicher Kompetenzen ausgerichteten Hilfen sind geeignet, Entwicklungsauffälligkeiten und Entwicklungsstörungen nachhaltig zu vermeiden oder zumindest weniger wahrscheinlich zu machen.

**19. Zu Artikel 3 Nummer 03 – neu – (§ 63 Absatz 2 SGB V)**

In Artikel 3 ist der Nummer 1 folgende Nummer 03 voranzustellen:

‚03. In § 63 Absatz 2 des Fünften Buches Sozialgesetzbuch – Gesetzliche Krankenversicherung – (Artikel 1 des Gesetzes vom 20. Dezember 1988, BGBl. I S. 2477, 2482), das zuletzt durch ... geändert worden ist, werden nach den Wörtern „sowie zur" die Wörter „Förderung der Kindergesundheit und zur" eingefügt.'

**Begründung:**
Bei der Implementierung des Projektes „Ausweitung der Hebammenleistungen" unter Beteiligung der AOK Bayern und der AOK Rheinland-Pfalz hat sich gezeigt, dass § 63 SGB V eine Regelungslücke enthält. § 63 Absatz 2 SGB V soll deshalb entsprechend ergänzt werden.

**20. Zu Artikel 3 Nummer 04 – neu – (§ 134a Absatz 1 Satz 1 SGB V)**

In Artikel 3 ist der Nummer 1 folgende Nummer 04 voranzustellen:

‚04. In § 134a Absatz 1 Satz 1 des § Fünften Buches Sozialgesetzbuch – Gesetzliche Krankenversicherung – (Artikel 1 des Gesetzes vom 20. Dezember 1988, BGBl. I S. 2477, 2482), das zuletzt durch ... geändert worden ist, werden nach den Wörtern „Versorgung mit Hebammenhilfe" die Wörter „und deren Dauer" eingefügt.'

**Begründung:**
Die Länder Bayern und Rheinland-Pfalz erproben derzeit gemeinsam mit der AOK Bayern und der AOK Rheinland-Pfalz in den Regionen Mainz, Trier und Unterfranken (Würzburg), welche Konsequenzen eine Ausweitung der Hebammenleistungen von acht Wochen auf sechs Monate für die gesundheitliche Entwicklung der Mütter und Kinder hat. Eine Ausweitung der Hebammenleistung ist grundsätzlich durch eine entsprechende Regelung in den Mutterschaftsrichtlinien des Gemeinsamen Bundesausschusses und durch eine entsprechende vertragliche Vereinbarung über die Versorgung mit Hebammenhilfe möglich. § 134a SGB V soll daher entsprechend ergänzt werden.

**21. Zu Artikel 3 Nummer 05 – neu – (§ 134a Absatz 2a – neu – SGB V)**

In Artikel 3 ist der Nummer 1 folgende Nummer 05 voranzustellen:

‚05. In § 134a des Fünften Buches Sozialgesetzbuch – Gesetzliche Krankenversicherung – (Artikel 1 des Gesetzes vom 20. Dezember 1988, BGBl. I S. 2477, 2482), das zuletzt durch ... geändert worden ist, wird nach Absatz 2 folgender Absatz 2a eingefügt:

„(2a) Die Landesverbände der Krankenkassen und die Ersatzkassen haben in entsprechender Anwendung der Vertragsregelungen des Absatzes 1 mit geeigneten Einrichtungen Verträge über die Versorgung mit Hebammenhilfe und die Abrechnung der Leistungen zu schließen, wenn in der Einrichtung angestellte Hebammen Leistungen der Hebammenhilfe nach § 196 Reichsversicherungsordnung in Verbindung mit § 134a Absatz 1 des Fünften Buches Sozialgesetzbuch im zeitlichen Zusammenhang mit Leistungen der Kinder- und Jugendhilfe nach dem Achten Buch Sozialgesetzbuch erbringen. Die Vertragsparteien der Verträge nach Absatz 1 legen gemeinsam und einheitlich in Empfehlungen die Anforderungen an die Geeignetheit einer Einrichtung fest.“‘

**Begründung:**
Seit dem 1. Januar 2007 ist die Vergütungsregelung für Hebammen auf eine Vertragsregelung umgestellt worden. Nach geltendem Recht können hiernach nur freiberuflich tätige Hebammen oder von Hebammen geleitete Einrichtungen in der ambulanten Versorgung der GKV tätig sein und zu Lasten der Krankenkassen abrechnen, die entweder Mitglied eines Berufsverbandes sind oder einem von diesem Berufsverband ausgehandelten Vertrag beigetreten ist. Seit dem 1. August 2007 haben die Hebammenverbände mit den Spitzenverbänden der Krankenkassen einen Vertrag über die Versorgung mit Hebammenhilfe nach § 134a SGB V abgeschlossen. Diese Regelung schließt aus, dass andere Einrichtungen der ambulanten Versorgung Leistungen der Hebammenhilfe der bei ihnen angestellten Hebamme abrechnen können

Im Zuge der fortschreitenden Flexibilisierung der Versorgungsstrukturen im Gesundheitssektor sind die Abrechnungsmöglichkeiten der Hebamme mit der GKV in geeigneten Fällen zu erweitern. Berufsübergreifende, vernetzte Angebote der Leistungserbringer bekommen zunehmend Bedeutung für eine integrierte und wohnortnahe Versorgung. Mit der Regelung sollen ambulante Versorgungsstrukturen erfasst werden, die auch nicht durch die integrierte Versorgung gemäß § 140a ff. SGB V angeboten werden können, z. B. die sogenannten Familienhebammen, die kombinierte Leistungen in karitativen Einrichtungen erbringen und nicht zu den sonstigen Leistungserbringern des § 140b Absatz 1 Nummer 4 SGB V gehören.

An der Schnittstelle von Kinder- und Jugendhilfe und Gesundheitsversorgung kommt der Tätigkeit von Familienhebammen eine erhebliche gesellschaftspolitische Bedeutung bei der Förderung der Kindergesundheit zu. Mit ihr wird gravierenden Fehlentwicklungen in der frühen Elternzeit vorgebeugt. Familienhebammen sind in der Regel bei Jugendhilfeträgern, sozialen Einrichtungen oder Jugend- bzw. Gesundheitsämtern angestellt und erbringen neben medizinischen auch sozialpädagogische Leistungen. Die Änderung bezweckt daher, die Möglichkeit der Abrechnung für ambulante Leistungen für eine angestellte Hebamme vorzusehen, um bei Bedarf das Versorgungsangebot flexibel und variabel gestalten zu können.

Die Änderung ermöglicht die Vereinbarung eines Abrechnungsverhältnisses zwischen Krankenkasse und Einrichtungsträger, das seine Rechtsgrundlage in der Leistungsverpflichtung der Krankenkassen gegenüber den Versicherten und in entsprechender Anwendung in dem Vertrag nach § 134a Absatz 1 hat. Die privatrechtlichen Beziehungen der Hebammen zu den Versicherten sowie die berufsrechtlichen Bestimmungen bleiben von der Neuregelung unberührt. Zur Sicherung der Qualität und der Standards der Hebammenhilfe sind die Anforderungen an die Geeignetheit einer Einrichtung von den Kostenträgern und Interessenverbänden einheitlich zu gestalten. Die Vertragsautonomie der in § 134a Absatz 1 benannten Parteien wird mit der Formulierung des letzten Satzes in Absatz 3 bestätigt.

Die vorgesehene Änderung ist als Soll-Regelung weitergehender als die vom Bundesrat beschlossene Kann- Regelung zum Arzneimittelmarktneuordnungsgesetz – vgl. Bundesratsdrucksache 484/10 (Beschluss) –.

**22. Zu Artikel 3 Nummer 06 – neu – (§ 294a Absatz 1 Satz 1a – neu – SGB V)**

In Artikel 3 ist der Nummer 1 folgende Nummer 06 voranzustellen:

‚06. In § 294a Absatz 1 des Fünften Buches Sozialgesetzbuch – Gesetzliche Krankenversicherung – (Artikel 1 des Gesetzes vom 20. Dezember

1988, BGBl. I S. 2477, 2482), das zuletzt durch ... geändert worden ist, wird nach Satz 1 folgender Satz eingefügt:

„Die Verpflichtung zur Weitergabe der Angaben über den möglichen Verursacher entfällt, wenn damit der wirksame Schutz eines Kindes oder einer Jugendlichen oder eines Jugendlichen in Frage gestellt oder die Wahrscheinlichkeit einer Kindeswohlgefährdung erhöht wird." '

**Begründung:**
In der geltenden Fassung führt die Vorschrift zu einer weitgehenden Nichterfassung von Kindeswohlgefährdungen in medizinischen Statistiken, weil Ärzte verhindern wollen, dass die Krankenkassen die übermittelten Daten an die Strafverfolgungsbehörden weitergeben. Die bisherigen Erkenntnisse des Projekts „Guter Start ins Kinderleben" haben einen entsprechenden Änderungsbedarf sehr deutlich gemacht. § 294a Absatz 1 SGB V ist daher entsprechend zu ergänzen.

**23. Zu Artikel 3 Nummer 4 – neu – (§ 41 Absatz 1 Nummer 13 und 14 – neu – BZRG)**

Dem Artikel 3 ist nach Nummer 3 – neu – folgende Nummer 4 anzufügen:

‚4. In § 41 Absatz 1 Nummer 13 des Bundeszentralregistergesetzes in der Fassung der Bekanntmachung vom 21. September 1984 (BGBl. I S. 1229, 1985 I S. 195), das zuletzt durch ... geändert worden ist, wird der Punkt am Ende durch ein Komma ersetzt und folgende Nummer 14 angefügt:

„14. den Jugendämtern zur Abschätzung des Gefährdungsrisikos, wenn ihnen gewichtige Anhaltspunkte für die Gefährdung des Wohls eines Kindes oder Jugendlichen bekannt werden und soweit sich das Ersuchen auf Personen bezieht, von denen die Gefährdung ausgeht und die mit dem Kind oder Jugendlichen in häuslicher Gemeinschaft leben."'

**Begründung:**
Werden dem Jugendamt gewichtige Anhaltspunkte für die Gefährdung des Wohls eines Kindes oder Jugendlichen bekannt, so hat es nach § 8a des Achten Buches Sozialgesetzbuch das Gefährdungsrisiko einzuschätzen. Im Rahmen der Gefährdungsabschätzung kommt dem persönlichen Umfeld des Kindes oder des Jugendlichen eine entscheidende Bedeutung zu.

Für das Jugendamt können bei der Gefährdungseinschätzung Informationen über eventuelle Vorstrafen von Bezugspersonen des Kindes oder des Jugendlichen zur Konkretisierung der vorhandenen Anhaltspunkte äußerst wertvoll sein. Deswegen forderte der Bundesrat bereits 2006, Jugendämtern eine unbeschränkte Auskunft aus dem Zentralregister einzuräumen, wenn ihnen gewichtige Anhaltspunkte für die Gefährdung des Wohls eines Kindes oder Jugendlichen bekannt werden und soweit sich das Ersuchen auf Personen bezieht, von denen die Gefährdung ausgeht und die mit dem Kind oder Jugendlichen in häuslicher Gemeinschaft leben, vgl. Bundesratsdrucksache 817/06 (Beschluss).

Zwar können Jugendämter bei gewichtigen Anhaltspunkten für eine Kindeswohlgefährdung im Einzelfall nach § 31 Absatz 2 BZRG ein erweitertes Behördenführungszeugnis beantragen. Damit haben sich die Informationsmöglichkeiten der Jugendämter bereits verbessert. Zur weiteren Stärkung des Schutzes Minderjähriger sind jedoch zusätzliche Verbesserungen der Informationsbefugnisse der Jugendämter erforderlich. Die unbeschränkte Auskunft aus dem Bundeszentralregister nach § 41 BZRG hat gegenüber einem erweiterten Behördenführungszeugnis einen entscheidenden Vorteil: Die Frist zur Tilgung von Eintragungen über Verurteilungen aus dem Zentralregister (§ 46 BZRG) ist regelmäßig länger als die Frist zur Nichtaufnahme von Verurteilungen in das Führungszeugnis (§ 34 BZRG). Somit ermöglicht eine Auskunft aus dem Zentralregister eine umfassendere Information über die strafrechtliche Vorgeschichte von Bezugspersonen, da erfolgte Verurteilungen dort länger nachvollziehbar sind.

Die unbeschränkte Auskunft aus dem Zentralregister berührt das Grundrecht der Bezugsperson auf informationelle Selbstbestimmung. Im Rahmen einer Abwägung der kollidierenden Grundrechtspositionen nach dem Verhältnismäßigkeitsprinzip ist unter Berücksichtigung aller falltypischen Umstände dem Grundrecht des Minderjährigen auf körperliche und seelische Integrität jedoch das größere Gewicht beizumessen. Da nach geltendem Recht die für waffenrechtliche Erlaubnisse, für die Erteilung von Jagdscheinen und für Erlaubnisse zum Halten eines gefährlichen Hundes zuständigen Behörden eine unbeschränkte Auskunft aus dem Zentralregister erhalten können, sollte sie erst recht den Jugendämtern zum Zweck des Schutzes von Minderjährigen eingeräumt werden.

**24. Zu Artikel 3 Nummer 5 – neu – (§ 2 Absatz 1 Satz 2 – neu – AdWirkG)**

Dem Artikel 3 ist nach Nummer 4 – neu – folgende Nummer 5 anzufügen:

‚5. Dem § 2 Absatz 1 des Adoptionswirkungsgesetzes vom 5. November 2001 (BGBl. I S. 2950, 2953), das zuletzt durch ... geändert worden ist, wird folgender Satz angefügt:

„Voraussetzung hierfür ist der Nachweis, dass eine nach § 2a Absatz 1 des Gesetzes über die Vermittlung der Annahme als Kind und über das Verbot der Vermittlung von Ersatzmüttern erforderliche internationale Adoptionsvermittlung erfolgreich durchgeführt wurde."'

**Begründung:**
Im Rahmen der Umsetzung des Haager Übereinkommens über den Schutz von Kindern und die Zusammenarbeit auf dem Gebiet der internationalen Adoption vom 29. Mai 1993 (HAÜ) in das deutsche Recht wurde das Adoptionsvermittlungsrecht an die hohen Qualitätsstandards des HAÜ angepasst. Das gesetzlich geregelte Vermittlungsverfahren dient vor allem dazu, eine allein am Kindeswohl orientierte Entscheidung zu gewährleisten und jedem Missbrauch, insbesondere dem Handel mit Kindern, vorzubeugen. Gleichwohl bestehen Schutzlücken, da es für Adoptionswillige auch möglich ist, unter Umgehung der deutschen Adoptionsvorschriften und Standards, die Adoption eines Kindes im Ausland zu erwirken. In vielen Fällen findet keine Prüfung der Adoptionseignung der Annehmenden sowie der Adoptionsbedürftigkeit des Kindes statt. Oftmals kann nicht nachvollzogen werden, über welche Kanäle sie zu ihrem Wunschkind kommen und ob dafür Geldleistungen an Vermittler fließen. Ebenso kann nicht ausgeschlossen werden, dass ausländische Adoptionsbeschlüsse erkauft werden.

Die bei einer Auswertung der Verfahren auf Anerkennungs- und Wirkungsfeststellung bei der Bundeszentralstelle für Auslandsadoption in den Jahren 2005 und 2006 festgestellten „Privatadoptionen" bzw. „unbegleiteten Adoptionen" sind höchst bedenklich. So waren deutsche Adoptionsvermittlungsstellen im Jahr 2005 lediglich in 45 Prozent aller Verfahren beteiligt, im Jahr 2006 lag diese Beteiligung bei 51 Prozent (Schlauß, FamRZ 2007, S. 1699 bis 1702). Neuere Auswertungen hierzu wurden bislang nicht veröffentlicht.

Während Artikel 23 HAÜ die Anerkennung von Adoptionen aus Vertragsstaaten des HAÜ völkerrechtlich festlegt, besteht bei Adoptionen aus Nichtvertragsstaaten sowie den nicht vom Anerkennungsautomatismus des HAÜ erfassten Fällen Handlungsbedarf. Es ist erforderlich, über die Generalklausel des § 109 Absatz 1 Nummer 4 FamFG (ordre public) hinaus, konkret festzulegen, dass Adoptionen, die im Ausland unter Umgehung von deutschen Gesetzen und Standards erfolgt sind, nicht anerkannt werden. Eine solche Bestimmung dient dem effektiven Schutz von Kindern.

Die Haager Konferenz für Internationales Privatrecht hat in ihrem „Guide to good Practice" („The Implementation and Operation of the 1993 Intercountry Adoption Convention", 2008) unter der Nummer 10.1.1.6 ausdrücklich darauf hingewiesen, dass „Privatadoptionen" bzw. „unbegleitete Adoptionen" aus dem Ausland mit dem HAÜ unvereinbar sind und die darin enthaltenen Schutzmechanismen unterlaufen. Sie hat die Mitgliedstaaten daher aufgefordert, die Möglichkeit unbegleiteter Adoptionen zu unterbinden.

**25. Zu Artikel 3 (Änderung anderer Gesetze)**

Der Bundesrat bittet, im weiteren Gesetzgebungsverfahren die Aufnahme von Bestimmungen im Neunten Buch Sozialgesetzbuch (SGB IX) zum Schutz behinderter Kinder und Jugendlicher, die unter der Verantwortung anderer Sozialleistungsträger durch Einrichtungen und Fachdienste außerhalb der Jugendhilfe betreut werden, erneut zu prüfen bzw. deren Schutz an geeigneter anderer Stelle durch entsprechende Rechtsvorschriften sicherzustellen.

**Begründung:**
Die mit dem Bundeskinderschutzgesetz intendierte weitere Stärkung des Schutzes von Kindern und Jugendlichen durch die staatliche Gemeinschaft muss allen jungen Menschen zuteil werden, unabhängig davon, ob sie in Einrichtungen und Diensten der Kinder- und Jugendhilfe oder unter Verantwortung anderer Sozialleistungsträger betreut werden. Dies gebietet der allgemeine Gleichbehandlungsgrundsatz sowie insbesondere auch die UN-Kinderrechtskonvention und als zielgruppenspezifische Rahmennorm die UN-Behindertenrechtskonvention.

Der Bundesrat stellt fest, dass die im Referentenentwurf noch enthaltenen Bestrebungen, durch Einführung eines neuen § 20a SGB IX auch die Rehabilitationsträger selbst auf den Schutzauftrag bei Kindeswohlgefährdung zu verpflichten, im Kern zurückgenommen und in Artikel 3 Nummer 1 durch einen Neuregelungsvorschlag zu § 21 Absatz 1 SGB IX auf den Verweis zur möglichen Inanspruchnahme eines Beratungsangebotes der öffentlichen Jugendhilfe reduziert wurde.

Zum Schutz behinderter Kinder und Jugendlicher in Einrichtungen und Fachdiensten anderer Sozialleistungsträger sind jedoch analog zu den Bestimmungen für den Geltungsbereich des SGB VIII legislative Maßnahmen zum unmittelbaren Schutz dort betreuter Minderjähriger erforderlich. Zudem ist analog zu den vorgesehenen neuen Bestimmungen des § 72a SGB VIII auch dort ein Tätigkeitsausschluss einschlägig vorbestrafter Personen sicherzustellen. Zwar besteht für die nach § 85 Absatz 2 Nummer 6 SGB VIII für erlaubnispflichtige Einrichtungen auch außerhalb der Kinder- und Jugendhilfe zuständigen Behörden nach dem neuen § 45 Absatz 3 Nummer 2 SGB VIII das Recht zur Einforderung von Führungszeugnissen nach § 30 Absatz 5 und § 30a Absatz 1 BZRG. Dies sichert jedoch keinen durchgängigen Tätigkeitsausschluss einschlägig vorbestrafter Personen.

Auch nach den Ergebnissen des „Runden Tisches“ und anderer fachlichen Erkenntnisse zur Thematik des sexuellen Missbrauchs sind gerade auch behinderte junge Menschen in besonderer Weise gefährdet, Opfer von Übergriffen zu werden. Dies erfordert einen durchgängigen, auch rechtlichen Konsens aller Sozialleistungsträger, sich an dieser Stelle der Schutzverantwortung zu stellen. Eine Kompensation dieser Verantwortung durch die in der Regel erst im Nachgang eingeschaltete Kinder- und Jugendhilfe ist nicht möglich.

Der Bundesrat bittet daher, die aufgezeigten Lücken zum Schutz behinderter Kinder und Jugendlicher im Rahmen des Bundeskinderschutzgesetzes zu schließen.

**26. Zum Gesetzentwurf allgemein:**

a) Die Bundesregierung wird aufgefordert, im weiteren Gesetzgebungsverfahren die Kostenfolgen des Gesetzes in nachvollziehbaren Rechenschritten transparent und vollständig darzulegen.

b) Kostenverursachende Standards, die finanzielle Belastungen der Kommunen bewirken, sind Thema der von der Bundesregierung eingesetzten Gemeindefinanzkommission. Die Länder fordern seit langem die Überprüfung bestehender Standards und sehen die Schaffung entsprechender neuer Regelungen besonders kritisch. Die Vermeidung weiterer Belastungen der Haushalte von Ländern und kommunalen Gebietskörperschaften war auch ein wichtiger Grund für die Einsetzung der Föderalismuskommission und für die Einfügung einer „Schuldenbremse" in das Grundgesetz. Vor dem Hintergrund dieser Bemühungen von Bund und Ländern sind auch wichtige gesellschaftliche Anliegen wie dem Kinderschutz dienende Gesetzesvorhaben in besonders kostenträchtigen Punkten auf deren Erforderlichkeit zu hinterfragen und auf das unabdingbar Notwendige zu beschränken.

c) Der Bundesrat erwartet, dass der Bund die infolge des Gesetzes zur Stärkung eines aktiven Schutzes von Kindern und Jugendlichen den Ländern direkt und indirekt entstehenden finanziellen Mehrbelastungen dauerhaft und vollständig ausgleicht.

**Begründung:**
Die Bundesregierung hat mit dem Gesetzentwurf einen Finanzierungsteil vorgelegt, der den Anforderungen einer transparenten Darstellung der durch das Gesetz verursachten Kostenfolgen nicht gerecht wird.

So schätzt beispielsweise die Bundesregierung die Kosten des Anspruchs der Gesundheitsberufe und anderer Berufsgruppen auf Hinzuziehung der Expertise der Kinder-/Jugendhilfe (Artikel 1 – § 4 Absatz 2 KKG, Artikel 2 Nummer 5 – § 8b Absatz 1 SGB VIII) auf 20 Mio. Euro jährlich. Die Bundesregierung beruft sich dabei auf Erfahrungen aus Modellprojekten und Ergebnissen der amtlichen Kinder- und Jugendhilfestatistik sowie abgeleiteten Fallzahlen und weiteren Erfahrungen aus Modellprojekten, ohne die einzelnen Annahmen und Rechenschritte offenzulegen. Die Begründungen zu den anderen Kostenpositionen gleichen diesem Argumentationsmuster.

# Gegenäußerung der Bundesregierung
## (Anlage 4 der BT-Drs. 17/6256)

Die Bundesregierung äußert sich zur Stellungnahme des Bundesrates wie folgt:

**Zu Nummer 1 (Gesetzentwurf allgemein)**

Die Bundesregierung begrüßt die zustimmende Grundhaltung der Länder zu dem Gesetzentwurf, insbesondere deren positive Bewertung des ausgewogenen Verhältnisses zwischen der Stärkung des Schutzauftrags und dem präventiven Schutz von Kindern und Jugendlichen im Gesetzentwurf.

Entgegen der Auffassung des Bundesrates weist der Gesetzentwurf jedoch Prävention in diesem Sinne nicht allein der öffentlichen Jugendhilfe zu. Auch die Bundesregierung sieht eine Mitverantwortung des Gesundheitswesens für den Kinderschutz. Der Gesetzentwurf stärkt daher vor allem mit dem Gesetz zur Kooperation und Information im Kinderschutz (KKG) alle Akteure im Kinderschutz, insbesondere auch das Gesundheitswesen. So werden in § 3 KKG explizit Gesundheitsämter, Krankenhäuser, Sozialpädiatrische Zentren, interdisziplinäre Frühförderstellen und Angehörige der Heilberufe in die Netzwerke im Kinderschutz einbezogen. Der Bund setzt damit – seinen Kompetenzen entsprechend – einen verbindlichen Rahmen für die Verknüpfung von Kinderschutz und Gesundheitswesen, die die Länder vor allem im Hinblick auf den Öffentlichen Gesundheitsdienst intensivieren und weiter ausgestalten können.

Im Hinblick auf die Forderung des Bundesrates, die Rahmenbedingungen des Gesundheitswesens im Fünften Buch Sozialgesetzbuch (SGB V) – Gesetzliche Krankenversicherung – zur frühzeitigen Unterstützung von Familien in belasteten Lebenssituationen zu verbessern, die auch die zeitliche Erweiterung des Leistungsrahmens der Hebammenhilfe umfasst, weist die Bundesregierung allerdings darauf hin, dass die Aufgabenstellung der gesetzlichen Krankenversicherung primär morbiditätsorientiert und in diesem Kontext auch auf die Stärkung der gesundheitlichen Ressourcen ausgerichtet ist. Keinesfalls dürfen Aufgaben der Kinder- und Jugendhilfe oder anderer Leistungssysteme im Kinderschutz auf die gesetzliche Krankenversicherung (GKV) verlagert werden. So sind von der Hebammenhilfe als Leistung der gesetzlichen Krankenversicherung die besonderen Unterstützungsleistungen einer Familienhebamme zu trennen, insbesondere, soweit es um eine psychosoziale Begleitung der Eltern in den ersten Lebensmonaten und -jahren des Kindes im Interesse des Kindeswohls geht; diese gehören nicht zu den Aufgaben und sind daher keine Leistungen der GKV.

**Zu Nummer 2 (Artikel 1 – § 1 Überschrift, Absatz 1 und 4 und § 3 Überschrift, Absatz 1 und 4 KKG)**

**Zu Buchstabe a Doppelbuchstabe aa, bb und cc und zu Buchstabe b Doppelbuchstabe aa und bb**
(§ 1 Überschrift, Absatz 1 und 4 und § 3 Überschrift, Absatz 1 und 4 KKG)

Der Vorschlag wird abgelehnt.

Die Bundesregierung teilt die Auffassung des Bundesrates insofern, als Wechselwirkungen zwischen Kinderschutz und Maßnahmen zur Förderung von Kindergesundheit bestehen. Der Gesetzentwurf trägt diesem Ansatz Rechnung. Die zentrale Zielsetzung des Gesetzentwurfes ist jedoch der Kinderschutz. Eine Ausdehnung um Aspekte der Förderung der Kindergesundheit würde zu einer erheblichen Ausweitung der Zielsetzung und einer diesbezüglich hohen Erwartungshaltung führen, die durch das Bundeskinderschutzgesetz nicht eingelöst werden können. Im Übrigen kann Erziehungsverantwortung keinesfalls von den genannten Einrichtungen im Gesundheitswesen übernommen werden. Insoweit ist die vorgeschlagene Ergänzung der Überschrift und des Textes abzulehnen.

**Zu Buchstabe b Doppelbuchstabe cc (§ 3 Absatz 4 KKG)**

Der Vorschlag wird abgelehnt.

Familienhebammen sind staatlich examinierte Hebammen mit einer Zusatzqualifikation. Sie begleiten und beraten Mütter und Väter mit Säuglingen nicht nur medizinisch (z. B. zu Pflege und Ernährung des Kindes), sondern können auch auf besondere Bedürfnisse von Familien in belasteten Lebenslagen eingehen (z. B. psychische Erkrankungen, Paarkonflikte, Störungen in der Eltern-Kind-Beziehung) bzw. diese erkennen und angemessene Hilfe vermitteln. Gerade weil Familienhebammen Familien in belastenden Lebenslagen bis (maximal) zum ersten Lebensjahr des Kindes begleiten, sind sie eine sinnvolle Ergänzung zu einer Hebamme.

Nach Auffassung der Bundesregierung haben Familienhebammen daher für die Frühen Hilfen ein einzigartiges Profil: Sie haben als Hebammen bereits in der Schwangerschaft und direkt nach der Geburt einen selbstverständlichen und vertrauensvollen Zugang zu jungen Familien. Darüber hinaus verfügen sie über Kompetenzen im Umgang mit psychosozialem Unterstützungsbedarf von Familien, der kindlichen Entwicklung und der Eltern-Kind-Beziehung. Im Rahmen von regionalen Netzwerken Früher Hilfen sind sie eine zentrale Unterstützung und haben eine wichtige Lotsenfunktion. Sie sind im Hinblick auf die Förderung einer gesunden Entwicklung des Kindes, und auch unter Kosten- Nutzen-Gesichtspunkten als Alternative zu oft teureren Hilfeformen mehrfach erprobt.

Die Bundesregierung erachtet die Bundesinitiative „Familienhebammen" als notwendig, um die Aktivitäten zu Familienhebammen von Ländern und Kommunen, die grundsätzlich für deren Einsatz zuständig sind, zu unterstützen und dort modellhaft solche anzuregen, wo es noch keine gibt. Durch die Verankerung im Kontext der Vorgaben zur strukturellen Zusammenarbeit im Rahmen des Gesetzes zur Kooperation und Information im Kinderschutz (KKG) kann sichergestellt werden, dass der Aus- und Aufbau der Arbeit der Familienhebammen auch im Hinblick auf ihre Funktion in multiprofessionellen Netzwerken Früher Hilfen mit den verschiedenen zuständigen Leistungsträgern so gestärkt wird, dass der Kinderschutz langfristig davon profitieren kann. Im Rahmen der Bundesinitiative werden verschiedene Modelle der Einbindung von Familienhebammen in die Netzwerkstrukturen erprobt und so eine Basis zum bundesweiten Einsatz von Familienhebammen durch Länder und Kommunen gelegt, um ein bundeseinheitliches Niveau des Schutzes von Kindern zu erreichen.

**Zu Nummer 3 (Artikel 1 – § 3 Absatz 2 Satz 1 KKG)**

**Zu den Buchstaben a und b**

Dem Vorschlag wird zugestimmt.

Ein expliziter Verweis auf die §§ 3 und 8 des Schwangerschaftskonfliktgesetzes stellt eine begrüßenswerte Präzisierung der Gesetzesformulierung dar.

**Zu Buchstabe c**

Dem Vorschlag wird nicht zugestimmt.

Der Begriff des Heilberufs wird umfassend verwendet (s. auch Artikel 74 Absatz 1 Nummer 19 GG) und erfasst ohnehin auch die Angehörigen der nichtärztlichen Heilberufe oder sog. Gesundheitsfachberufe. Ein zusätzlicher Hinweis darauf ist daher nicht erforderlich.

**Zu Nummer 4 (Artikel 1 – § 3 Absatz 2 Satz 2 und 3, Absatz 3 Satz 1 und Satz 1a – neu – KKG)**

Dem Vorschlag wird zugestimmt.

Die Bundesregierung erachtet den Vorschlag des Bundesrates als eine im Interesse des Kinderschutzes zielführende Klarstellung im Hinblick auf die Zuweisung der grundsätzlichen Verantwortlichkeit für die Organisation von Netzwerken im Kinderschutz.

**Zu Nummer 5 (Artikel 1 – § 4 Absatz 1 Nummer 7 und 8 – neu – KKG)**

Dem Vorschlag wird hinsichtlich des Buchstaben a) zum Teil (Ergänzung um Lehrerinnen und Lehrer an staatlich anerkannten privaten Schulen in Nummer 7) zugestimmt, im Übrigen wird der Vorschlag abgelehnt.

Auch Lehrerinnen und Lehrer an staatlich anerkannten Privatschulen werden in der Literatur als Amtsträger nach § 11 Absatz 1 Nummer 2 StGB angesehen (vgl. Beulke/Ruhmannseder, HRRS 2008, Seite 322, 326) und fallen demnach über § 203 Absatz 2 Satz 1 Nummer 1 StGB unter die dortige Schweigepflicht. Die Ausweitung des Anwendungsbereichs der Befugnisnorm des § 4 KKG – E auf diese Berufsgruppe soll daher auch für diese Gruppe Rechtssicherheit schaffen. Hingegen wird Lehrerinnen und Lehrern an staatlich nicht anerkannten Privatschulen keine Amtsträgereigenschaft beigemessen (vgl. OLG München, Beschluss vom 22. Januar 2008, 4 StRR 194/07; Beulke/Ruhmanseder a. a. O), so dass sie auch keine Berufsgeheimnisträger im Sinne von § 203 StGB sind.

Eine Ausweitung auf sozialpädagogische und therapeutische Fachkräfte ist ebenfalls nicht erforderlich. Sozialpädagogische Fachkräfte sind bereits von der Befugnisnorm erfasst, sofern sie staatlich anerkannt sind. Die anderen Fachkräfte sind wiederum keine Berufsgeheimnisträger im Sinne des § 203 StGB.

**Zu Nummer 6 (Artikel 1 – § 4 Absatz 1 KKG; Artikel 2 Nummer 4 Buchstabe a Doppelbuchstabe bb – § 8a Absatz 1 Satz 2 SGB VIII)**

Von dem Begriff des Erziehungsberechtigten sind zwangsläufig auch Personensorgeberechtigte umfasst, während der Begriff des Personensorgeberechtigten die Personen ausschließt, die lediglich aufgrund einer Vereinbarung mit dem Personensorgeberechtigten Aufgaben der Personensorge wahrnehmen (vgl. § 7 Absatz 1 Nummer 5 und 6 SGB VIII). Soll der weitere Personenkreis der Erziehungsberechtigten einbezogen werden, bedarf es nach Auffassung der Bundesregierung nicht der zusätzlichen Nennung der Personensorgeberechtigten. Die Bundesregierung wird die einheitliche Verwendung der Begrifflichkeiten nochmals eingehend unter diesem Gesichtspunkt prüfen.

**Zu Nummer 7 (Artikel 1 – § 4 Absatz 4 – neu – KKG)**

Dem Vorschlag wird nicht zugestimmt.

Im Hinblick auf die Weitergabe von Informationen durch Berufsgeheimnisträger an das Jugendamt ist die gegenwärtige Rechtslage in den einzelnen Bundesländern unterschiedlich. Das führt zu Verunsicherungen, insbesondere bei der Ärzteschaft, zumal viele Kinderschutzfälle auch länderübergreifende Auswirkungen haben. Die Bundesregierung hält daher eine klare bundeseinheitliche Regelung für notwendig, um Rechtssicherheit herzustellen. Eine Öffnungsklausel für weitergehendes Landesrecht, wie vom Bundesrat vorgeschlagen, würde diese Intention konterkarieren.

Zudem ist für die Bundesregierung der Vertrauensschutz zwischen Arzt und Patient im Hinblick auf die Förderung der Kindergesundheit und einen wirksamen Kinderschutz von zentraler Bedeutung. Eine gesetzliche Pflicht, wonach Berufsgeheimnisträger verpflichtet sind, dem Jugendamt entsprechende Anhaltspunkte mitzuteilen, könnte Eltern davon abhalten, ihr Kind beim Arzt bzw. bei der Ärztin vorzustellen und es untersuchen zu lassen.

**Zu Nummer 8 (Artikel 2 Nummer 4 Buchstabe b – § 8a Absatz 4 Satz 2 SGB VIII)**

Dem Vorschlag wird zugestimmt.

Der Formulierungsvorschlag bewirkt eine präzisierende Klarstellung.

**Zu Nummer 9 (Artikel 2 Nummer 8 – § 17 Absatz 2 – neu – und 3 SGB VIII)**

Dem Vorschlag wird zugestimmt.

Der Vorschlag sieht notwendige Anpassungen in § 17 Absatz 2 SGB VIII an Änderungen im familiengerichtlichen Verfahren durch das Gesetz über das Verfahren in Familiensachen und in den Angelegenheiten der freiwilligen Gerichtsbarkeit (FamFG) vor.

**Zu Nummer 10 (Artikel 2 Nummer 13 – § 45 Absatz 2 Nummer 2 SGB VIII)**

Dem Vorschlag wird zugestimmt.

Die Bundesregierung wird prüfen, wie klargestellt werden kann, dass mit der Anforderung der Sicherstellung der gesundheitlichen Vorsorge und medizinischen Betreuung keine wesentlich veränderte Aufgabenstellung für die Kindertageseinrichtungen verbunden ist.

**Zu Nummer 11 (Artikel 2 Nummer 16 Buchstabe b – § 59 Absatz 1 Satz 1 Nummer 3 und 4 – neu –, 9 und Satz 2 SGB VIII)**

Dem Vorschlag wird nicht zugestimmt.

Die Bundesregierung plant, den Regelungsbedarf aufgrund des Sachzusammenhangs im Kontext der Änderung des Unterhaltsvorschussgesetzes aufzugreifen.

**Zu Nummer 12 (Artikel 2 Nummer 19 – § 74 Absatz 1 Satz 1 Nummer 1 SGB VIII; Nummer 20 – § 79 Absatz 2 Satz 1 Nummer 2 SGB VIII und Nummer 21 – § 79a SGB VIII)**

Der Vorschlag wird abgelehnt.

Die Bundesregierung hält an den verbindlichen Vorgaben zu einer kontinuierlichen Qualitätsentwicklung in der Kinder- und Jugendhilfe fest. Diese sind nicht nur vor dem Hintergrund der Beratungen des Runden Tisches „Sexueller Kindesmissbrauch" in Bezug auf den Kinderschutz dringend geboten, sondern erscheinen auch angesichts der aktuellen Diskussionen über die weitere Qualifizierung der Förderung von Kindern in Tageseinrichtungen und in Kindertagespflege und der Ergebnisse des Modellprojekts „Wirkungsorientierte Jugendhilfe" bezogen auf die Kinder- und Jugendhilfe insgesamt notwendig.

Entgegen der Auffassung des Bundesrates setzt der Gesetzentwurf nicht auf eine staatliche Definition fachlicher Standards, sondern auf eine verbindliche Verständigung über Qualitätsmerkmale, Maßstäbe zur Bewertung von Qualität und Instrumente zur Sicherung von Qualität im Rahmen eines Qualitätsdialogs zwischen öffentlichen und freien Trägern.

Dabei führt der Gesetzentwurf das Instrument der Qualitätsentwicklung nicht neu in das SGB VIII ein. Vielmehr erweitert er lediglich den Anwendungsbereich des bereits mit dem zweiten SGB-XI-Änderungsgesetzes vom 29. Mai 1998 (BGBl. I S. 1188) nur für einen Teil des Leistungsspektrums und beschränkt auf den Bereich der Entgeltfinanzierung eingeführten Qualitätsmanagements (§ 78b Absatz 1 Nummer 1 und Nummer 3 SGB VIII) auf alle Träger der freien Jugendhilfe – unabhängig vom Arbeitsfeld und unabhängig von der Art und Weise der Finanzierung.

Der von den Ländern angesprochenen Vielgestaltigkeit der Arbeitsfelder der Kinder- und Jugendarbeit und anderer Leistungs- und Aufgabenbereiche in der Kinder- und Jugendhilfe kann durch eine dem betreffenden Bereich angemessene Ausgestaltung der Rahmenverträge auf Landesebene bzw. entsprechender Vereinbarungen auf örtlicher Ebene Rechnung getragen werden.

**Zu Nummer 13 (Artikel 1 Nummer 22 – § 81 Nummer 2 SGB VIII)**

Dem Vorschlag wird zugestimmt.

Auch die Bundesregierung ist der Auffassung, dass eine enge strukturelle Zusammenarbeit der Träger der öffentlichen Jugendhilfe mit den Staatsanwaltschaften im Rahmen ihrer Aufgaben und Befugnisse zu einem wirksameren Schutz junger Menschen beitragen kann, insbesondere weil dadurch ein frühzeitig abgestimmtes Vorgehen im Kontext von Jugenddelinquenz ermöglicht wird.

**Zu Nummer 14 (Artikel 2 Nummer 22 – § 81 Nummer 4 und Nummer 4a – neu – SGB VIII)**

Dem Vorschlag wird zugestimmt.

Ein expliziter Verweis auf die §§ 3 und 8 des Schwangerschaftskonfliktgesetzes stellt eine begrüßenswerte Präzisierung der Gesetzesformulierung dar.

**Zu Nummer 15 (Artikel 2 Nummer 24a – neu – § 87c Absatz 2 Satz 1, Absatz 3 Satz 3 und Satz 3a – neu – SGB VIII)**

Dem Vorschlag wird nicht zugestimmt.

Die Bundesregierung teilt die Intention der Länder, die Regelungen zur örtlichen Zuständigkeit stärker am Kindeswohl auszurichten. Das Bundesministerium für Familie, Senioren, Frauen und Jugend hat eine Bund-Länder-Arbeitsgruppe unter Beteiligung der kommunalen Spitzenverbände und der Bundesarbeitsgemeinschaft der Landesjugendämter zur Reform der Vorschriften zur örtlichen Zuständigkeit und zur Kostenerstattung eingerichtet, in deren Rahmen das Anliegen der Länder im Gesamtzusammenhang einer Weiterentwicklung der betreffenden Vorschriften weiter verfolgt wird.

**Zu Nummer 16 (Artikel 2 Nummer 27 Buchstabe e Doppelbuchstabe bb Dreifachbuchstabe aaa und Buchstabe e1 – neu – § 99 Absatz 7 Nummer 3 Buchstabe c und Absatz 7a Nummer 2 Buchstabe c SGB VIII)**

Der Vorschlag wird abgelehnt.

Der Gesetzentwurf trägt bereits dem Anliegen der Länder nach einem umfassenden Überblick über den Betreuungsumfang der in Kindertageseinrichtungen und in Kindertagespflege geförderten Kinder Rechnung, weil die darin vorgesehene Formulierung die statistische Erfassung des Stundenumfangs pro Woche, der Zahl der betreuten Tage pro Woche, einer Betreuung am Wochenende und einer Betreuung am Vor- und Nachmittag (mit Unterbrechung am Mittag) ermöglicht. Bei Umsetzung des Vorschlags der Länder müsste hingegen die Erfassung der Zahl der betreuten Tage pro Woche sowie der Wochenendbetreuung und der Betreuung mit Unterbrechung am Mittag entfallen. Zudem wäre die geplante Harmonisierung zur Statistik über Kinder in Kindertagespflege nicht möglich, deren Betreuungsumfang bereits umfassend erfasst wird.

**Zu Nummer 17 (Artikel 3 Nummer 01 – neu – § 11 Absatz 4 Satz 4 und § 39 Absatz 1 Satz 3 SGB V und Nummer 3 – neu – § 3 Nummer 5 – neu – KHEntgG)**

Der Vorschlag wird abgelehnt.

Eine Ausweitung des Kreises der Berufsgruppen, die beim Versorgungsmanagement besonders zu berücksichtigen sind, ist nicht vorgesehen.

Die vorgesehene Ergänzung der Regelung zur Krankenhausbehandlung in § 39 Absatz 1 Satz 3 SGB V wird abgelehnt. Der Behandlungsanspruch ist bereits umfassend formuliert, so dass die besondere Erwähnung von Leistungen zum Erhalt der Kindesgesundheit nicht erforderlich ist. Den Kliniken hierbei entstehender Aufwand kann durch Teilnahme an der auf Ist-Kosten- und -Leistungen basierenden Kalkulation des pauschalierenden Entgeltsystems nach § 17b KHG grundsätzlich sachgerecht berücksichtigt werden. Die geforderte Erweiterung der stationären Finanzierungselemente, die § 3 KHEntgG aufführt, ist nicht erforderlich.

**Zu Nummer 18 (Artikel 3 Nummer 02 – neu – § 20e – neu – SGB V)**

Der Vorschlag wird abgelehnt.

Die finanzielle Absicherung von Netzwerken, die die allgemeine Gesundheitsvorsorge und soziale Fürsorge zum Ziel haben, ist keine Aufgabe der gesetzlichen Krankenversicherung, die im Rahmen des SGB V versichertenbezogene Leistungen der medizinischen und präventiven Versorgung erbringt. In diesem Kontext erhalten die Versicherten ebenfalls Leistungen der Gesundheitsförderung in Settings. Allgemeine Gesundheitsvorsorge der Bevölkerung und soziale Fürsorge sind Aufgaben in originärer Zuständigkeit der Länder und Kommunen. Eine Verschiebung – auch von Teilen – der Finanzierungslast auf die Krankenversicherung ist abzulehnen.

**Zu Nummer 19 (Artikel 3 Nummer 03 – neu – § 63 Absatz 2 – SGB V)**

Der Vorschlag wird abgelehnt.

§ 63 Absatz 2 SGB V ermöglicht im Rahmen von Modellvorhaben weitgehende Abweichungen von den Vorschriften des Fünften Buches Sozialgesetzbuch. Dies gilt auch für Maßnahmen, die im Zusammenhang mit Kindergesundheit stehen. Allerdings müssen die Vorhaben weiterhin der Verhütung oder Früherkennung von Krankheiten oder der Krankenbehandlung dienen. Eine Änderung dieses Grundsatzes kann nicht in Aussicht gestellt werden. Damit wäre ein Präzedenzfall für die Erprobung GKV-fremder Regelungen geschaffen.

**Zu Nummer 20 (Artikel 3 Nummer 04 – neu – § 134a Absatz 1 Satz 1 SGB V)**

Der Vorschlag wird abgelehnt.

Unabhängig von der Zielrichtung der vorgesehenen Änderung wird diese als nicht erforderlich angesehen, weil bereits nach der geltenden Fassung des § 134a SGB V vertragliche Regelungen zur Dauer des Leistungsanspruchs auf Hebammenleistungen getroffen werden können.

**Zu Nummer 21 (Artikel 3 Nummer 05 – neu – § 134a Absatz 2a – neu – SGB V)**

Der Vorschlag wird abgelehnt.

Mit dem durch das Zweite Fallpauschalenänderungsgesetz vom 15. Dezember 2004 eingeführten § 134a SGB V wurde die Vergütung von Hebammenleistungen auf eine neue rechtliche Grundlage gestellt und die Hebammenhilfe-Gebührenverordnung (HebGV) durch eine Vertragsregelung abgelöst. Gegenstand des auf dieser Grundlage geschlossenen Vertrages ist die Versorgung mit Leistungen der Hebammenhilfe durch freiberuflich tätige Hebammen und durch von Hebammen geleitete Einrichtungen. Für angestellte Familienhebammen z. B. beim Jugendamt bedeutet dies, dass sie zur Leistungserbringung in der GKV nicht zugelassen sind und die von ihnen erbrachten Leistungen nicht zu Lasten der GKV abgerechnet werden können. Auch die HebGV sah eine Abrechnung der von angestellten Hebammen erbrachten Leistungen zu Lasten der GKV nicht vor, da sie nur für freiberuflich tätige Hebammen galt.

Die mit der Änderung bezweckte Flexibilisierung des Versorgungsangebotes im Bereich der Kinder- und Jugendhilfe kann auch dadurch erreicht werden, dass Leistungen der Hebammenhilfe dort auf der Grundlage einer Kooperation mit freiberuflich tätigen Familienhebammen erbracht werden. In diesem Fall können die zum Leistungskatalog der GKV gehörenden Leistungen von der Hebamme selbst mit den Krankenkassen abgerechnet werden. Für die Erbringung darüber hinaus gehender Tätigkeiten der Familienhebamme – u. a. psychosoziale Beratung, Betreuung von Risikogruppen, interdisziplinäre Zusammenarbeit mit anderen Institutionen – müssten der Träger, z. B. das Jugendamt, mit den freiberuflich tätigen Familienhebammen eigenständige Vereinbarungen zur Vergütung treffen.

**Zu Nummer 22 (Artikel 3 Nummer 06 – neu – § 294a Absatz 1 Satz 1a – neu – SGB V)**

Gegen den Vorschlag bestehen Bedenken.

Regelungszweck des § 294a Absatz 1 SGB V ist es, den Krankenkassen zu ermöglichen, bei Anhaltspunkten für drittverursachte Gesundheitsschäden mögliche Schadensersatzansprüche gegen den Verursacher oder andere Kostenträger dieser Gesundheitsschäden zu prüfen und ggf. geltend zu machen. Damit soll sichergestellt werden, dass die Solidargemeinschaft nicht für die finanziellen Folgen aufkommen muss, die eigentlich der Verursacher des Schadens oder ein anderer Kostenträger zu tragen hat.

Die Umsetzung dieses Vorschlags würde dazu führen, dass Ärztinnen und Ärzte bei einer möglichen Kindeswohlgefährdung nur von der Pflicht, Angaben zum möglichen Verursacher zu übermitteln, freigestellt würden. Die übrigen Daten – einschließlich der Angaben über Ursachen – müssten weiterhin versichertenbezogen an die Krankenkasse übermittelt werden. Es ist nicht auszuschließen, dass die Krankenkasse dann die näheren Umstände z. B. durch Befragung der Familie zu ermitteln versucht, um ihrer Pflicht nachzukommen, etwaige Schadensersatzansprüche zu prüfen. Dies könnte ebenfalls Vorbehalte bei den behandelnden Ärztinnen und Ärzten auslösen, wie sie in der Begründung des Vorschlags im Hinblick auf die Weitergabe der Daten an die Strafverfolgungsbehörden angesprochen werden. Um mögliche Vorbehalte der Ärztinnen und Ärzte auszuschließen, wäre es konsequent, die Verpflichtung zur Meldung von personenbezogenen Daten an die Krankenkassen in Fällen, in denen ein Verdacht auf Kindeswohlgefährdung besteht, komplett aufzuheben.

**Zu Nummer 23 (Artikel 3 Nummer 4 – neu – § 41 Absatz 2 Nummer 13 und 14 – neu – BZRG)**

Der Vorschlag wird abgelehnt.

Unbeschränkte Auskünfte aus dem Zentralregister erhalten nur die in § 41 Absatz 1 des Bundeszentralregistergesetzes (BZRG) abschließend genannten Behörden für die dort beschriebenen Zwecke. Der Gesetzgeber hat bei der Auswahl der auskunftsberechtigten Stellen sowie der Bestimmung der Auskunftszwecke eine Abwägung zwischen dem informationellen Selbstbestimmungsrecht der Betroffenen und ihrem Interesse an ihrer Eingliederung in Gesellschaft und Beruf einerseits sowie dem Interesse der Allgemeinheit an der ordnungsgemäßen Wahrnehmung behördlicher Aufgaben sowie dem Schutz vor der Begehung weiterer Straftaten andererseits vorgenommen. Diese öffentlichen Interessen erfordern aber nur ausnahmsweise auf bestimmten, über den justiziellen Bereich hinausgehenden Gebieten die vollständige Kenntnis des kriminellen Vorlebens von Straffälligen. Im Regelfall wird der Inhalt eines Führungszeugnisses für ausreichend erachtet. Eine Ausweitung des Empfängerkreises für unbeschränkte Auskünfte bedarf einer tragfähigen Begründung für den damit verbundenen erheblichen Eingriff in das Recht auf informationelle Selbstbestimmung. Eine solche ist in dem Vorschlag des Bundesrates nicht ersichtlich, da nicht dargelegt wird, weshalb die bisherige Informationsmöglichkeit nach § 31 BZRG (Auskunftserteilung an Behörden) für die Einschätzung der Zuverlässigkeit der Bezugspersonen nicht ausreichend ist (vgl. auch Bundestagsdrucksache 16/4199).

Für Jugendämter hat der Gesetzgeber 2009 zur Verbesserung des Schutzes Minderjähriger die Möglichkeit geschaffen, ein erweitertes Führungszeugnis zu erhalten. Dieses Führungszeugnis enthält alle einschlägigen Verurteilungen, die im Zusammenhang mit der Verletzung von Kindesinteressen und Sexualdelikten stehen, und zwar unabhängig von der Höhe der verhängten Strafe und – bei einer Verurteilung zu einer Freiheitsstrafe von mehr als einem Jahr – über einen Zeitraum von 10 Jahren.

Im Übrigen sind nach Nummer 35 der Anordnung über Mitteilungen in Strafsachen die Gerichte und Staatsanwaltschaften schon jetzt verpflichtet, die Jugendämter über für den Minderjährigenschutz relevante Straftaten zu unterrichten.

**Zu Nummer 24 (Artikel 3 Nummer 5 – neu – § 2 Absatz 1 Satz 2 – neu – AdWirkG)**

Der Vorschlag wird abgelehnt, weil er isoliert auf das Verbot unbegleiteter Auslandsadoptionen abzielt und im Hinblick auf eine erforderliche Gesamtlösung zu kurz greift. Der Vorschlag entspricht deshalb nicht dem Stand der fachlichen Diskussion im internationalen Adoptionsrecht und schafft mit dem Verbot an anderer Stelle des internationalen Adoptionsprozesses erhebliche und ungelöste rechtliche und praktische Probleme.

Bei der Durchführung einer internationalen Adoption kommt es entscheidend auf die Wahrung des Kindeswohls an. Deshalb sind sogenannte unbegleitete Adoptionen unerwünscht, an denen keine deutsche Auslandsvermittlungsstelle z. B. zur Prüfung der fachlichen Eignung der Adoptionsbewerber beteiligt ist. In diesen Fällen ist nämlich nicht sichergestellt, dass in jedem Falle das Kindeswohl den gebührenden Vorrang hat.

Unbegleitete Adoptionen kommen gleichwohl aus sehr unterschiedlichen Gründen sowohl im Verhältnis zu Vertragsstaaten nach dem Haager Übereinkommen über den Schutz von Kindern und die Zusammenarbeit auf dem Gebiet der internationalen Adoption vom 29. Mai 1993 (HAÜ) als auch im Verhältnis zu Nichtvertragsstaaten vor.

Mit diesem Problem beschäftigt sich deshalb seit längerer Zeit die interministerielle Arbeitsgruppe Adoption, in der neben den betroffenen Bundesministerien (Auswärtiges Amt, Bundesministerium der Justiz, Bundesministerium für Familie, Senioren, Frauen und Jugend, Bundesministerium des Innern) auch die Bundeszentrale für Auslandsadoption (BZAA) sowie Vertreter der Bundesarbeitsgemeinschaft der Landesjugendämter (BAGLJÄ), der freien Träger in der Adoptionsvermittlung sowie andere Fachleute vertreten sind.

Die Arbeitsgruppe hat auf ihrer letzten Sitzung im Dezember 2010 eine Unterbindung der unbegleiteten Adoptionen allgemein befürwortet, wenn zugleich die Akzeptanz und Abwicklung von begleiteten Adoptionen vor allem dadurch erhöht wird, dass die Vermittlungstätigkeit in Deutschland effektiver ausgestaltet und, soweit möglich und zulässig, geographisch ausgedehnt wird. Diese Verbindung zwischen Untersagung unbegleiteter Adoptionen und Schaffung verbesserter Vermittlungsstrukturen wird als zwingend angesehen.

Ein Verbot unbegleiteter Adoptionen muss nämlich, damit die Adoptionsbewerber sich auch freiwillig daran halten und es nicht unterlaufen, flankiert werden von Maßnahmen, die sicherstellen, dass sie mit ihrem Adoptionswunsch möglichst umfassend, effektiv, zeitnah und Kosten angemessen bedient werden, wenn sie sich an eine Auslandsvermittlungsstelle wenden. Die Vermittlungsstruktur weist noch verschiedene Defizite auf, die eine möglichst optimale Auslandsvermittlung derzeit nicht sichern. Die Arbeitsgruppe hat sie benannt und schon verschiedene Verbesserungsmöglichkeiten diskutiert, aber noch keine Lösung gefunden. Die Diskussion soll auf der nächsten Sitzung (29. Juni 2011) fortgesetzt und wenn möglich mit Vorschlägen beendet werden. Überlegt wird z. B., wie die Adoptionsvermittlung unter Wahrung aller notwendigen Kautelen geographisch auf weitere Staaten ausgedehnt werden kann und ob es Sonderregelungen zur Verkürzung von Verfahren bei Stiefkindadoptionen geben soll.

In diesem Sinne ist auch die Kinderkommission des Deutschen Bundestages am 6. April 2011 informiert worden, die die Arbeiten der Arbeitsgruppe aufmerksam verfolgt.

Der Vorschlag ist rechtlich problematisch, wie der nachfolgende Beispielsfall zeigt.

Wenn keine Sonderregelung für sog. „bescheinigte" Adoptionen nach dem HAÜ vorgesehen wird, verstößt er gegen die automatische Anerkennung von Auslandsadoptionen, die in dem Übereinkommen verankert ist. Nach Artikel 23 HAÜ sind Auslandsadoptionen, für die eine Bescheinigung nach diesem Artikel vorgelegt wird, automatisch in einem anderen Staat anzuerkennen. Sie müssen grundsätzlich kein Anerkennungsverfahren durchlaufen. Ein Anerkennungsverfahren kann aber beschritten werden, wenn die automatische Anerkennung trotz Bescheinigung angezweifelt wird. Dann ist aber nicht die erfolgreiche Adoptionsvermittlung, die der Vorschlag verlangt, Streitgegenstand, sondern die Echtheit und Reichweite der Bescheinigung bzw. die Entscheidung, die die BZAA nach § 9 des Gesetzes zur Ausführung des Haager Übereinkommens vom 29. Mai 1993 über den Schutz von Kindern und die Zusammenarbeit auf dem Gebiet der internationalen Adoption (AdÜbAG) getroffen hat.

Der Vorschlag führt auch zu praktischen Schwierigkeiten.

Der Prüfungsmaßstab für die Anerkennung ist im Vorschlag nicht klar formuliert und wird zu Anwendungsproblemen führen. Die Auslandsadoption kann anerkannt werden, wenn eine „erforderliche internationale Adoptionsvermittlung erfolgreich durchgeführt wurde." Sowohl bei der Einschätzung, wann eine Auslandsvermittlung erforderlich ist, als auch bei der Beurteilung, ob sie erfolgreich ist, sind schwierige Prüfungsschritte vorzunehmen. Legt man beispielsweise die Anforderungen des HAÜ zugrunde, muss im Rahmen einer erfolgreichen Adoptionsvermittlung sowohl die Adoptionsfähigkeit des Kindes als auch eine Eignungsprüfung der Adoptionsbewerber vorgenommen worden sein, außerdem ein erfolgreiches Matching zwischen Eltern und Kind erfolgt und der Fortgang der Adoption durch die zuständigen staatlichen Stellen im Ursprungs- und Empfangsstaat gebilligt worden sein. Wenn auch nur eine dieser Voraussetzungen nicht vollumfänglich erfüllt ist, kann nicht von einer erfolgreichen Durchführung gesprochen haben. Hinzu kommt, dass die Staaten unterschiedliche Auffassungen darüber haben, wann eine Auslandsadoption vorliegt und damit eine Auslandsvermittlung notwendig ist. Manche Staaten, darunter auch Vertragsstaaten des HAÜ, betrachten Adoptionen, an denen als Adoptierender ein Staatsangehöriger beteiligt ist, als Inlandsadoptionen, auch wenn die Adoptiveltern im Ausland wohnen und mit dem Kind dort leben wollen.

Es würde eine Vielzahl von Kindern in das Bundesgebiet einreisen, deren Adoption erst später als nichtanerkennungsfähig eingestuft werden muss.

Diese Kinder könnten dann kaum in ihren Ursprungsstaat zurückgebracht werden, weil dieser die Adoption regelmäßig als wirksam ansieht.

Die Regelung würde deshalb absehbar zusätzliche Arbeit und damit auch Kosten für die deutschen Jugendämter mit sich bringen. Vorsorglich muss, weil die erfolgreiche Durchführung einer Adoptionsvermittlung einer grundlegenden und schwierigen Prüfung bedarf, für sehr viele Kinder spätestens ab Beginn des Anerkennungsverfahrens ein Vormund bestellt werden, der ihre Interessen wahrnimmt. Es ist bei den strengen Voraussetzungen in einer erheblichen Anzahl von Fällen damit zu rechnen, dass keine erfolgreiche Adoptionsvermittlung durchgeführt worden ist, damit die Anerkennung ausscheidet, die Kinder nicht mit den Adoptivkindern verwandt sind und ein Sorgeberechtigter fehlt. bzw. nicht erreichbar ist. Möglicherweise muss zusätzlich auch noch ein Verfahrenspfleger hinzugezogen werden.

Hinzu kommt, dass die Jugendämter kaum begründen können, dass sie das Adoptivkind als Pflegekind oder auf anderer Rechtsgrundlage vorerst in der Obhut der Personen lassen, die es im Ausland adoptiert haben. Diese Personen haben sich durch ihr gesetzlich verbotenes Verhalten, das dem Kindeswohl zuwider läuft, disqualifiziert. Dann müssten aber andere Pflegeeltern gefunden oder die Kinder in ein Heim verbracht werden.

**Zu Nummer 25 (Artikel 3 – Änderung anderer Gesetze)**

Der Vorschlag wird abgelehnt. Dem Schutz behinderter Kinder und Jugendlicher, die unter der Verantwortung der Rehabilitationsdienste und -einrichtungen betreut werden, wird durch die vorgesehene neue Regelung des § 21 Absatz 1 Nummer 7 SGB IX Rechnung getragen.

**Zu Nummer 26 (Gesetzentwurf allgemein)**

Die Kostenschätzung zum Gesetzentwurf basiert auf fundierten Grundlagen, wie der amtlichen Kinder- und Jugendhilfestatistik, und plausiblen Herleitungen, etwa aus Erkenntnissen, die im Rahmen von Modellprojekten gewonnen wurden. Da die jeweiligen Ausgangslagen in den einzelnen Bundesländern oder sogar in den einzelnen Kommunen, z. B. im Hinblick auf den Ausbau Früher Hilfen, sehr unterschiedlich sind, kommt eine konkretere Darlegung der Kostenfolgen auf Bundesebene nicht in Betracht.

Mit Blick auf die Belastungen der Haushalte von Ländern und kommunalen Gebietskörperschaften sowie den mit der Gemeindefinanzkommission verfolgten Standardabbau zur Entlastung der Kommunen hat die Bundesregierung die Erforderlichkeit der Regelung kostenträchtiger Aspekte im Gesetzentwurf eingehend geprüft.

Ausgehend vom staatlichen Schutzauftrag des Grundgesetzes leitet sich im Hinblick auf die Kosten verursachenden Regelungen im Gesetzentwurf ein dringender Regelungsbedarf insbesondere aus den Erkenntnissen, die im Rahmen des Aktionsprogramms des Bundes „Frühe Hilfen" und den in diesem Zusammenhang in den Ländern und Kommunen entwickelten und erprobten Konzepten gewonnen worden sind, aus den bisherigen Ergebnissen des Runden Tisches „Sexueller Kindesmissbrauch" sowie aus den Empfehlungen des Runden Tisches „Heimerziehung in den 50er und 60er Jahren" ab.

Mit seinem Beitrag zu den Familienhebammen leistet der Bund das ihm mögliche. Die Tragung der Kosten des Gesetzentwurfs richtet sich insgesamt nach den finanzverfassungsrechtlichen Bestimmungen des Grundgesetzes.

# Verordnung zur Festsetzung der Kostenbeiträge für Leistungen und vorläufige Maßnahmen in der Kinder- und Jugendhilfe

## (Kostenbeitragsverordnung – KostenbeitragsV)

# Verordnung zur Festsetzung der Kostenbeiträge für Leistungen und vorläufige Maßnahmen in der Kinder- und Jugendhilfe (Kostenbeitragsverordnung – KostenbeitragsV)

**Vom 1. Oktober 2005**

Auf Grund des § 94 Abs. 5 Satz 1 des Achten Buches Sozialgesetzbuch – Kinder- und Jugendhilfe – in der Fassung der Bekanntmachung vom 8. Dezember 1998 (BGBl. I S. 3546), der durch Artikel 1 Nr. 49 des Gesetzes vom 8. September 2005 (BGBl. I S. 2729) eingefügt worden ist, verordnet das Bundesministerium für Familie, Senioren, Frauen und Jugend:

## § 1 Festsetzung des Kostenbeitrags

(1) Die Höhe des Kostenbeitrags, den Elternteile, Ehegatten oder Lebenspartner junger Menschen zu entrichten haben, richtet sich nach

a) der Einkommensgruppe in Spalte 1 der Anlage, der das nach § 93 Abs. 1 bis 3 des Achten Buches Sozialgesetzbuch zu ermittelnde Einkommen zuzuordnen ist, und
b) der Beitragsstufe in den Spalten 2 bis 6 der Anlage, die nach Maßgabe dieser Verordnung zu ermitteln ist.

(2) Für jede kostenbeitragspflichtige Person wird der jeweilige Kostenbeitrag getrennt ermittelt und erhoben.

## § 2 Wahl der Beitragsstufe bei vollstationären Leistungen

(1) Die Höhe des Beitrags zu den Kosten einer vollstationären Leistung nach § 91 Abs. 1 des Achten Buches Sozialgesetzbuch ergibt sich aus den Beitragsstufen zur jeweiligen Einkommensgruppe in den Spalten 2 bis 4 der Anlage.

(2) Wird die kostenbeitragspflichtige Person zu den Kosten vollstationärer Leistungen für eine Person nach dem Achten Buch Sozialgesetzbuch

herangezogen, so ergibt sich die Höhe des Kostenbeitrags aus Spalte 2. Wird sie für mehrere Personen zu den Kosten herangezogen, so ergibt sich die Höhe des Kostenbeitrags für die zweite Person aus Spalte 3, für die dritte Person aus Spalte 4. Ab der vierten vollstationär untergebrachten Person wird nur noch ein Kostenbeitrag nach Maßgabe von § 7 erhoben.

## § 3 Wahl der Beitragsstufe bei teilstationären Leistungen

(1) Die Höhe des Kostenbeitrags für teilstationäre Leistungen nach § 91 Abs. 2 des Achten Buches Sozialgesetzbuch ergibt sich aus den Beitragsstufen zur jeweiligen Einkommensgruppe in den Spalten 5 und 6 der Anlage.

(2) Beträgt die tägliche Förderung durchschnittlich über fünf Stunden, so ergibt sich der maßgebliche Kostenbeitrag aus der jeweiligen Beitragsstufe in Spalte 5, anderenfalls aus der jeweiligen Beitragsstufe in Spalte 6.

## § 4 Berücksichtigung weiterer Unterhaltspflichten

(1) Ist die kostenbeitragspflichtige Person gegenüber anderen Personen nach § 1609 des Bürgerlichen Gesetzbuchs im mindestens gleichen Rang wie dem untergebrachten jungen Menschen oder Leistungsberechtigten nach § 19 des Achten Buches Sozialgesetzbuch zum Unterhalt verpflichtet und lebt sie mit ihnen in einem gemeinsamen Haushalt oder weist sie nach, dass sie ihren Unterhaltspflichten regelmäßig nachkommt, so ist sie

1. bei einer Zuordnung des maßgeblichen Einkommens zu einer der Einkommensgruppen 2 bis 7 je Unterhaltspflicht einer um zwei Stufen niedrigeren Einkommensgruppe zuzuordnen,
2. bei einer Zuordnung des maßgeblichen Einkommens zu einer der Einkommensgruppen 8 bis 20 je Unterhaltspflicht einer um eine Stufe niedrigeren Einkommensgruppe zuzuordnen

und zu einem entsprechend niedrigeren Kostenbeitrag heranzuziehen.

(2) Würden die Unterhaltsansprüche vorrangig Berechtigter trotz einer niedrigeren Einstufung nach Absatz 1 auf Grund der Höhe des Kostenbeitrags geschmälert, so ist der Kostenbeitrag entsprechend zu reduzieren. Würden die Unterhaltsansprüche gleichrangig Berechtigter geschmälert, so liegt eine besondere Härte im Sinne des § 92 Abs. 5 Satz 1 des Achten Buches Sozialgesetzbuch vor. Lebt die kostenbeitragspflichtige Person nicht in einem Haushalt mit der Person, gegenüber der sie mindestens im

gleichen Rang zum Unterhalt verpflichtet ist, findet eine Reduzierung nur statt, wenn die kostenbeitragspflichtige Person nachweist, dass sie ihren Unterhaltspflichten regelmäßig nachkommt.

## § 5 Behandlung hoher Einkommen

(1) Liegt das nach § 93 Abs. 1 bis 3 des Achten Buches Sozialgesetzbuch maßgebliche Einkommen eines Elternteils, Ehegatten oder Lebenspartners oberhalb der Einkommensgruppe 30 der Anlage, so ist der Kostenbeitrag nach den folgenden Grundsätzen zu errechnen.

(2) Die Höhe des Kostenbeitrags für vollstationäre Leistungen beträgt
1. 25 Prozent des maßgeblichen Einkommens, wenn der Kostenpflichtige zu den Kosten für eine Person herangezogen wird,
2. zusätzlich 15 Prozent des maßgeblichen Einkommens, wenn der Kostenpflichtige zu den Kosten für eine zweite Person herangezogen wird,
3. zusätzlich 10 Prozent des maßgeblichen Einkommens, wenn der Kostenpflichtige für eine dritte Person herangezogen wird.

Ab der vierten vollstationär untergebrachten Person wird nur noch ein Kostenbeitrag nach Maßgabe von § 7 erhoben. Liegt das nach § 93 Abs. 1 bis 3 des Achten Buches Sozialgesetzbuch maßgebende Einkommen eines Elternteils, Ehegatten oder Lebenspartners oberhalb der Einkommensgruppe 30 der Anlage, so kann eine Heranziehung bis zur vollen Höhe der Kosten für stationäre Leistungen erfolgen.

(3) Die Höhe des Kostenbeitrags für teilstationäre Leistungen beträgt
1. 5 Prozent des maßgeblichen Einkommens für Leistungen mit einer Betreuungszeit von mindestens fünf Stunden und
2. 3 Prozent des maßgeblichen Einkommens für Leistungen mit einer Betreuungszeit von unter fünf Stunden.

(4) Die Kostenbeiträge dürfen die Höhe der tatsächlichen Aufwendungen nicht überschreiten.

## § 6 Heranziehung der Eltern bei Leistungen für junge Volljährige

Bei Leistungen für junge Volljährige ist ein kostenbeitragspflichtiger Elternteil höchstens zu einem Kostenbeitrag auf Grund der Einkommensgruppe 14 heranzuziehen.

## § 7 Einsatz des Kindergelds

(1) Ein Elternteil hat einen Kostenbeitrag in Höhe des Kindergelds zu zahlen, wenn

1. vollstationäre Leistungen erbracht werden,
2. er Kindergeld für den jungen Menschen bezieht und
3. er nach Maßgabe von §§ 2 und 4 keinen oder einen Kostenbeitrag zu zahlen hätte, der niedriger als das monatliche Kindergeld ist.

(2) Bei einer Erstattung nach § 74 Abs. 2 des Einkommensteuergesetzes wird das Kindergeld in voller Höhe vom Kostenbeitrag des kindergeldberechtigten Elternteils abgezogen.

## § 8 Übergangsregelung für Altfälle

(1) Ergibt sich bei der Umstellung der Heranziehung zu den Kosten nach Maßgabe des § 97b des Achten Buches Sozialgesetzbuch ein Kostenbeitrag, der mehr als 20 Prozent über der bisherigen Belastung liegt, so ist in den ersten sechs Monaten nach der Umstellung bis zur Einkommensgruppe 12 nur eine hälftige Erhöhung vorzunehmen. Danach ist der Kostenbeitrag in voller Höhe zu erheben.

(2) Waren die Eltern bisher als Gesamtschuldner kostenbeitragspflichtig, so ist jedem der beiden Elternteile bei der Vergleichsberechnung nach Absatz 1 die hälftige Belastung zuzurechnen.

## § 9 Inkrafttreten

Diese Verordnung tritt am Tag nach der Verkündung in Kraft.

Der Bundesrat hat zugestimmt.
Berlin, den 1. Oktober 2005

Die Bundesministerin
für Familie, Senioren, Frauen und Jugend
Renate Schmidt

## Anlage
(zu § 1)

| Maßgebliches Einkommen nach § 93 Abs. 1 bis 3 Achtes Buch Sozialgesetzbuch | | Beitragsstufe 1 vollstationär erste Person | Beitragsstufe 2 vollstationär zweite Person | Beitragsstufe 3 vollstationär dritte Person | Beitragsstufe 4 teilstationär über 5 Std. | Beitragsstufe 5 teilstationär bis zu 5 Std. |
|---|---|---|---|---|---|---|
| Einkommens-gruppe | Euro | Euro | Euro | Euro | Euro | Euro |
| | Spalte 1 | Spalte 2 | Spalte 3 | Spalte 4 | Spalte 5 | Spalte 6 |
| 1 | bis 750 | 0*) | 0*) | 0*) | 0 | 0 |
| 2 | 751 bis 850 | 60*) | 25*) | 0*) | 40 | 24 |
| 3 | 851 bis 950 | 185 | 50*) | 0*) | 45 | 27 |
| 4 | 951 bis 1 050 | 250 | 100*) | 50*) | 50 | 30 |
| 5 | 1 051 bis 1 150 | 275 | 165*) | 70*) | 55 | 33 |
| 6 | 1 151 bis 1 300 | 305 | 180 | 100*) | 60 | 37 |
| 7 | 1 301 bis 1 450 | 340 | 205 | 135*) | 65 | 41 |
| 8 | 1 451 bis 1 600 | 380 | 230 | 150*) | 75 | 46 |
| 9 | 1 601 bis 1 800 | 425 | 255 | 170*) | 85 | 51 |
| 10 | 1 801 bis 2 000 | 475 | 285 | 190 | 95 | 57 |
| 11 | 2 001 bis 2 200 | 525 | 315 | 210 | 105 | 63 |
| 12 | 2 201 bis 2 400 | 575 | 345 | 230 | 115 | 69 |
| 13 | 2 401 bis 2 700 | 635 | 380 | 255 | 125 | 76 |
| 14 | 2 701 bis 3 000 | 710 | 425 | 285 | 140 | 85 |
| 15 | 3 001 bis 3 300 | 785 | 470 | 315 | 155 | 94 |
| 16 | 3 301 bis 3 600 | 875 | 515 | 345 | 170 | 103 |
| 17 | 3 601 bis 3 900 | 935 | 560 | 375 | 185 | 112 |
| 18 | 3 901 bis 4 200 | 1 010 | 605 | 405 | 200 | 121 |
| 19 | 4 201 bis 4 600 | 1 100 | 660 | 440 | 220 | 132 |
| 20 | 4 601 bis 5 000 | 1 200 | 720 | 480 | 240 | 144 |
| 21 | 5 001 bis 5 500 | 1 375 | 825 | 550 | 275 | 165 |
| 22 | 5 501 bis 6 000 | 1 500 | 900 | 600 | 300 | 180 |
| 23 | 6 001 bis 6 500 | 1 625 | 975 | 650 | 325 | 195 |
| 24 | 6 501 bis 7 000 | 1 750 | 1 050 | 700 | 350 | 210 |
| 25 | 7 001 bis 7 500 | 1 875 | 1 125 | 750 | 375 | 225 |
| 26 | 7 501 bis 8 000 | 2 000 | 1 200 | 800 | 400 | 240 |
| 27 | 8 001 bis 8 500 | 2 125 | 1 275 | 850 | 425 | 255 |
| 28 | 8 501 bis 9 000 | 2 250 | 1 350 | 900 | 450 | 270 |
| 29 | 9 001 bis 9 500 | 2 375 | 1 425 | 950 | 475 | 285 |
| 30 | 9 501 bis 10 000 | 2 500 | 1 500 | 1 000 | 500 | 300 |

*) Bezeichnet der kostenbeitragspflichtige Elternteil das Kindergeld, so ist das auf das Kind entfallende Kindergeld in voller Höhe als Kostenbeitrag einzusetzen

# Abkürzungsverzeichnis

| | |
|---|---|
| AdVermiG | Gesetz über die Vermittlung der Annahme als Kind und über das Verbot der Vermittlung von Ersatzmüttern – Adoptionsvermittlungsgesetz |
| a. F. | alte Fassung |
| BAföG | Bundesausbildungsförderungsgesetz |
| BAföGÄndG | Gesetz zur Änderung des Bundesausbildungsförderungsgesetzes |
| BGB | Bürgerliches Gesetzbuch |
| BGBl. | Bundesgesetzblatt |
| BMF | Bundesministerium für Finanzen |
| BMFSFJ | Bundesministerium für Familie, Senioren, Frauen und Jugend |
| BR-Drs. | Drucksache des Bundesrates |
| BStBl. | Bundessteuerblatt |
| BT-Drs. | Drucksache des Bundestages |
| BVerfGE | Entscheidungen des Bundesverfassungsgerichts |
| BZRG | Bundeszentralregistergesetz |
| DIW | Deutsches Institut für Wirtschaftsforschung |
| EStG | Einkommensteuergesetz |
| FAG | Finanzausgleichsgesetz |
| FGG-RG | Gesetz zur Reform des Verfahrens in Familiensachen und in den Angelegenheiten der freiwilligen Gerichtsbarkeit |
| FamFG | Gesetz über das Verfahren in Familiensachen und in den Angelegenheiten der freiwilligen Gerichtsbarkeit |
| FamRZ | Zeitschrift für das gesamte Familienrecht |
| GG | Grundgesetz der Bundesrepublik Deutschland |
| JGG | Jugendgerichtsgesetz |
| KHEntG | Krankenhausentgeltgesetz |
| KICK | Kinder- und Jugendhilfeweiterentwicklungsgesetz |
| KiföG | Gesetz zur Förderung von Kindern unter drei Jahren in Tageseinrichtungen und in Kindertagespflege – Kinderförderungsgesetz |
| KKG | Gesetz zur Kooperation und Information im Kinderschutz |

| | |
|---|---|
| TAG | Gesetz zum qualitätsorientierten und bedarfsgerechten Ausbau der Tagesbetreuung für Kinder – Tagesbetreuungsausbaugesetz |
| SGB V | Sozialgesetzbuch Fünftes Buch – Gesetzliche Krankenversicherung |
| SGB VIII | Sozialgesetzbuch Achtes Buch – Kinder- und Jugendhilfe |
| SGB IX | Sozialgesetzbuch Neuntes Buch – Rehabilitation und Teilhabe behinderter Menschen |
| SGB XI | Sozialgesetzbuch Elftes Buch – Soziale Pflegeversicherung |
| SGB XII | Sozialgesetzbuch Zwölftes Buch – Sozialhilfe |
| StGB | Strafgesetzbuch |
| ZPO | Zivilprozessordnung |